湖南科技大学外国语言文学学科"双一流"建设学术成果基金

光明社科文库
GUANGMING DAILY PRESS:
A SOCIAL SCIENCE SERIES

·教育与语言书系·

汉日语言对比研究概论

罗集广 | 著

光明日报出版社

图书在版编目（CIP）数据

汉日语言对比研究概论 / 罗集广著． --北京：光明日报出版社，2022.6
ISBN 978-7-5194-6672-5

Ⅰ.①汉… Ⅱ.①罗… Ⅲ.①汉语—对比研究—日语 Ⅳ.①H1②H36

中国版本图书馆CIP数据核字（2022）第107481号

汉日语言对比研究概论
HANRI YUYAN DUIBI YANJIU GAILUN

著　　者：罗集广	
责任编辑：宋　悦	责任校对：郭嘉欣
封面设计：中联华文	责任印制：曹　净

出版发行：光明日报出版社
地　　址：北京市西城区永安路106号，100050
电　　话：010-63169890（咨询），010-63131930（邮购）
传　　真：010-63131930
网　　址：http://book.gmw.cn
E - mail：gmrbcbs@gmw.cn
法律顾问：北京市兰台律师事务所龚柳方律师
印　　刷：三河市华东印刷有限公司
装　　订：三河市华东印刷有限公司
本书如有破损、缺页、装订错误，请与本社联系调换，电话：010-63131930

开　　本：170mm×240mm	
字　　数：275千字	印　　张：18.5
版　　次：2022年6月第1版	印　　次：2022年6月第1次印刷
书　　号：ISBN 978-7-5194-6672-5	
定　　价：98.00元	

版权所有　　翻印必究

目 录
CONTENTS

第一篇　汉日文字体系对比 …………………………………… **1**

第一章　汉字体系的形成过程 ………………………………… 3
　第一节　汉字的产生和发展 ………………………………… 3
　第二节　汉字的创造方法 …………………………………… 9
第二章　日本文字体系的形成过程 …………………………… 17
　第一节　日本文字的起源 …………………………………… 17
　第二节　日本文字体系的创立 ……………………………… 21
第三章　汉日文字体系的对比 ………………………………… 31
　第一节　汉日字音的对比 …………………………………… 31
　第二节　汉日字形的对比 …………………………………… 39
　第三节　汉日字义的对比 …………………………………… 49

第二篇　汉日词汇和熟语的对比 ……………………………… **55**

第四章　汉日同形词的对比 …………………………………… 57
　第一节　汉日同形词的概念和分类 ………………………… 57
　第二节　汉日同形词意义的对比 …………………………… 62
　第三节　汉日同形词用法的对比 …………………………… 70
第五章　汉日异形同义词的对比 ……………………………… 81

第六章　汉日同素逆序词的对比 …… 88
第一节　汉日同素逆序词的定义和分类 …… 88
第二节　汉日同素逆序词的词义对比 …… 93
第三节　汉日同素逆序词的词序结构分类 …… 99
第四节　汉日同素逆序词产生的原因 …… 101

第七章　汉日熟语的对比 …… 105
第一节　汉日熟语的概念和分类 …… 105
第二节　汉日同源熟语的对比 …… 113
第三节　汉日不同源熟语的对比 …… 123

第三篇　汉日语法功能表达对比 …… 137
第八章　汉日被动表达的对比 …… 139
第一节　被动表达概述和被动句分类 …… 139
第二节　汉日被动表达的具体标志 …… 145
第三节　汉日被动表达的语法功能 …… 150
第四节　汉日被动表达的语义动因 …… 154

第九章　汉日使役表达的对比 …… 162
第一节　使役表达的概述 …… 162
第二节　汉语使役表达的主要形式 …… 165
第三节　日语使役表达的主要形式及特点 …… 169
第四节　汉日使役表达的对比分析 …… 175

第十章　汉日描述事态发展的对比 …… 182
第一节　汉语描述事态发展的主要形式 …… 182
第二节　日语描述事态发展的主要形式 …… 189
第三节　汉日起始体表达的对比 …… 200
第四节　汉日持续体表达的对比 …… 209
第五节　汉日存续体表达的对比 …… 218
第六节　汉日完成体表达的对比 …… 224

第十一章　汉日否定表达的对比 …………………………………… 232
　　第一节　汉语否定表达形式 ………………………………… 232
　　第二节　日语否定表达形式 ………………………………… 238
　　第三节　汉日否定表达的对比 ……………………………… 244
第十二章　汉日语言对比研究的新动向 ……………………………… 257

参考文献 ………………………………………………………………… 276
后　记 …………………………………………………………………… 284

第一篇 汉日文字体系对比

　　汉语文字体系是日语文字体系形成的基础，但两种文字体系又有着诸多的不同。汉语经过几千年的演变形成了以表意文字——汉字为标志的文字体系。日语在汉字体系的基础上结合日语特点形成了以汉字和假名为标志的表意与表音并存的文字体系。

第一章　汉字体系的形成过程

汉字是记录汉语的书写符号，是世界上历史悠久、影响深远、使用人数最多的文字之一。汉字不仅记录了中国悠久的历史文化，承载了中国从未有断代的上下五千年文明，而且对历史上使用过汉字的其他国家同样产生了深远的影响。汉字是当今世界唯一被使用的最古老的文字，汉字独特的表意性和字形结构赋予了它无限的魅力和生命力。汉字是联合国承认的正式文字之一，它对增进中国和世界各国的交流、传播中华文化和汉字文明，起到了不可磨灭的作用。

第一节　汉字的产生和发展

一、汉字的起源

中国古代传说汉字为黄帝的史官仓颉所造。比如，《吕氏春秋·审分览·君守》中记载："奚仲作车，仓颉作书，后稷作稼，皋陶作刑，昆吾作陶，夏鲧作城，此六人者，所作当矣，然而非主道者。"《韩非子·五蠹》中亦有记录："古者仓颉之作书也，自环者谓之私，背私谓之公，公私之相背也，乃仓颉固以知之矣。"其实，汉字是中国古代劳动人民在长期的生产和劳动中创造出来的。汉字作为一种信息载体，满足了人们的互相交往、记事录史和传递信息的需要。不过，传说把史官同汉字的整理和

使用联系起来，却有一定的道理。因为在原始社会里专门从事祈祷求神的巫师，遇到祭祀、狩猎、战争等大事，除了祈祷神明以外，还要对发生的事情做一点记录，这就是史官的起始。后来巫师和史官的职责逐渐分离，专门从事记事的史官就把汉字作为其工作的必需工具了。所以，汉字从起源、发展到形成完整的系统，肯定离不开巫师和史官所起的重要作用。①②

汉字的历史可以远溯到五六千年之前，仰韶文化半坡遗址发现的陶器上，共有二三十种重复出现的符号，人们认为这些可能就是汉字的前身。

虽然还不能断定汉字产生的确切年代，但从考古发现可以推测汉字诞生于公元前14世纪的商代。因为考古发掘出土了一批刻有文字的商代后期的龟甲和兽骨。所以这种古老的文字被称作"甲骨文"，有时候也被认为是汉字的书体之一，也是现存中国王朝时期最古老的一种成熟文字。

甲骨文，又称"契文""甲骨卜辞""殷墟文字"或"龟甲兽骨文"。甲骨文其形体结构已有独立体趋向合体，而且出现了大量的形声字，已经是一种相当成熟的文字，是中国已知最早的成体系的文字形式。它上承原始刻绘符号，下启青铜铭文，是汉字发展的关键形态。殷商时期，为五谷丰登祈求降雨，为庆祝和祭祀选择吉日，为战争预测结果等，国家的重大事情都用刻上文字的龟甲和带有裂痕的兽骨来占卜。这种以象形文字为起源的"甲骨文"，在当时是作为和神明对话的工具而产生的。当然甲骨文所记录的占卜、祭祀和所得结果，客观上反映了商朝的政治和经济情况。

二、汉字的变革和发展

殷商灭亡、西周兴起后，甲骨文仍然作为与天地神明对话的手段被使用了一段时期。不过西周的统治者认为，汉字不应该仅限于记录祭祀、占卜等事情，还可以用于与其他部族的沟通。因为即使不同口语的部族之间，只要看到汉字便能够理解相互之间的意思，使得部族之间签订契约、疏通意思变得更为顺畅。于是公元前1046—前256年这段时期，作为表意

---

① 卢丁. 汉字的起源及早期发展［J］. 四川大学学报（哲学社会科学版），1991（03）：74-80.
② 李先登. 试论中国文字之起源［J］. 天津师大学报，1985（04）：75-79.

文字的汉字在华夏大地的各处迅速渗透。

（一）金文（西周—春秋—战国）

商朝的青铜器上文字很少，西周青铜器开始出现长篇铭文，记录周朝分封、祭祀、诏书、征战、围猎、盟约等重大事件和活动。铸刻在青铜器上的文字称为"金文"或"钟鼎文"。西周金文改变了殷商甲骨文象形较重、字形繁复的特征，汉字的线条开始出现平直的趋势。另外，甲骨文笔画随意增省，异体字繁多，而金文的笔画开始简化，笔画数比较一致。

从西周到春秋，汉字字形在默默地演化着，与甲骨文相比虽然有了一些显著的变化，但象形的特征还是比较明显。到了战国时期，六国金文的结构与笔画形态已和西周、春秋时代的金文明显不同，汉字形体高度简化、平直化趋势明显。不仅横笔竖笔更加平直，就连斜笔和弧笔的笔道也明显变直，这样就使得春秋时期尚存的象形意味几乎丧失殆尽。①

这里要指出的是，与金文同时存在的古汉字还有一种字体——籀（zhòu）文，是周朝晚期为了显示国威，于是将原本的金文繁化，制造出籀书汉字。由于在春秋时期，秦国人作的《史籀篇》中收藏有223个繁化金文汉字，因此把这种繁化金文称为籀文。据说"籀"的意思是"诵读"。籀文汉字也被称作"大篆"②。

从西周经春秋到战国，汉字发生革命性变化。首先，汉字从与神明沟通的工具变成了人类社会信息交流的载体。其次，字形从以复杂象形为主开始向简化抽象的方向发展。

（二）小篆（秦朝）

公元前221年，秦始皇统一中国。为了巩固秦朝的统治，大力推行统一度量衡的政策，要求"书同文，车同轨"。时任丞相李斯将其他六国的度量衡废除，建立了新的度量衡制度，其中就包括建立统一的汉字写作规

---

① 樊俊利．从战国时期六国金文角度看汉字的隶变［J］．语文研究，2013（3）：8-11.
② 有时也把金文（或称钟鼎文）与籀文（繁化金文）统称为大篆。

范。他在秦国原来使用的大篆籀文的基础上，简化汉字笔画，规范字体大小，创立了"小篆"书体。小篆与大篆相比，笔画虽有简化，但仍保持了篆书字体优美、古风古韵的特点，适合印章刻制，特别是用于防伪的公章。因此中国封建王朝的官印一直采用篆书，直到近代新的防伪技术出现。小篆也直到西汉末年（公元8年左右），一直作为官方文字和正式文书所使用。

汉字发展到小篆阶段，原有的象形意味被削弱了，象征性的意味增强，文字逐渐由图像形态向符号化发展。秦王朝运用国家行政手段大规模地统一全国文字，从根本上消灭了各地文字异形的现象。经过规范化的小篆改变古文字体异众多的状况，对中华文化的统一和民族认同起到了重要作用。

（三）隶书（秦朝—西汉—东汉）

传说秦朝一个叫程邈的低级政府办事员因为犯了罪被关进大牢。他在牢里闲来无事发明了隶书，并把这项发明献给了秦始皇。秦始皇认为程邈戴罪立功，于是就赦免了他。当然这个传说并无据可考，不过却反映秦朝当时一个重要事实，那就是由于秦朝立法严谨，事事依法依规，因此公文和记录比前朝更为繁杂，使得各级官吏在承办公务时使用小篆的效率很低，急需一种字形能够更加简化的汉字书体，由此隶书也就应运而生了。公元前3世纪中期的"睡虎地秦墓竹简"[①]中，内文为篆体简化后的书体，称为"秦隶"或"古隶"。

秦朝灭亡后，西汉早期小篆逐渐由隶书取代。到了西汉中期，隶书摆脱了篆体优雅匀圆的结构，笔画平直方正，书写简便流畅，已独立形成一种新的书体。东汉后期隶书已达到了相当的高度，特点更加鲜明，讲究"蚕头雁尾""一波三折"。为与以前的隶书相区别，称其为"汉隶"或

---

① 睡虎地秦墓竹简，是指1975年12月在湖北省云梦县睡虎地秦墓中出土的竹简。这些竹简的内容反映了战国晚期及秦始皇时期，篆书向隶书的转变过程。为研究中国书法和秦国的政治、法律、经济、文化、医学等方面的发展历史提供了翔实的资料。

"今隶"。隶书完全颠覆了汉字象形的意味，通过字形简化、线条平直化、结构抽象化，创造出了一种"不象形的象形字"，是中国汉字发展史中一次重大变革。

随着汉王朝的衰落，有关隶书的书写技法研究随之停顿。造纸术的发明和纸张的普及，极大地影响了人们的书写方式和习惯，隶书逐渐淡出实用书写领域，和小篆一样作为汉字书法艺术保留了下来。但不管怎么说，隶书是汉字变革的关键，以隶书为基础的汉字衍生了许多新书体，比如，与秦隶同时期还出现一种书写更快的"草隶"，据说是草书的前身或雏形。后来又出现了楷书、行书。

（四）楷书（南北朝—隋朝—唐朝）

从汉朝末年到三国时期，汉字书写变隶书的"波""磔"为"撇""捺"，而且出现了"侧"（点）、"掠"（长撇）、"啄"（短撇）、"提"（直钩）等笔画，汉字在抽象化和符号化的基础上，结构更为紧凑。比如，在魏、晋、南北朝时期流行的魏碑体，非常明显地体现了汉字从隶书到楷书过渡时期的情况。魏碑体的代表——龙门石窟二十方，仍然保持着向外扩张、字形扁宽的汉隶风格，同时又有笔画简爽、横平竖直的唐楷趋势。

时代进入唐朝后，楷书逐渐成熟起来。字形方正，线条平直，规矩整齐，被誉为书写之楷模，所以被称为"楷书"。楷书的代表人物有唐朝的颜真卿和柳公权、欧阳询，宋朝的赵孟頫，即常说的楷书四大家"颜柳欧赵"。到了唐朝末年，楷书发展到了顶峰，而宋朝以后基本上是对楷书的守成。由于楷书风格过于中规中矩，从唐末开始发展缓慢，但作为汉字书写启蒙的标准广为世人接受，是书法入门的正路。

（五）草书（汉朝—魏晋—唐朝）

汉字用于记录事件和举办公务时，书写效率显得非常重要，简便易写、快捷顺畅成为书写的一大要求。其实从秦代开始就有省简笔画和概括潦草的情况，由于字迹潦草造成难以识别又不便交流。为了既要书写效率又要易于识别，于是对潦草的书写方式约定俗成，统一写法又不失灵活，

逐渐形成有章法的"草书"。

草书的发展可分为"草隶""章草"和"今草"三个阶段。严格意义上来说，"草隶"是跟隶书平行的书体，实际上是一种隶书的变体，或者说是隶书的简易写法，还不能算作草书。而真正的草书出现于西汉初期，《说文解字》中说："汉兴有草书。"与草隶相比，此时的草书打破了隶书的方正严谨之势，因急而草，字间连写，笔画牵丝等状态很常见。已经具备草书的基本特征，还保留少许隶书"波挑"的痕迹，称作"章草"。东汉末期，章草继续"草化"，完全摆脱了隶书规范的束缚，字间笔势相通，偏旁部首简化和互借，书写形式讲究整体呵成、气贯长虹，称为"今草"。今草这种书体风靡魏晋两代。到了唐代，今草的风格更加奔放，写得龙飞凤舞、形奇势异，被称为"狂草"，也叫"大草"，成为以艺术创作为目的的书法流派。

正如唐代书法家张怀瓘对草书特点总结的那样，"存字之梗概，损隶之规矩，纵任奔逸，赴速急就，因草创之意，谓之草书"（《书断》，成书于727年）。草书在最大程度上抛弃了汉字象形的意味，用简约、抽象、概括的手法将汉字符号化了，再进一步演变汉字很可能变成汉语音节符号。尽管在中国并没有实现"汉字草化"的语音符号化，但在日本却充分利用"汉字草化"制造出了日语音标——平假名。

（六）行书（东汉—魏晋—唐朝—宋朝）

大约在东汉晚期，在楷书的基础上产生了一种介于楷书和草书之间的新书体——行书。"行"即为"行走"之意，因此行书可以理解为"行走的楷书"。行书字体没有楷书规矩，但书写速度比楷书快，又不像草书那么潦草，比较容易辨认。所以，产生之后迅速流行。

行书实质上是楷书的草化或草书的楷化。在书写形式上，如果偏重于字形端正的，称为"行楷"；如果字形洒脱飘逸的，称为"行草"。楷书作为文字记号，字形清晰端庄，实用性很强，但书写不够流畅。草书作为书法流派，洒脱飘逸，婉转连绵，艺术性较高，但实用性不强。行书正好弥补了楷书和草书的缺陷，将汉字的实用性和艺术性进行了结合完善。

行书在魏晋时期发展很快,是行书发展的黄金期。唐代进入新发展期,到了宋代达到了新的高峰。在汉字发展的历程中,篆书、隶书、楷书都有盛衰变化,而行书凭借其完美的实用性和艺术性,在各种书体中占据主流地位。

从汉字的产生、发展和变革来看,殷商时代的甲骨文奠定了汉字的象形基础。从西周到秦代的金文、籀文在象形的基础上发展了汉字的表意功能。小篆的出现统一了六国文字,产生了中国汉字的标准字体,历史意义重大。汉朝发展起来的隶书是为适应书写急速的需要,对小篆简化而产生的一种书体。由篆到隶的"隶变"是汉字的根本性变革。汉字的字体在隶书的基础上,沿着两个方向平等发展:隶书楷化,发展为楷书;隶书草化,发展为草书。而行书弥补了楷书的行文拘谨和草书的难于辨认的缺点。

第二节　汉字的创造方法

汉字作为最古老的文字之一,与世界上其他文字一样,都是从象形开始的。但很多文字却演变成了拼音字母,而汉字仍然保留了象形字的特征,集字形、字音、字义于一体。因此汉字的创造及其造字规律也体现出其独特性。东汉的文字和经学大师——许慎——在其著作《说文解字》中,总结前人的造字实践,归纳出"六书"造字法。所谓"六书"是指象形、指事、会意、形声、转注、假借六种造字方法。从汉朝以来,一直沿用"六书"的说法。但现代汉字学认为,真正属于造字法的只有象形、指事、会意和形声。至于转注和假借,严格说来应该属于汉字的使用方法。根据考古鉴定和识别,甲骨文已具有"象形、会意、形声、指事、转注、假借"的造字方法,之后经过历朝历代的演变和锤炼,展示了汉字深厚的历史底蕴和独特魅力。

一、象形

象形是最古老的造字方法，为"六书"造字法之首。《说文解字》序中说："象形者，画成其物，随体诘诎，日月是也。"① 象形就是描摹实物形状。象形字都必须有一个参照实物，用摹画实物的方式创造出一个具有独立意义的实物代号。因为字首先是实物的映射，在字达到高度抽象之前，最直观的方法就是手绘。所以象形字跟图画很相似，通过勾画的线条把实物的外形特征表现出来。例如：

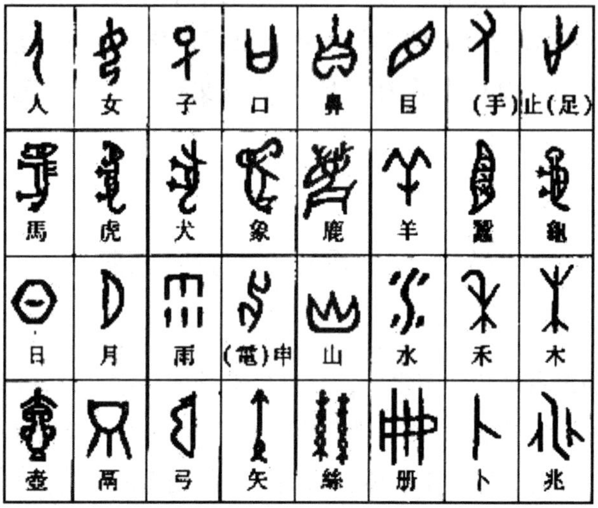

图1-1　象形字（来源：百度图片）

表示"人"的象形字像一个侧面直立的人，表示"龟"的象形字像一只爬行的乌龟，表示"日"的象形字像挂在天空的太阳，表示"山"的象形字像连绵起伏的山峰，表示"水"的象形字像微波粼粼的河水，表示"木"的象形字像有根、干、枝的树，表示"矢"的象形字像一支带尖头的箭等。

象形字虽源自实物的描摹，但它不等同于图画。图画是事物在人眼中

---

① 许慎. 说文解字（第一卷）[M]. 北京：中华书局，2012：序言.

的现实反映，而象形字是对事物典型特征的表现。图画是有关事物多信息的集合，而象形字是突出事物特征的形象符号。有一些象形字也不是直接参照实物描摹的，而是拓展与实物有关的概念创造出来的。例如，"大"字，原本是像一个直立的人形，将手足展开，就表示"大"的意思了。所以象形字开始都是名词，随着语言的丰富和概念的增加，逐渐发展到了用于形容词的造字了。

以象形法创造的字都是独体字，是构成汉字的字源。由于自然环境和人类社会是如此的广大而复杂，而且随着人类进步，抽象概念越来越多，仅靠象形法创造出所有的汉字是根本不可能的。根据《说文解字》里的统计，象形字只有364个，占全书所收9353个汉字的4%左右，而且绝大部分象形字创造于远古时代，秦汉以后两千多年来所造象形字，只有"伞""凸""凹"等寥寥数个。

二、指事

《说文解字》序中说："指事者，视而可识，察而见意，上下是也。"[1]指事表现的都是比较抽象的概念，但凭直觉就可以认识，仔细观察就能够理解其含义。指事造字法有以下两种情况：一类是单纯性的指事符号，另一类是在象形字上添加指示符号。两类指事字中，第一类数量非常少，第二类相对多一些。

第一类指事字用单纯符号来指示或象征某种事物或意义。例如，"一""二""三"等字纯粹是用抽象符号来指示事物的数量。又如"上""下""爻"等。"上""下"两个字是用横线"一"为界，在横线上先画一竖，再用一短线指出上方的位置，表示上面、上方的意思；而在横线下面画一竖，再用一点指出下方的位置，表示下面、下方的意思。"爻"的本义是"交"，纵横之交、阴阳之交。

第二类指事字是在象形字的基础上添加符号，用来指明某种事物或意义。例如，"刃""本""亦""凶"等。在刀口上加一点，指出锋利的部

---

[1] 许慎. 说文解字（第一卷）[M]. 北京：中华书局，2012：序言.

位,即为"刃"。在木下面加一短横,指出树的根部,意思为"根本"。在正面的人形上加两点,指示两腋所在,即为"亦"。"凶"字是指人踏空掉进深坑里,"乂"象征危险和不测。

指事字扩大了文字对一些概念的表达能力。但大多数指事字需要在象形字的基础上完成造字,只有极少数通过指事符号进行造字。这样一来,一方面新造符号比较困难,而且不便于记忆。另一方面象形字也很有限,指事字的造字基础比较薄弱。因此,汉字中用指事法造出来的字最少,在《说文解字》中指事字总共只有 125 个。指事同象形字一样,造出的字都是单一的形体,也属于独体字。

三、会意

《说文解字》序中说:"会意者,比类合谊(同"义"),以见指撝(同"挥"),武信是也。"① 会意是指用两个及两个以上的独体汉字(偏旁),根据各自的含义所组合成的表达新意义的造字方法。

会意字有用两个或两个以上相同偏旁组合起来的,叫"同体会意字"。如两个"木"组合成"林"字,三个"木"重叠成了"森"字;三个"人"重叠成了"众"字,表示众多;两人前后相随,组合成"从"字,表示跟从;两个火相加,组合成"炎"字,表示火势旺盛。

也有用两个或两个以上不同偏旁组合起来的,叫"异体会意字"。如将"手"和"目"组合成"看";"鸟"字加上"口"字组合成"鸣";"人"靠着"木"(树)组合成"休",表示休息;把"肉"放在"火"上烤组合成"炙",引申为烤熟的肉食;用"刀"裁"衣"组合成"初",表示做衣服最初的工序,后来泛指行动的开始。

尽管象形、指事造字法可以形象地表示很多事物了,但仍有许多抽象的事物无法表示,会意造字法的发明正好弥补了这种缺陷。会意造字法是利用象形字或指事字作为材料再构建新字,这样一来充分发挥了旧字新用的效果,提高了象形字和指事字的使用率。在《说文解字》里,会意字有

---

① 许慎.说文解字(第一卷)[M].北京:中华书局,2012:序言.

1167 个。会意字也有明显的缺点，因为会意字的表意是造字人主观规定的，有时在使用时不同的人对同一个字会产生误解。比如，"休"可能会被理解为"木头人"，"看"可能会被理解为"揉眼睛"。会意与象形、指事一样，造字单纯以表意为手段，能够造出的新字极为有限。因此，现行汉字中象形、指事、会意这三类字加起来只占10%左右。

四、形声

《说文解字》序中说："形声者，以事为名，取譬相成，江河是也。"[①] 形声是汉字中造字效率最高、最为灵活的方法。因此，形声字在汉字中数量最多。形声是一种半意半音的造字法，即在表示意思范畴的意符（形旁）文字上添加与该词同音、类音的声符（声旁）文字组合成字。然而，形声与会意的组合方法是有很大区别的，组合部分的功能也是不同的。会意的各个组合部分都是表意的，通过各个部分的意思合成一个具有新意思的字。而在形声字中，一部分表意，另一部分表音。表意的部分与新字的意义产生关联，起着提示新字意义的属性和范畴的作用，而表音的部分与新字的字义无关，只起到标明新字读音的作用。比如，"吹"和"炊"都念"chuī"，一个是与嘴有关的"撮起嘴唇急促地吐出气流"的意思，一个是与火有关的"烧火做饭"的意思。形声字中形旁和声旁的组合方式常见的有以下几种：

（1）左形右声：材　偏　铜　冻　证　骑　秧　城　梅；
（2）右形左声：攻　削　瓢　放　鹉　雌　故　战　领；
（3）上形下声：管　露　爸　芳　崖　宵　界　字　花　雾；
（4）下形上声：架　案　慈　斧　贡　膏　凳　赏　想　梨；
（5）外形内声：固　病　庭　阀　园　匦　裹　衷　府；
（6）内形外声：闷；
（7）形在一角：裁　载　栽；
（8）声在一角：醛。

[①] 许慎.说文解字（第一卷）[M].北京：中华书局，2012：序言.

这八种组合方式可以概括为左右、上下、内外、一角四种关系,其中左形右声的占多数,上形下声的也较常见,内形外声的字数比较少,形声在一角的字数最少。

形声字一般利用原来的象形字作形旁。声旁可取原来的象形字(如"材"),也可取原来的指事字(如"笨")和会意字(如"踩"),还可以利用形声字(如"院")。这些字变成声旁以后,便失去原来的意义,单纯表音了。

形声造字法将原来的象形字、指事字和会意字变成形旁和声旁,再通过多种结构的组合创造了大量新字。形声造字法解决了象形、指事、会意造字时,需要创造大量图形符号的难题,极大丰富了汉字数量,从而增强对事物的表达能力。另外,形旁和声旁的出现,将汉字通过偏旁系统化,促进了汉字的规范性和系统性。形声法造出的字好记易读。因此形声造字法一经出现便被广泛接受,成为汉字发展的主流,使汉字的数量井喷式地增加。据统计,在殷周的甲骨文和金文里,形声字只占20%左右,到了东汉,《说文解字》里的形声字已有近7700个,约占82%。而现代汉语中的形声字已占全部汉字的90%以上。

五、"转注"和"假借"

"六书造字"中,"转注"和"假借"不属于造字方法,而是用字方法。

(一) 转注

《说文解字》序中说:"转注者,建类一首,同意相受,考老是也。"[①]"同意相受"是指部首相同、读音相同或相近,意义上有共同点可以互相注释的一组字。如"老"字的解释是"考","考"字的解释是"老",于是"老"和"考"就成了意义相同、形体相近而声音有了转变的一组字,所以叫"转注"。但从造字法来看,"老"是会意字,可理解为一个老人举

---

① 许慎. 说文解字(第一卷)[M]. 北京:中华书局,2012:序言.

着手杖。"考"字的形旁是"老",声旁是"丂",属形声字。又如"喊"和"唤"、"颠"和"顶"也都是义同、形近、音转的转注字。转注形式主要有两种:一种是"形转说",认为同类部首做意符,同类意符的字义连类相承,如"考""老"同属"老"部而又可以相互注释;另一种是"音转说",认为词源上同韵或同声的字,如"颠""顶"同属一声,即意义相同而声韵也相同或相近的字。

转注字的产生原因是汉字产生之初并非一人一时一地所造的,可能同一个意思的字在不同地方造出的字会不同,或者最初的字后来发生了变化,这些在不同时间空间造出的"语根相同,语义相同,但字形不同"的文字在某时某地都已经普遍使用,既然很难取消使用,就用转相注释的方法来沟通这些文字。

要注意的是转注不单是互相注释,不同的字还必须拥有相同部首,表示同一个意思,不然就不是转注字。由于转注并不是重现造字而是不同的字相互解释沟通,所以它不是造字法,只是一种用字的方法。

(二) 假借

《说文解字》序中说:"假借者,本无其字,依声托事,令长是也。"[1]意思是说语言中的某一个词,本来没有替它造字,就依照它的声音借用已有的同音字来表示这个词的意义,就是一种同音代替的方法,借用的字就叫假借字。比如,"令"本是个会意字,意思是"命令"。"县令"的"令"原来没有这个字,由于"县令"施行政令,于是借"令"当作"县令"的"令","县令"的"令"就是假借字。又如"要"本来是指人的腰部,有人体关键的、重要的部位的含义。后来借用到"需要""重要"的"要",本意逐渐消失,人们又造了形声字"腰"代替"要"了。

假借是借用发音相同或相近的字来代替没有的字,假借字和被假借字之间本身并没有意义上的联系。假借只是把已有的字当作标音的符号使用,在某种程度上节约了造字的工作量,扩大了已有汉字的使用范围。但

---

[1] 许慎. 说文解字(第一卷)[M]. 北京:中华书局,2012:序言.

这种最初的权宜之计，随着假借字被固定下来会产生一字多意的结果。如果不加限制地假借，就会造成文字使用上的混乱。

假借字是借已有的字来表示还未创造出来的字，并没有增加新字。所以假借字不属于造字法，只是用字法而已。

第二章 日本文字体系的形成过程

从人类文明史的角度来看，文字是文明的发端，一个民族拥有文字不仅代表其先进性，而且在民族文明的发展中发挥着至关重要的作用。上古时期的日本民族只有语言而没有文字，这在很大程度上限制了其社会交往和文化传承。因此，日本迫切需要以文字来传承本民族文化和推进文明进程。然而日本文字的产生却是在中国的汉字传入日本以后才逐渐产生和发展的。

第一节 日本文字的起源

一、中国汉字传入日本

关于汉字传入日本的传播途径，通常认为是秦汉时期，自中国大陆经朝鲜半岛而进入日本的。至于最早是何时传入日本的，从日本古代遗迹的发掘中可以得到佐证。1958年在日本九州南部的种子岛发现的一批陪葬物中有"汉隶"二字的"贝札"（贝制片状物），日本考古界认为这些"贝札"是刻印有汉字的中国货币，它们的年代可以追溯到公元前1世纪。由此推断，住在日本列岛的人们第一次看到从中国传来的刻有汉字的货币，大约是在中国的西汉后期。但是，当时的人们是否认识到这就是文字，却是很难判断的。也许在当时的人们只不过把汉字当成像花一样的图案

罢了。

那么,日本列岛的人们是从什么时候开始把汉字作为文字来理解的呢?一般认为是在公元3世纪左右的邪马台国时期。正如《魏志·倭人传》的"正始元年"记载中,言及了日本当时的统治者以汉字书写奏章上表中国皇帝之事。"正始元年"为公元240年,由此日本学者推测,当时日本和中国之间存在着使节往来,而且一定有能够理解汉字、处理文件的人。日本最早的史书《古事记》(712年成书)和最早的官修史书《日本书纪》(720年成书)中都有记载,大约270年左右,一位叫"王仁"的中国学者以博士的身份从百济进入日本,并带去了《论语》十卷、《千字文》一卷等古典汉籍。

由此可见,中国的汉字大约在西汉后期传入日本。到东汉时期,汉字已经大规模地传入日本。中国货币和典籍的汉字逐渐渗入日本经济、政治、社会的各个方面,上至王公大臣、下至黎民百姓都接受着来自中国文化的深刻影响。

二、日本使用汉字和汉文

日本真正使用汉字是在公元4世纪末到5世纪初。日本最早的汉字文章见于中国史书《宋书·蛮夷传》的"倭国"部分,这篇汉文是日本倭王武上给中国南朝刘宋顺帝(477—479)的表文。

顺帝升明二年(478年),(倭王)遣使上表曰:

> 封国偏远,作藩于外,自昔祖祢,躬擐甲胄,跋涉山川,不遑宁处。东征毛人五十五国,西服众夷六十六国,渡平海北九十五国,王道融泰,廓土遐畿,累叶朝宗,不愆于岁。臣虽下愚,忝胤先绪,驱率所统,归崇天极,道遥百济,装治船舫,而句骊无道,图欲见吞,掠抄边隶,虔刘不已,每致稽滞,以失良风。虽曰进路,或通或不。臣亡考济实忿寇雠,壅塞天路,控弦百万,义声感激,方欲大举,奄丧父兄,使垂成之功,不获一篑。居在谅暗,不动兵甲,是已偃息未捷。至今欲练甲治兵,申父兄之志,义士虎贲,文武效功,白刃交

前，亦所不顾。若以帝德覆载，摧此强敌，克靖方难，无替前功，窃自假开府仪同三司，其余咸各假授，以劝忠节。

　　诏除武使持节，都督倭、新罗、任那、加罗、秦韩、慕韩六国诸军事、安东大将军、倭国王。

该表文陈述了大和民族"东征毛人""西服众夷"和"渡平海北"，进而统一列岛。从中也可看出，其对句骊（朝鲜）不满，希望征服句骊的野心。该表文用词典雅、文句通顺、对仗工整、文脉酣畅。可见当时的日本已有能熟练掌握六朝骈体文的人才了。当然有学者认为这篇表文也可能是经过了《宋书》作者沈约的加工修饰。无论如何，这篇表文反映了当时日本使用汉字和汉文进行记录历史和外交活动的事实。汉字不仅是作为传言达意的手段，还在政治和外交等领域发挥了作用。

虽然日本从中国引入了汉字，但对许多日本人来说认识汉字并能够使用汉文却非易事。掌握汉字汉文的难度之大可想而知。只有直接受过中国文化培养熏陶、具有较深厚汉学素养的人才能胜任。所以直到奈良时代，日本宫廷的史部等与文字相关的公务，基本上是由渡来人（指来到日本的中国人或朝鲜人）或其子孙承办的。

但是到了平安时代，贵族之间产生了一种叫作"偏付（へんつぎ）"的游戏。即在一堆汉字卡片中抽出一个汉字，然后大家争相写出与这个字偏旁相同的其他汉字。由此可见，在上流阶级之间汉字已经相当流行了。

三、用汉字标写日语特殊词汇和名称

汉字传到日本后，日本人不但把汉字作为表意文字用于书写记录，还把表意的汉字作为表音性的文字来标记一些特殊的词汇，比如，人名和地名。比如，倭五王时代（公元5—6世纪），日本和歌山县隅田八幡神社所藏的人物画像圆镜和埼玉县稻荷山古坟出土铁剑的铭文中，一般被认为是汉字作为表音性的文字记录日本人名和地名的初期证据。

和歌山县隅田八幡宫所藏的人物画像圆镜中所刻铭文：

　　癸未年八月十日，大王年，男弟王，在意柴沙加宫时，斯麻，念

長寿，遣开中费直秽人今州利二人等，所由上同二百旱，作此竟。

此铭文可以译成：癸未年八月十日，大王年和男弟王在意柴沙加宫时，斯麻为男弟王的长寿祈愿，遂命开中费直和渡来人今州利，用上等白铜二百旱（重量单位——作者注），铸此镜。

其中"意柴沙加宫（オシサカ）"是借用汉字表示的日语中地名的发音，而"斯麻（シマ）""开中费直（カワチノヒノアタイ）""今州利（イマスリ）"则是借用汉字表示的日语中人名的发音。

埼玉县稻荷山古坟出土铁剑的正反两面都有铭文。

正面：

辛亥年七月中记，乎獲居臣，上祖名意富比垝，其児多加利足尼，其児名弖巳加利獲居，其児名多加披次獲居，其児名多沙鬼獲居，其児名半弖比。

反面：

其児名加差披余，其児名乎獲居臣。世々為杖刀人首，奉事来至今，獲加多支鹵大王寺，在斯鬼宮時，吾左治天下，令作此百練利刀，記吾奉事根原也。

正反两面铭文可以译成：

辛亥年七月中此记，微臣乎获居的高祖，名叫意富比垝。（接下来是各代子孙的名——作者注）其子名叫多加利足尼，其子名叫弖巳加利获居，其子名叫多加披次获居，其子名叫多沙鬼获居，其子名叫半弓比，其子名叫加差披余，其子是微臣乎获居。本族世代担任杖刀人首（大王的亲卫队长——作者注），侍奉大王至今。微臣在获加多支卤大王（雄略天皇——作者注）的御所——斯鬼宫，辅佐大王治理天下。令人造此百炼利刀，并特作此文记录原委。

其中"乎获居（ヲワケ）""意富比垝（オホヒコ）""多加利足尼（タカリノスクネ）""弖巳加利获居（テヨカリワケ）""多加披次获居（タカヒシワケ）""多沙鬼获居（タサキワケ）""半弓比（ハテヒ）"

"加差披余（カサヒヨ）""获加多支卤（ワカタケル）"都是日语人名发音的汉字表记，而"斯鬼（シキ）"是日语地名发音的汉字标记。

日本人最初书写地名和其他固有名词时，采用了临时借汉字作为表音的方法。在这个阶段，忽略汉字的表意性，遵循一定的法则，将汉字音韵与日语音节对应。但是，一字一音的表音法有时过于冗长，为了避免这种情形，后来逐渐演化成用汉字训读来表音。比如，在大阪府柏原市松岳出土的船首王后铜板墓志（668年）上，既有"乎娑陀宫（ヲサタク）""等由罗宫（トユラク）""阿须迦宫（アスカク）"一字一音方式标记的地名，也有"松岳山（マツオカヤマ）"这样用汉字训读标记的地名。

第二节　日本文字体系的创立

一、"变体汉文"的时兴

奈良时代以前，汉文作为正式的文言，用于公文、私人信件和历史记录。但能够正确书写汉文相当不易，一些学而不精的文人在书写汉文时，难免出现文字用法错误、语序颠倒，有时还会加上一些对于汉文来说无用的文字，对汉文做了变通规范的写法。以正仓院文书[①]中的《小治田人君不参届》为例。

　　贱下民小治田人君誠惶誠恐謹白　石尊者御曹辺不参事

　　右以人君今月十一日利病臥而至今日，不得起居。若安必為参向，然司符随淨衣筆進上，今問十死一生侍恐々謹白。賎使女堅付進上，事狀具注以白。

　　天平宝字二年（758年）七月十四日

在《小治田人君不参届》中，出现了一些汉文中不合理的语言现象。

[①] 日本东大寺正仓院保存的外来文件资料的总称。

如"以"应该放在"今月"之前,"利病"应写作"痢病","随"应该放在"司符"之前,"侍"是日语敬语,"付"应该放在"贱使"之前。可见,作者一边写着汉文,一边又被日语习惯影响,于是就有了这种变形的汉文写法。

公元7世纪下半叶开始,特别是进入平安时代以后,日本出现了一种用于"公家"日记的记录文体,称为"东镜体"或"吾妻镜体"。这种记录体文章,虽然通篇使用汉字书写,形式上也是汉文样式,但从名词标记、词汇、语法方面与古典汉籍相比,其中有一些令人难以理解的部分。比如,原则上遵守汉字的表意性,但有时会混有万叶假名等日语语音标记;虽然使用简单的汉字词汇用作记录,但行文中却出现了诸如"然間(しかるあいだ)""物騷(ものさわぎ)"等和制汉语的迹象,这在正式汉文中是很不寻常的用语。

公元7世纪末,日本天皇颁发诏勒、宣告皇命以及祭神祝词中,出现了一种被称为"宣命体"的书写形式。宣命体文书中不仅用于行文的汉字按日语语顺排列,而且将日语语法中特有的活用词尾及表示句子结构的助词之类以小写的汉字掺夹其中表示。① 以孝谦天皇的诏书为例:

高御座 尔 坐而此食国天下 乎 撫賜 比(第三詔)
故是以御命坐勒 久 朕者拙劣軽在親王等 乎 始而(第一四詔)
自連天皇御世内 乃 兵 止 為而仕奉来(第一七詔)

字形大的汉字仍为原意,但读音却为日语发音。而字形小的汉字作为一个符号,表示一个日语字母或音节,文中小字"尔""乎""久""乃""止"分别表示"に""と""く""の""を"的发音,被称作"汉文助字",相当于日语句子结构的助词。"比"的读音为"ひ",表示动词词尾。

二、万叶假名的诞生

大约在8世纪中叶,日本出现了最古的汉诗集《怀风藻》(751年成

---

① 陆晓光. 汉字传入日本与日本文字之起源与形成 [J]. 华东师范大学学报(哲学社会科学版),2002,34(4):88-97.

书）与和歌集《万叶集》。《怀风藻》用汉字写成，以五言八句为主，文风浮华，讲求对仗，深受中国六朝文学影响。由于《怀风藻》是严格按照中国古典诗词规范而作，因此文风过于拘谨，缺乏日本列岛的民族特色，文学价值不是太高。

《万叶集》收录了日本4世纪至8世纪中叶的长短和歌，大多数为奈良时代（710—784年）的作品。《万叶集》形式上是汉字体，但内容完全是按照日语语序和发音书写的具有日本风格的诗词作品，因此迅速在贵族和知识分子阶层传播开来。《万叶集》中的汉字完全舍弃了原来的意义，汉字只是被当作一种表音符号来标识日语。一种是借汉字的音读作为音标叫作音假名，比如，"山（やま）"被写成"也麻"，"水（みず）"被写成"美须"。另一种借汉字的训读作为音标叫作训假名，比如，把"大和（やまと）"写成"八間跡"，把"懷し（なつかし）"写成"夏樫"。《万叶集》中这种借汉字的音和训来标记日语失去原来意义的汉字，被称为万叶假名。

这里把《万叶集》（鶴久・森山隆编，桜楓社，1977）中，万叶假名的读法示例如下：

高山波　　　雲根火雄男志等　耳梨與　　相諍競伎　　　神代從
かぐやまは　うねびををしと　みみなしと　あひあらそひき　かむよより
如此尓有良之　古昔母　　　然尓有許曾　　虛蟬毛　嬬乎　相格良思
かくにあるらし　いにしへも　しかにあれこそ　うつせみも　つまを　あらそふらしき

在《万叶集》中一个日语音节对应几个、十几个同音或近似音汉字，使得万叶假名的表记杂乱无序，主要是由于当时和歌的作者们在以汉字作假名表音时，没有统一的规定或约定俗成。比如，与"し"对应的汉字：

之、思、志、師、四、為、斯、知、石、紫、礒、指、子、時、新、此、信、事、僧、寺、詞、詩、偲、式、死

与"も"对应的汉字：

毛、母、裳、聞、方、藻、文、物、面、喪、問、蒙、哭、勿、茂、忘、悶、雲、望、裙、門、畝

万叶假名如此纷繁杂乱的状况，影响了和歌的吟唱和传播，万叶假名

的规范化尚待解决。从日语文字系统发展过程考察，可以说万叶假名是现代日语的发端，是日语假名形成过程中的过渡阶段。

三、平假名和片假名的发明

日语中"假名"一词是相对于"真名"而说的。"真名"指名副其实的形、声、义兼有的汉字，"假名"则是假借汉字，或者以汉字为基础加工而成的表示日语读音的符号。

万叶假名促进了日语本土化，但复杂的汉字如果单纯是为了给日语标音，书写也未免过于烦琐。为了使日语标音变得更容易写，大约从奈良时代末期到平安时代中期，日本人发明了平假名和片假名。

日本平安时代是个男女有别特征明显的时代，女性被禁止学习汉字，能够使用汉文的就更少了。当贵族女性用日语口语写故事和日记等来抒发心情和描写事物时，通常使用一种叫作"平假名"的日语音标文字，别称"女手"。其实，平假名是将汉字草书简化后，只保留汉字轮廓而形成的。平假名的产生促进了和歌的传播和发展，同时也迎来了书法的黄金期。

平假名的字源：

あ—安　い—以　う—宇　え—衣　お—於
か—加　き—幾　く—久　け—計　こ—己
さ—左　し—之　す—寸　せ—世　そ—曽
た—太　ち—知　つ—川　て—天　と—止
な—奈　に—仁　ぬ—奴　ね—弥　の—乃
は—波　ひ—比　ふ—不　へ—部　ほ—保
ま—末　み—美　む—武　め—女　も—毛
や—也　ゆ—由　よ—与
ら—良　り—利　る—留　れ—礼　ろ—呂
わ—和　を—远　ん—无

那些具有逻辑性和抽象性的思想，适合用汉文来记录。而这项工作主要由男性完成。由于汉字书写的确烦琐，将汉字的一部分偏旁部首保留，删去多余的部分，书写会变得快捷。于是片假名产生了，别称"男手"。

不论平假名还是片假名，仅表示日语的发音，完全没有表意的作用。

片假名的字源：

ア—阿　イ—伊　ウ—宇　エ—江　オ—於
カ—加　キ—幾　ク—久　ケ—介　コ—己
サ—散　シ—之　ス—须　セ—世　ソ—曾
タ—多　チ—千　ツ—川　テ—天　ト—止
ナ—奈　ニ—二　ヌ—奴　ネ—祢　ノ—乃
ハ—八　ヒ—比　フ—不　ヘ—部　ホ—保
マ—末　ミ—三　ム—牟　メ—女　モ—毛
ヤ—也　ユ—由　ヨ—与
ラ—良　リ—利　ル—流　レ—礼　ロ—吕
ワ—和　ヲ—乎　ン—（来源不祥）

那么，平安时代真的是女人完全不使用汉字，而男人完全不使用平假名吗？并非如此，比如，有名的紫式部和清少纳言，都能够阅读汉文体的《日本书纪》和中国诗集《白氏文集》。虽然和歌是以平假名为主体写的，但收集和整理和歌的作者很多是男性。另外，当时的男性经常给女人写情书，基本是用平假名写的。

假名的出现对现代日语的贡献是非常大的。比如，平假名表示了日语特有的助词、助动词、动词的活用等概念。日语作为黏着语，特殊的语言结构和现象必须借助平假名来表示。片假名在表示外来语、科技用语、特别名称、拟音词、强调等方面起着不可替代的作用。可以说如果没有假名，日语则不能成为一种独立的语言。

四、和汉混合体的形成

平假名和片假名的创造使通俗易懂的"和文"在日本社会得到推广和普及。过去只有贵族和高级知识分子才能认识和理解的汉字，现在只要认识假名就能够进行基本的读写了，而且更符合日语的语言习惯。所以，当时日本社会曾一度出现了废弃汉字的势头，采取通篇假名的写作方式。然而这种全假名文体的弊端也非常明显，由于假名只能表音，没有了表意的

汉字，给读者通文断义带来了不便。另外，汉字伴随着日本历史的进程已深入根植于日本文化中，完全抛弃汉字等于抛弃了日本的历史和文化。于是，平安时代中晚期，日语出现了汉字与假名兼蓄并用的写作文体——和汉混合体。在和汉混合体中，表达重要概念、名称、动作，或者一些高级语汇采用汉字书写，表示日语特点和习惯、句子结构、语义逻辑关系等用假名书写。这里引用《日本古典文学大系》中《扇の的》的一部分举例说明。

　　南無八幡大菩薩、我が国の神明、日光の権現、宇都宮、那須の湯泉大明神、願はくは、あの扇の真ん中射させてたばせたまへ。これを射損ずるものならば、弓切り折り自害して、人に二度面を向かふべからず。いま一度本国へ迎へんとおぼしめさば、この矢はづさせたまふな。

这段话中既有汉字又有假名，其中，南無八幡大菩薩（梵语汉译用语）、神明（概念）、日光、宇都宮、那須（专用地名）、湯泉大明神（专有名称）、本国（概念）、扇、矢等名词用汉字书写。射させ、射損ずる、切り折り、自害し、向かふ、迎へん等动词的词根用汉字书写。は、を、へ、ならば、これ等表示句子结构、语义逻辑关系以及一些非重要的词汇用假名书写。又比如：

　　沖には平家、舟を一面に並べて見物す。陸には源氏、くつばみを並べてこれを見る。

　　かぶらは海へ入りければ、扇は空へぞ上がりける。

这两句是汉语典型的对句（対仗）表现形式，"沖"对"陸"，"平家"对"源氏"，"舟"对"くつばみ"，"見物す"对"見る"等，结构非常工整，读起来朗朗上口。

和汉混合体从镰仓时代逐渐流行，到了明治时代被正式固定下来。逐渐形成了现代日语文字和词汇的体系。

五、和制汉语对中国的输出

19世纪后半期，日本以"脱亚入欧"的决心全盘接受西方的思想和文化，并迅速实现了国家强盛跻身世界列强行列。有趣的是，日本一边叫嚷着"脱亚入欧"，一边却在使用"和制汉语"介绍西方思想和文化，日本始终未能摆脱汉字文化圈的鲜明特征。

（一）和制汉语的兴起

和制汉语是日本明治时代在译介西方先进文化时，利用汉语典籍和汉语造词法自创的新词。和制汉语大致可以分为两类。一类是中国古汉语典籍中已有的词语，明治时期的翻译家对其赋予崭新的意思。例如，"经济""文化""科学""革命""社会"等。"经济"出自《抱朴子·审举》中"经国济世"之意；"文化"出自《说苑·指武》，指"文治为法，教化臣民"；"科学"在中国古汉语中意为"科举之学"；"革命"最早见于《周易·革卦·象传》，"天地革而四时成，汤武革命，顺乎天而应乎人"；"社会"源自《旧唐书·玄宗上》，"礼部奏请千秋节休假三日，及村间社会，并就千秋节先赛白帝，报田祖。然后坐饮，散之"，即"聚社会饮"的意思。另一类是完全由日本人创造的，汉语典籍中没有的新词。例如，"哲学""元素""细胞""神经""美学""原子""俱乐部""立场""取缔"等。

需要指出的是，有些词语，如"地球""赤道""化学""直径""权利""遗产"等原本是明末清初"西学东渐"全盛时期，中国人和西方传教士共同创造的词语，虽然在中国并未得到流传，但传入日本后受到追捧。因此这些词虽不是和制汉语，但伴随和制汉语的兴起，却得到了极大的普及。

和制汉语极大地拓展了日本对西方新思想、新概念的理解，刺破了东方对世界认识的茧缚。正如有学者说的那样，明治四十余年创造出和制汉语词汇对现代日语和汉语的影响都非常深刻，绝非言过其实。[1]

---

[1] 朱京偉.『明治のことば辞典』と現代中国語における日本語からの借用語－借用語研究の問題点をめぐって[J]. 明海日本語，1995（1）：51-58.

(二)和制汉语的"逆输入":质疑、抗拒和迎受

自中日甲午战争清政府战败,中国意识到经过明治维新的日本已经今非昔比,中国学习西方的步伐加快了,并且将目光从西欧转向了日本。从19世纪末到20世纪初,以和制汉语为中心的新汉语词,被留日学生和学者介绍给中国,出现了"逆输入"的语言现象。由于和制汉语是对西方学术思想的日译,与此同时中国也发明了与之相对的中译,于是二者在中国发生了激烈的竞争。清民之交时期的中国对和制汉语新词出现了一种既有趣又矛盾的现象:许多对和制汉语持反对意见的学者一边竭力批判和制汉语,一边又乐于使用日本传过来的新词。如桐城派古文的后期代表作家林纾在翻译西洋小说时采用新名词不少(如普通、程度、幸福、社会、个人、团体、反动之力、活泼之精神等),但他1918年为《古文辞类纂》作序时,批评"报馆文字"时时复搀入东人之新名词,以为"不韵"①。又如张之洞是洋务派的代表人物,但却非常担心和制汉语对大清文化的侵入。所以,当他看到一所新式学校的办学大纲中使用"健康"一词时,愤然批示道:"'健康'乃日本名词,用之殊觉可恨。"殊不知"名词"一词却是地道的和制汉语。

在中译新词与和制汉语激烈的较量中,由于中译新词刻意追求"古雅",有悖于大众用语习惯而导致无法广为流传,而和制汉语以自由灵活的构思,多用两字、三字以上的复合词,意思表达上更丰富,获得了大众的青睐。譬如,针对"capital""nerve",严复创造出了"母财"和"涅伏",由于不被世人接受,结果被和制汉语"资本"和"神经"取代了。同样,梁启超也创造了许多新概念汉语词汇,如"智学""群学""资生学",但是这些词没有被广泛认可,取而代之的是和制汉语"哲学""社会学""经济学",后来逐渐在汉语中固定下来。和制汉语的"逆输入"不仅更好地解释了新的学术和思想,本身也成了中国现代汉语的一部分。

---

① 中国应对西方"话语霸权"的历史回顾[EB/OL]. 中国网,2018-12-22.

（三）和制汉语与现代汉语的交融

现代汉语中到底有多少和制汉语至今尚未有定论，但可以肯定正因为和制汉语的逆输入推动了汉语功能不断扩展，汉语的构词、语义、语法等都发生了巨大的变化。和制汉语大量涌入补充了汉语词汇的不足，激发了汉语表达能力的创新。促使汉语中新词汇、新概念、新思想井喷式地涌现，最终导致古奥晦涩的文言体急剧衰落，更合乎现代人思维和语言习惯的新汉语得到确立。

语言从来就处于不断演变之中，随着不同文明交流的加快和深入，作为交流媒介的语言也发生着融合和创造。语言交流本应该是彼此平等、互相影响的，但实际上语言交流往往受到先进文明的导向影响，如同流水一般，代表先进文明的语言总是向代表落后的、被边缘化文明的语言渗透，后者不得不深受前者影响。20世纪以前，代表先进中华文明的汉语源源不断地流入日本。20世纪初期，成功释义西方文明的日本发明了和制汉语并反向流入中国，表明日本的"文明开化"已经超越了中国。和制汉语的逆输入不仅反映了同属汉字文化圈的中日在文明主导权上的易位，也是对汉字发源地的一种回馈，是汉字圈文化交流、互补的具体表象，是汉字文化同源分流后再融流的重要象征。

20世纪80年代中国进入改革开放，与日本的交往日渐频繁。现代汉语引进和吸收了不少日语现代词汇，如卡拉OK、过劳死、写真、收纳、韩流、萌、腹黑、宅男。日语也吸收了少量汉语词汇，如招聘、快乐。这种以汉字为载体的文化交流成为汉字圈的"智慧回廊"，促进汉字文化的融汇、共生和创新。

现代日语的文字体系是一种完全有别于汉语的文字体系，它用汉字书写汉字词和日语固有词的词根，用平假名书写日语动词、形容词的词尾和助词、助动词，并表示它们的变化，用片假名书写欧美外来语，一些难读的汉字还可以在旁边加注假名。

日本政府于1981年公布的《常用汉字表》中收入了1945个汉字。加上法务省公布的166个"人名用汉字"，一共有2111个汉字。日语中有48

个假名,由于每一个假名都有平假名和片假名两种形式,所以一共有96个假名。

日本文字体系的形成经历了吸收汉字、使用汉文、以汉字标记日语特殊词汇、变体汉文、万叶假名、平片假名、和汉混合语体等阶段。日本文字体系的形成是日本对汉字文化的消化、吸收和再创造的过程,显示出日本民族吸收和改良外来先进文化的卓越才能和传统,同时也印证了中国汉字文化的伟大智慧。

第三章　汉日文字体系的对比

第一节　汉日字音的对比

一、汉语汉字的读音

中国古汉语发音与现代汉语有很大区别。汉语发展史一般被分成上古汉语、中古汉语、近古汉语和现代汉语。上古汉语始于传说中的三皇五帝，跨越先秦时期，成熟于秦汉两代。上古汉语有双声母、入声、闭口音等非常复杂的发音。三国、晋、五代十国时期，由于北方外族入侵使得汉语融入了少数民族的语音，双声母和闭口音基本消失，形成了中古汉语。隋唐两代是中古汉语的稳定时期，发音进一步简化，只保留了入声。宋代以后，北方少数民族持续南下，引起汉语发音更趋简单，入声消失，卷舌音流行，形成了近古汉语。到了明清两代，政府推行官话，逐渐定型了现代汉语的发音。

汉语语音经过数千年的演变，古代的双声母、入声、闭口音等现象已荡然无存了。现代汉语的汉字基本上是一字一音，但是仍有一部分汉字保留多音和变调的现象。

(一) 多音字

多音字是具有两个或两个以上读音的汉字。据粗略统计，《现代汉语词典》中有900多个多音字，个别字的读音有五个之多（如"和"字有hé、hè、hú、huó、huò 五个音）。

1. 多音、多义、多词性的多音字

绝大多数多音字读音不同，意思和词性也会随之发生改变。比如，长短、长远、长寿的"长"（cháng）是形容词，而生长、成长、长大的"长"（zhǎng）是动词，意思也不一样。

好人、好看的"好"字念"hǎo"的时候是形容词，表示正面的、积极的等，而念"hào"的时候是动词，表示喜欢，如"嗜好""好色"等。"数"这个字有三个读音，shǔ、shù和shuò。第一个读音是动词，表示计算、排列的意思，如"数不清""数得着""数落"等；第二个读音是名词，表示可计算的量，如"数据""数量""数额"等；第三个读音是副词，表示多次的意思，如"数见不鲜"等。

2. 多音、多义、同词性的多音字

有些多音字读音不同、意思不同，但词性不变。比如，"降"读"jiàng"的时候，表示"下落"的意思，如"下降""降雨"等；当读"xiáng"的时候，表示"归顺，使驯服"的意思，如"投降""降伏"等。虽然二者发音不同，意思也不一样，但都是动词。"少量"和"年少"中的"少"发音不同，前者发"shǎo"的音，表示"数量低、不多"的意思，后者发"shào"的音，指"年轻、年幼"的意思，二者的词性都是形容词。

3. 多音、同义、同词性的多音字

有些多音字在单独使用时和与其他词构成合成词，读音不同，但意思一样。例如，"剥"单独使用时读"bāo"，有"剥花生""剥大蒜"等；如果和其他字组成合成词时，就读"bō"，像"剥夺""剥削""剥离"等用法。其他还有，"削铅笔"的"xiāo"和"削弱"的"xuē"；"逮老鼠"的"dǎi"和"逮捕"的"dài"；"纸很薄"的"báo"和"刻薄"的

"bó"等。

4. 用于人名地名等形成的多音字

一些汉字本身并没有特殊的读音，但在人名地名等专有名词中就出现了不同的读音。例如，在普通的用法中，"单"读"dān"，但在"姓单"和"单县"（地名）里读"shàn"，在"单于"（古代匈奴的君主）中读"chán"；一般情况下，"朴"读"pǔ"，但在"姓朴"的时候读"piáo"，在"朴刀"（一种旧式武器）中读"pō"，在"朴树"（树名）和"厚朴"（中药名）中读"pò"等。

5. 不同语体引起的多音字

汉语的语体主要有书面体和口语体两种。由于使用的环境不同，选择的语体也有区别，造成一些汉字的读音发生变化。例如，"血"在书面体中读"xuè"，像"血海深仇""血浓于水""血压"等，而在口语则读"xiě"，"流血了""鸡血"等。"落"在书面体中读"luò"，像"沉鱼落雁""落井下石""落伍"等，而在口语则读"lào"，"落枕""落炕""落色"等。

（二）变调

变调是指两个连续的汉字发音时，有些前面汉字的声调会受到后面的汉字声调的影响发生改变，又称为"连接变调"。比如，"一"在不同的词组里，音调会发生改变。"第一"是阴平，"一致"和"一切"是阳平，"一直""一杯"和"一把"是去声。再如"拉"在不同的词组里，也会发生变调。"拉锯"是阴平，"刀把手拉了"是阳平，"半拉"是上声。

另外，一个词组内相连的两个汉字是上声连读，那么第一个汉字就要发成阳平。比如，"柳老师"中"柳"和"老"属于上声连读，结果"柳"发成阳平的"líu"。同样情形的还有保险、采取、产品、打扰、反感、好转、改组、简短、考古、老板、了解、领导、水果、演讲等。

二、日语汉字的读音

日本民族在输入汉字以前就有独立的语音体系。汉字、汉文进入日本

以后，日语不但吸收了大量的汉语词，而且利用汉字表注日语读音。这样一来，围绕日语汉字和汉字词就产生音读、训读和音训混读的相关问题，造成了一个汉字存在多种读音的复杂局面。

（一）日语的音读

汉字产生在中国，原本只有汉语的发音。当汉字传入日本后，日本人模仿汉语的发音，于是产生音读，但问题是"为什么一个汉字却有几个音读呢？"比如，"步"这个字，日语有"ホ"和"ブ"的音读。又比如，"家"，它的音读就更多了，"ケ""ク""カ"和"コ"。这种现象主要与汉字传入日本时中国的时代和地区有关。

按照汉字传入的不同时期和不同地区，日语音读可分为吴音、汉音和唐音。所以，日语汉字的音读都来源于古汉语的发音，古汉语发音与现代汉语发音虽不尽相同，但仍一脉相承、密切相关，使得日语汉字音读与现代汉语音既相似又有区别。

吴音是中国的南北朝时期（公元5—6世纪），从吴楚地区（长江中下游）传入日本的汉字读音，属于中国南方地区的发音。比如，脚气（かっけ）、工面（くめん）、兵糧（ひょうろう）等比较难读的汉字词就是那个时期的吴音。吴音的输入主要用于佛教诵经，所以现在日本的佛教用语多为吴音。据统计，《常用汉字表》[①]（2010年修订）收录的2136个汉字中，吴音占所有音读的37.8%。可见吴音在日语汉字音读中所占比重还是比较高的。

汉音是中国隋唐时期，由遣唐使和留学僧人传入日本的汉字读音。汉音是当时唐朝首都长安和副首都洛阳的发音，属于中国西北和中原地区的语音。平安时代，日本政府将汉音作为标准音大力推广，致使吴音的使用迅速萎缩。汉音与吴音相比，有以下不同：吴音中清浊音并存，而汉音全都是清音；吴音中"マ"行和"ナ"行的汉字，如"萬"和"奴"发音

[①] 1981年日本内阁府根据国语审议会的确认公布了《常用汉字表》，共收录汉字1945个。2010年再次修订，确定了2136个汉字。

为"マン"和"ヌ",到了汉音里都发成"バ"行和"ダ"行的音,"萬全"(バンゼン)和"奴隷"(ドレイ);吴音中发"チ"的音,到了汉音发"ツ"的音,如"質"这个汉字,吴音为"シチ",汉音为"シツ"。现代日语汉字读音绝大部分为汉音。

唐音是宋代以后陆续传入日本的汉字读音,又称"宋音"。北宋时期的中国商人、南宋到明末时期的日本禅僧以及清代的日本长崎通事(翻译)等,从中国江南地区(浙江和江苏)以杭州话和南京话(当时的官话)为基础形成的日语汉字发音。现代日语中唐音所占比例较小。

由于现代日语中吴音、汉音和唐音并存使得日语汉字的音读多种多样,具体例子如下:

表 3-1 日语汉字音读的种类及比较

汉字	吴音	汉音	唐音
行	修行(シュギョウ)	旅行(リョコウ)	行脚(アンギャ)
明	光明(コウミョウ)	明確(メイカク)	明朝(ミンチョウ)
経	経文(キョウモン)	経済(ケイザイ)	看経(カンキン)
外	外題(ゲダイ)	外国(ガイコク)	外郎(ウイロウ)
和	和尚(ワジョウ)	和尚(カショウ)	和尚(オショウ)
清	清浄(ショウジョウ)	清浄(セイジョウ)	清規(シンギ)
頭	頭上(ズジョウ)	先頭(セントウ)	饅頭(マンジュウ)

日本明治和大正时期,政府再次鼓励使用汉音,于是出现了相当部分汉字由吴音改用汉音的现象。如"飛行"由"ひぎょう"变成了"ひこう","男女"由"なんにょ"变成了"だんじょ","言"的音读由"ごん"变成了"げん",所以现代日语既有吴音的"伝言"(でんごん),也有汉音的"言語"(げんご)等。

后来一些汉字词又出现了吴音汉音混读的现象。比如,"汉音+吴音"的情况有"食堂"(しょくどう)、"家内"(かない)、"一切"(いっさい)、"誕生"(たんじょう)等,"吴音+汉音"的情况有"省略"(しょうりゃく)、"力士"(りきし)、"今月"(こんげつ)、"唯一"(ゆいいつ)等。

（二）日语的训读

"训"是指为了解释汉字的意思而采取平易明白的释读。对古代日本人来说，汉字终究是外国文字，用日语翻译汉字是非常必要的。所以对引进的汉字，只利用字形和字义，而按照日语固有的读音，便形成了"训读"。

训读虽然是汉字意思和日语解释的连接，但并不一定是一一对应的。如果一个汉字的意思比日语的训更广的话，一个汉字就会有多个训读。比如，"上"是日语常用汉字，有"うえ""うわ""かみ""あげる""あがる""のぼる""のぼせる""のぼす"等多个训读。相反，如果日语的训比汉字含有的意思更广的话，如"堅い""固い""硬い""難い"等多个汉字就会有同样的训读，如"かたい"。

按照对应汉语语素的不同可以分为正训和词训。所谓"正训"是指对一个汉字规定的训读。例如，山（やま）、川（かわ）、草（くさ）、兄（あに）、男（おとこ）、魚（さかな）等。所谓"词训"是指对两个汉字以上的词为单位而规定的训读。例如，大和（やまと）、七夕（たなばた）、従兄弟（いとこ）、五月蝿（うるさい）、土産（みやげ）、大人（おとな）等。

（三）日语的音训混读

日语汉字确立了音读和训读后，促进了日语的交流和记录作用，也丰富了日语语音的表现力。随着日语新词的出现，日语读音也出现了音训混合的现象。即在一个词内，既有音读也有训读。

音读在前、训读在后的读法，被称为"重箱読み（ジュウばこ読み）"。训读在前、音读在后的读法，被称为"湯桶読み（ゆトウ読み）"。"重箱読み"的例子有"絵札（エふだ）""気軽（キがる）""試合（シあい）""台所（ダイどころ）""本音（ホンね）""毎年（マイとし）""役目（ヤクめ）""両側（リョウがわ）"等。"湯桶読み"的例子有"雨具（あまグ）""影絵（かげエ）""手配（てハ

イ）""長年（ながネン）""人質（ひとジチ）""身分（みブン）""夕飯（ゆうハン）""弱気（よわキ）"等。

三、汉日字音的对比

（一）关于声调的对比

现代汉语有五个声调，在世界语言中是具有完全声调系统的语言。五个声调为"阴平""阳平""上声""去声"和"无调"，通俗说法是"一声""二声""三声""四声"和"轻声"。汉字基本上是一字一音一调，在没有汉字显示的情况下，通过说话时汉字的读音和声调代表不同汉字的意思。

日语汉字普遍存在多音节，但汉字词或短语的调值只有高和低两个。① 一个假名代表一拍，包括表示清音、浊音、半浊音、促音、拨音以及长音的假名，但不包括拗音。拗音必须作为整体表示一个音拍，如"きゅ""しゃ""にょ"是一个音拍，而不是两拍。

日语虽然不像汉语那样有完整的声调规定，但也有一些基本的声调规律。

第一，第一拍和第二拍的声调不能相同。如果第一拍是高声调，第二拍一定不是高声调。反之亦然。因此，会出现即使假名相同，但高低音的顺序不同时，造成意思不同的情况。比如，"あき"（秋）、"さとう"（佐藤），"あき"（飽き）、"さとう"（砂糖）。

第二，一个汉字词或短语中只存在一处高声调，而且一旦出现降调，就不能再升调了。所以，日语声调通常是"由高而低""由低而高"和"无起伏"。比如，ねこ、まくら、みどり、しんせつ、かたかな等属于"前高后低"型，やま、おとこ、さかな、はんつき、いもうと等属于"前低后高"型，はし（端）、さき、さくら、すなはま、ふでばこ、よこはま等属于"无起伏"型。

由上述汉日文字声调的对比可见，汉语具有严格的声调系统，而日语

---

① 当然有些学者认为日语存在高、中、低三个调值。参见：侯锐. 关于日语声调的调域［J］. 外语研究，2011（3）：38-42.

只有基本的声调规律。由于汉语有五个声调,而且一字一音节,说话时的语调抑扬顿挫,非常清晰,日语的声调只有高、低两个,而且一字多音节,说话时的语调相对比较含糊。汉字的不同声调代表不同的意思,日语则需要注意高低音顺序的组合,不同的组合有时也代表不同的意思。

(二)关于读音的比较

正如前面对日语汉字读音的论述,由于日语的文字既有本民族的语素,又有来源于中国汉字的读音,而且引入汉字读音的时代各不相同,造成日语文字的读音非常复杂。有音读、训读、音训混读,音读分为吴音、汉音和唐音,训读又分为正训和词训,音训混读又有"重箱読み"和"湯桶読み",所以常用日语汉字几乎都是多音字,有时一个汉字多达十几种甚至上百种读音。

与日语相比,汉语汉字基本上是一字一音,读音简单清楚。汉语汉字虽然也有一字多音的现象,但在所有汉字中的比重较小。而且读音大多为两三个,最多不超过五个。与汉语相比日语汉字的读音非常之多。比如,"生"这个字,在汉语里只有"shēng"这个读音。而日语中有生憎(あいにく)、生きる(いきる)、生(うまれる)、御園生(みそのえ)、生い立ち(おいたち)、生地(きじ)、羽生田(はぎゅうだ)、生野(ぐみの)、皆生(かいけ)、生江(こまえ)、福生(ふっさ)、来生(きしき)、虫生(むしゅう)、生涯(しょうが)、永生(ながす)、来生(きすぎ)、生絹(すずし)、早生(わせ)、生活(せいかつ)、麻生(まそう)、晩生(おくて)、生る(なる)、生放送(なまほうそう)、玉生(たまにう)、生見(ぬくみ)、生血(のり)、生える(はえる)、実生(みばえ)、芝生(しばふ)、紫生田(しぼうだ)、生板(まないた)、生す(むす)、羽生田(はゆうだ)、弥生(やよい)、桐生(きりゅう)、丹生(にわ)等上百个读音。① 日语汉字这种繁杂的读音现象反映了日语

---

① 根据日本大修馆书店对"生"字的读音统计有 158 个之多。参见:https://kanji-bunka.com/kanji-faq/old-faq/q0326/

文字演变的曲折性。

但从另一个角度来看，正是日语汉字读音的多样性，为我们研究中国古代汉语提供了重要的参考。其中，中古汉语的入声与日语汉字音读的双音节音就有很重要的关联。中古汉语的入声是指有些汉字以辅音［-p］、［-t］、［-k］做结尾，发出一种短而急促、具有顿挫感的闭塞音。例如，六［lok］、七［sit］、独［dok］、立［lit］、压［yap］。

汉字传入日本时普遍含有入声音，所以日语音读中保留了中古汉语的入声。由于日本人不习惯以辅音结尾的读音，便将古汉语入声音尾［-p］、［-t］、［-k］加上元音，独立成为一个音节。使传入日本的入声汉字变成了有两个音节的读音。比如，六［loku］、七［siti］、独［doku］、立［litu］、压［yatu］。但当日语汉字词的第一个字是入声字，后面跟随的字是以清辅音开头的话，入声音尾则不会独立成一个音节，而是变为促音。如国家［kokka］、发达［hattatu］。

通过汉日文字语音的对比可以看出，日语和汉语在语音上虽有关联，但各自拥有完全不同的语音体系。汉语语音规则相对成熟而完整。日语的语音则显得多样而繁杂，有时会给日语学习者甚至日本人造成读音准确性的困难。

第二节　汉日字形的对比

中日两国汉字在使用、发展和演变过程中，汉字的字形出现了一些显著的差异。造成中日汉字字形差异的原因主要有以下几个方面：①汉字在传入日本后，书写过程中产生了变异；②日语汉字仍沿用古汉字，而汉语汉字却发生了变异；③中日两国在简化汉字的过程中出现了一些差异；④日本自创了汉语中没有的新字。在这四个原因中，汉字简化是最主要的因素。因此首先对汉字简化方法进行较为详细的介绍。

一、汉日简化字的对比

（一）简化后有同有异

根据1981年日本政府发布的1945个日语常用汉字中，和现代汉语简化字字形完全相同的有1165个，占到了日语常用汉字的59.9%（任青云，2008）。例如，"演 炎 猿 凹 央 奥 往 押 横 欧 殴 王 翁 黄 屋 乙 恩 温 音 下 化 何 佳 加 可 夏 嫁 家 寡 科 暇 果 架 河 火 稼 花 荷 蚊"等。

中日在简化汉字时，将一些笔画繁杂的偏旁部首大刀阔斧地简约化。尤其是对形声字的简化力度比较大。比如，繁体字的汉字词：毛澤東、釋放、選擇、擔当、大膽、繼續、讀書、證明。这其中"澤""釋""擇""擔""膽""續""讀""證"几个字的声旁笔画繁多，书写不便。于是中日两国的文字改革时，都将声旁简化了。日语简化成"沢""釈""択""担""胆""続""読""証"。汉语简化成"泽""释""择""担""胆""续""读""证"。

又比如，"淺""棧""殘""錢"这四个繁体字经简化后，日语形成了"浅""桟""残""銭"，汉语形成了"浅""栈""残""钱"。粗看似乎汉日简化字一样，仔细一看却不同。繁体字的"戔"部，在日语中简化成" "，而汉语则简化成"戋"。很明显，汉语比日语少了一画。因此，中日在汉字声旁简化后，有些是一致的，有些则出现了差异。

除了形声字以外，其他汉字的简化也出现了写法的不同。例如，繁体字"齒""處""發""樂""榮""圖""圍"经过简化后，日语和汉语的字形上不尽相同。汉语简化后形成了"齿""处""发""乐""荣""图""围"，而日语简化后形成了"歯""処""発""楽""栄""図""囲"。

（二）一方简化，一方不变

中日在对汉字简化时，并没有保持默契。基本上按各自所需，认为有

必要简化便会实行。比如，"碎""粹""醉""倅""悴"这几个字的声旁都是"卒"。日语将"卒"简化成"夲"，于是就变成"砕""粋""酔""伜""悴"。而汉语认为没有必要简化，仍保持原样。其他的例子如"假""樱""辨""罐""佛"这几个汉字，汉语没有简化沿用至今，但日语中则简化成为"仮""桜""弁""缶""仏"。

相对日语简化而汉语没有简化的情况而言，汉语简化了而日语没有简化的情况更为普遍。比如：（汉—日）

恶—悪、为—為、爱—愛、块—塊、果—菓、伟—偉、卫—衛、开—開、坏—壞、干—乾（幹）、众—衆、华—華、运—運、农—農

一般来说，日语对形声字主要集中于声旁的简化，而汉语不限于此。汉语在简化声旁的同时，对形旁也进行了较大简化。所以，汉语形声字简化更彻底一些。以日本的《常用汉字表》和中国的《汉字简化方案》为基础，汉语形旁简化而日语没有简化的情况示例如下，（）内为对应汉字的个数。

言→讠（有56个）

語 誤 詞 詩 試 証 詳 請 設 説

语 误 词 诗 试 证 详 请 设 说

糸→纟（有53个）

維 級 糾 経 継 紀 給 紅 紙 終

维 级 纠 经 继 纪 给 红 纸 终

金→钅（有28个）

鋭 鉛 鏡 銀 錯 針 鍛 鎮 鉄 銅

锐 铅 镜 银 错 针 锻 镇 铁 铜

貝→贝（有26个）

質 財 則 貸 賊 貪 貯 資 費 賄

质 财 则 贷 贼 贪 贮 资 费 贿

車→车（有14个）

軌 軽 庫 軒 軸 輩 輪 較 軟 輛

轨 轻 库 轩 轴 辈 轮 较 软 辆

馬→马（有 11 个）

騷 馱 驗 駱 駁 篤 駐 駅 騎 駆
骚 驮 验 骆 驳 笃 驻 驿 骑 驱

門→门（有 10 个）

閲 聞 閑 間 閥 閉 問 門 開 関（"開"和"関"例外）
阅 闻 闲 间 阀 闭 问 门 开 关

飠→饣（有 9 个）

飲 飢 餓 飼 飾 館 飯 飽
饮 饥 饿 饲 饰 馆 饭 饱

見→见（有 7 个）

覚 見 規 視 現 観 親
觉 见 规 视 现 观 亲

頁→页（负）（有 17 个）

領 項 頂 額 頑 預 顔 願 顕 順 煩 頒 頻 類 頼
领 项 顶 额 顽 预 颜 愿 显 顺 烦 颁 频 类 赖

（三）同音代替后出现了差异

同音代替指的是，用笔画少的同音字代替笔画繁多的字，从而达到简化汉字的目的。如下面几个日语汉字词：

聯絡 誡律 畸形 編輯 陞進 註釈 附録 稀有 火焰 射倖心

那么，聯、誡、畸、輯、陞、註、附、稀、焰、倖，被同音字連、戒、奇、集、昇、注、付、希、炎、幸代替后，上述词语在现代日语中变成了"連絡""戒律""奇形""編集""昇進""注釈""付録""希有""火炎""射幸心"。

同音代替同样发生在汉语中。比如，"裏面"的"裏"被"里"取代，"麵條"的"麵"被"面"取代，"以後"的"後"被"后"取代，"稻穀"的"穀"被"谷"取代，"瞭解"的"瞭"被"了"取代，"鞦韆"被"秋千"取代。

二、汉日在取字方面的对比

(一) 异体字归并出现的差异

由于汉字是音、义、形的统一体，所以不同时期、不同地区产生了同义不同形的汉字。这种一字多形的汉字被称为"异体字"。异体字给阅读和书写带来不便，于是中日对异体字采取了归并。但归并时，汉语和日语选择了不同的字，造成了汉日汉字的字形出现了差异。例如，"冰"和"氷"，汉语取"冰"，而日语取"氷"；"耻"和"恥"，汉语取"耻"，而日语取"恥"；"泪"和"涙"，汉语取"泪"，而日语取"涙"；"并"和"並"，汉语取"并"，而日语取"並"；"吃"和"喫"，汉语取"吃"，而日语取"喫"等。以下是汉日语中互为异体字关系的汉字（汉语在左边，日语在右边）①：

霸—覇　查—査　冰—氷　并—併　并—並　吃—喫　冲—沖
沉—沈　杰—傑　凉—涼　况—況　减—減　耻—恥　韵—韻
灾—災　烟—煙　强—強　仿—倣　册—冊　咏—詠　游—遊
托—託　窑—窯　决—決　异—異　挂—掛　迹—跡　窗—窓
吊—弔　雕—彫　效—効　笑—咲　收—収　炮—砲　铺—舗
采—採　净—浄　愈—癒　周—週　志—誌　果—菓　斗—鬪
升—昇　棋—碁　榨—搾

(二) 汉字改写出现的差异

对某些汉字进行了改写后，字形发生了改变。例如，汉语对"角"进行改写，变成了"角"，而日语没有改写；日语对"所"进行改写，变成了"所"，而汉语没有改写；汉语和日语对"吴"都进行了改写，汉语变成了"吴"，而日语变成了"呉"。那么无论是在中国还是日本，一些汉字在书写过程中或多或少会被改动，于是在日语和汉语中就会存在一些既相

---

① 山口麻树. 中日两国通用汉字比较研究 [D]. 苏州：苏州大学，2013：15.

似又有细微不同的汉字，以下列举一部分（日-汉）：

黒—黑　直—直　別—别　包—包　画—画　写—写　圧—压
突—突　徳—德　抜—拔　恵—惠　宮—宫　単—单　骨—骨
毎—每　戻—戾　角—角　所—所　扇—扇

三、日本自创的文字

（一）假名——语音文字

日语文字的来源虽然是汉语，但却是与汉语有着本质区别的文字体系。首先是日语创造了独特的语音符号——假名。平假名是将汉字草书简化后，只保留汉字轮廓而形成的。片假名则来自汉字楷书的偏旁部首。自从发明了假名，日语就有了以假名代替汉字的势头。但由于汉字在日语中使用长久，根深蒂固，而且汉字集音、义、形于一体，容易取音断义。所以，汉字一直存在于日语中。不过，对一些难以书写的汉字，日语逐渐以假名代替。比如，"改竄"的"竄"，现代日语中习惯用假名代替，写作"改ざん"；日语"笑窪"或"靨"是酒窝的意思，但日本人几乎不用这两个汉字，写出来不少日本人也不认识，而是用"えくぼ"代替。这种用语音符号来代替汉字的做法，在汉语中是不存在的。

假名本来是作为日语汉字的表音符号而产生的，但随着日语文字体系向简洁和规范化方向发展，假名成为难写难认的日语汉字的另一种表现形式，因此也从单纯的表音符号逐渐转化成语音文字。这一点和汉语拼音有着本质的区别。

（二）国字——日本自创的汉字

日语中有一部分汉字在汉语中从来都不存在。这是因为在平安时代，日本民族学会了汉字的造字法。模仿汉字的结构，利用"六书"的会意造字法，自创了日本汉字。这些汉字被日本人称作"国字"。日本常用汉字表中列出了10个"国字"：匂（にお）、働（はたら）、塀（へい）、峠（とうげ）、込（こ）、枠（わく）、栃（とち）、搾（しぼ）、畑（はた

け)、腺(せん)。

其他的常用日语国字还有辻(つじ)、笹(ささ)、杢(もく)、麿(まろ)、凪(なぎ)、囃(はやし)、樋(とい)、鰯(いわし)、鱈(たら)、榊(さかき)、躾(しつけ)等219个。

在日语中,表示"鱼"和"树"等的自创国字尤其多。据粗略统计,鱼字旁的国字有33个,木字旁的国字有27个。由于日本列岛被海包围,主要的食物是来自海中的鱼。而对于以陆地为主的中国来说,有关鱼类的汉字一定不多,所以日本不得不自创和鱼有关的汉字。以此类推,与树有关的汉字的创造大抵也是上述原因。日本自创的汉字是汉日文字区别的一个重要的特征。表3-2列出了日本自创汉字(国字)的字形和读音。

表3-2 国字一览表

部首	漢字	読み	部首	漢字	読み
丿(2)	乄	しめ	木(27)	枠	わく
	〆	しめ		栃	とち
人イ(4)	働	ドウ はたら(く)		樫	かし
	俣	また		榊	さかき
	俤	おもかげ		椙	すぎ
	俥	くるま		栂	つが とが
几(3)	凧	いかのぼり たこ		柾	まさ まさき
	凪	なぎ な(ぐ)		杢	もく
	凩	こがらし		椛	かば もみじ
勹(2)	匂	にお(う)		杣	そま
	匁	め もんめ		枡	ます
口(7)	喰※	く(う) く(らう)		桝	ます
	噸	トン		梺	ふもと
	噺	はなし		椚	くぬぎ
	叺	かます		椓	はんぞう
	呎	フィート		榁※	むろ

续表

部首	漢字	読み	部首	漢字	読み
	噌	そ		樫	かし
	听	さそ（う）		梛※	なぎ
女（1）	嬶※	かか　かかあ		朳	いり
山（6）	峠	とうげ		杤	とち
	屶	なた		椢※	ほくそ
	岼※	ゆり		椨	たぶ　たぶのき
	峅	くら		椣	しで
	岾	はけ　やま		椡	くぬぎ
	嵶	たお		槒	じさ　ずさ
弓（1）	弖※	て		欟※	つき
心忄（1）	怺	こら（える）		椪※	まさ
手扌（3）	搾※	サク　しぼ（る）	土（11）	塀	ヘイ
	扨	さて		圦	いり
	掵※	はば		圷	あくつ
毛（1）	毟	むし（る）		圸	まま
水氵氷（1）	渁※	ラツ		垈※	ぬた
火灬（2）	熕	コウ　おおづつ		垳	がけ
	熮	タツ		垰	たお
瓦（7）	瓧	デカグラム		垹※	ごみ
	瓩	キログラム		漄	あま
	瓰	デシグラム		墹※	まま
	瓲※	トン		壗※	まま
	瓱	ミリグラム	魚（33）	鰯	いわし
	瓸	ヘクトグラム		鱈※	セツ　たら
	瓼	センチグラム		鮗	このしろ
田（3）	畑	はた　はたけ		鮖	かじか
	畠	はた　はたけ		鮟※	アン
	畩※	けさ		鮴	ごり

续表

部首	漢字	読み	部首	漢字	読み
疒（1）	癪	シャク		鯒	こち
石（2）	硲	はざま		鯑	かずのこ
	硴	かき		鯏	あさり　うぐい
立（6）	籵	デカリットル		鰌	どじょう
	竏	キロリットル		鯱	しゃち　しゃちほこ
	竓	ミリリットル		鯰	ネン　なまず
	竕	デシリットル		鰰	はたはた
	竡	ヘクトリットル		鱇	コウ
	竰	センチリットル		鱚	きす
竹（8）	笹	ささ	鱲※	リュウ　ぼら
	簓	セン　ささら		魞	えり
	簗※	やな		魹	とど
	簱	はた		鮎	なまず
	筎	うつぼ		鮱	おおぼら
	笽	そうけ		鯲	こち　まて
	籏	はた		鯎	うぐい
	籤	しんし		鯒	すばしり
糸（7）	綛	かすり　かせ		鱈	すけとうだら
	縅	おどし　おど（す）	鯌※	ジャク　はえ　はや　わかさぎ
	繧	ウン			
	繍	かすり		鰣	はらか
	纐	コウ　しぼ（り）		鯘	むろあじ
		かせ		鱛	えそ
	緄	ほろ		鰻	アイ
耳（1）	聢	しか（と）		鯻	キョウ
肉月（3）	腺	セン　すじ		鱰	しいら
	膵※	スイ		鱪	しいら
	膤	ゆき		鰰	はたはた

续表

部首	漢字	読み	部首	漢字	読み
舟（2）	艝	そり	米（12）	粁	キロメートル
	艦	いかだ		籵	くめ
艹（4）	萢	やち		糎	センチメートル
	茣	ござ		粍	ミリメートル
	蘰	かつら		籾	もみ
	芶	すさ		籵	デカメートル
虫（3）	鮑※	ホウ　あわび		粨	ヘクトメートル
	蛯	えび		糀	こうじ
	蟐※	もみ　もむ		粭※	すくも
衣衤（5）	裘	ほろ		糘※	すくも
	裃	かみしも		粳※	うるち
	裄	ゆき		籵	タ
	褄	つま	金（11）	鋲	ビョウ
	襷	たすき		鑓	やり
言（2）	詺	ジョウ　おお（せ）おきて		鉎	ブ　ブリキ
	誽	やさ（しい）		錵※	にえ
身（5）	躾	しつけ		錺	かざり
	軈	やが（て）		鎹	かすがい
	軅※	たか　やが（て）		鈬	つく
	躮	せがれ		鋞	はばき
	躵	こら（える）しの（ぶ）ねら（う）		鏴	かすがい
				鎺	はばき
車（1）	轌	そり		鏱	ショウ
辶（7）	込	こ（む）こ（める）	鳥（10）	鴫	しぎ
	辻	つじ		鳰	にお
	迚	すべ（る）		鵆	ちどり
	迚	とて　とて（も）		鵤	いかる　いかるが
	逧	さこ		鶫	つぐみ

续表

部首	漢字	読み	部首	漢字	読み
	遖	あっぱれ		鵄※	とび
	迚	そり		鴇	とき
酉(1)	酛	もと		鵥	かけす
門(2)	閊	つか（える）		鶍	いすか
	閖※	ゆり		鵤	きくいただき
雨(3)	雫※	ダ しずく	風(1)	颪	おろし
	霻	つる	食(1)	饂	ウン
	霸	つる	馬(1)	馴※	シュウ
革(2)	鞆	とも	麻(1)	麿	まろ
	鞐	こはぜ			

注：带"※"的字在日本国内存在一定争议。

第三节　汉日字义的对比

汉字传入日本后，最初与汉语的意义基本相同。随着汉字在中日两国的使用与发展，原有的基本词义不断发生着变化，或增或减或转义，给汉字发展带来了动力。但这种发展演变同时也造成了汉语和日语中汉字字义上的不尽相同。仔细认真地辨别汉日语言中字义异同，对汉日语言表达的共性和特殊性有着重要的意义。

一、汉日字义基本相同

汉语从本质上说是以字为本位的语言。古汉语中"字"与"词"是同等的语言单位。现代汉语中虽然有大量的合成词，但是汉字的独立性仍然很强。日语中的汉字来源于汉语，因此与大部分汉语汉字的意义相同。比如（括号内为与汉语字形不同的日语汉字）：

49

表示自然界的事物和现象的字有山、水、川、江、河、海、云（雲）、雨、风（風）雷、霜、露、日、月、星、空等。

表示动物和植物的有兔（兔）、犬、猫、鼠、鸟（鳥）、马（馬）、牛、鹿、象、虎、豹、狼、蛇、蚊、蝇（蠅）、鱼（魚），花、草、梅、兰（蘭）、竹、菊、木、松、柳、桃、梨、杏、莲（蓮）、棉（綿）、麻等。

表示数字和计量的有一、二、三、四、五、六、七、八、九、十、百、千、万、亿（億），寸、尺、丈、斤、升、石等。

表示颜色、形状和感官的有黑、白、红（紅）、赤、黄、绿（綠）、青、蓝（藍）、紫，圆（円）、方、扁、长（長）、宽（寬）、高，软（軟）、硬、香、臭、甘、苦、明、暗、冷、暖等。

表示人和人体的有男、女、父、母、兄、弟、姐（姉）、妹、夫、妻，头（頭）、手、足、目、鼻、耳、口、肩、腕、肘、胸、膝、腰等。

表示动作和表情的有立、跳、归（帰）、来、饮（飲）、吸、说（説）、读（読）、握、切、笑、泣、怒、哀、乐（樂）、恨等。

表示社会、经济、政治的有士、农、工、商，僧、医、官、民，贫、富、公、私等。

表示音乐、艺术的有歌、弹（弾）、音、拍、符、律、奏、谱（譜）、调、弦、管、琴、笛、舞、画、陶、漆、绣（繡）等。

表示方位、时间和季节的有前、后（後）、左、右、中、外、内、东（東）、南、西、北，年、月、日、时（時）、分、秒，春、夏、秋、冬。

除了日本自创的汉字外，日语常用汉字和汉语汉字的原义基本上是相同的。所以，汉日语中基本同义的同形汉字较多。

二、汉日字义同中有异

汉日文字虽同种同源，但在中日两国各自的发展演变过程中，有相当一部分的汉字基本字义或增或减，或引申或转义，使得一部分汉字的字义产生了同中有异的现象。比较典型的如"气（気）"这个汉字，在汉日语中意思相当广泛。"气"的本义指一种自然气象"云气"，后来被引申为一种中国古代的哲学概念——万物之源。以下是关于"气（気）"的意思解释和例子。

表 3-3　关于汉日语中"气（気）"的意思对比

气（気）的意思	汉语的例子	日语的例子
①万物之源	天地之灵气	山の気。海の気。
②自然界产生的现象	气候，气温，气象	気候・気温・気象
③气体	水蒸气，天然气	空気・蒸気・冷気
④气味，风味	臭气，香气	気の抜けたビール。
⑤呼吸	没气了，气息	気が詰まる。
⑥发怒	气恼，生气	
⑦生命力，活力	气血，气力	精気。生気。
⑧精神状态	气盛，气魄，气馁	気が楽だ。気が乗らない。
⑨意识		気を失う。
⑩情绪		気を静める。
⑪性格，性情		気が強い。気が短い。
⑫担心，挂虑		どうにも気になる。
⑬兴趣，关心，爱慕		気に入った。彼女に気がある。
⑭打算，想法，意志		どうする気だ。やる気がある。
⑮势头	一鼓作气	気合い。
⑯15 日为一气	节气	節気。
⑰氛围	喜气洋洋	陰鬱な気が漂う。
⑱命运	气数	
⑲样子	秀气	
⑳情谊	义气	
㉑欺压	受气	
㉒风气习俗	民风、民俗	

从关于"气（気）"的意思解释和例子的表中可以看出，汉日语在表达"气（気）"的万物之源、自然现象、气体、气味、呼吸等基本意思上是相同或相近的，但其他引申义则各见不同。其中日语在反映人的心理活动方面明显比汉语更细致，有"意识、情绪、性格、担心、关心、想法"等意思，而汉语没有这些意思。而汉语有"命运、样子、情谊、欺压、风气习俗"等意思，日语却没有。

还有像"玉""安""省""贿""屋"这几个汉字，在汉日语中的意

思也是同中有异。

　　汉语"玉"的本义是①"美丽的石头"。如"美玉、玉石、玉器、玉玺、抛砖引玉"等。引申义是②"比喻美好的事物"。如"玉姿、玉照、琼浆玉液、金口玉言"等。日语也有①②两个意思，此外还有③"圆形或球状"和④"子弹"的意思。比如，"目玉""玉子""鉄砲玉"等。①

　　汉语"安"的本义是①"无危险"，如"安全、平安、转危为安"等。还有②"平静，稳定"，如"安定、安宁、安稳"等；③"使平静，使安定"，如"安慰、安抚"等；④"满足，满意"，如"心安、安逸"等；⑤"装设，置放"，如"安装、安置、安家立业"等；⑥"怀有某种歹念、阴谋"，如"没安好心"。日语的"安"也有汉语①②③④的意思。如"安全。安定。安らぎ。安易"等。但日语中还有⑦"简单，浅显"、⑧"无责任感"和⑨"便宜"的意思，比如，"安らかな問題""安い話し方""安価。格安"等。②

　　汉语"省"的本义是"察看"。主要意思有①"检查"，如"反省、省察（考察），吾日三省吾身"；②"地方行政区域"，如"省份，省会"等；③"节约，不浪费"，如"省钱、省事、节省"等；④"简易，减免"，如"省略、省称、省写"等；⑤"知觉，觉悟"，如"幡然省悟、发人深省"等；⑥"看望父母，探亲"，如"省亲、省视"等。日语"省"的意思与汉语①③④⑥基本一致。如"反省。省エネルギー。省略。帰省"等。除此之外还有⑦"国家政府部门"的意思。如"外務省。大蔵省。文部科学省。交通省。国土省"等。

　　汉语"贿"的本义是①"买肉给某人吃"，引申义为②"让特定关系人免费消费，收买，打点。"如"贿赠、行贿、受贿、贿赂"等。日语除了汉语的意思之外，如"賄賂"。还在"贿"的本义上衍生出"准备食物""满足人财物的供给""厨师的工作餐"等意思。如"夕食を賄う""三千円の会費で賄う""賄い料理"等。

---

　　① 鲁宝元. 日汉语言对比研究与对日汉语教学［M］. 北京：华语教学出版社，2005：57.
　　② 鲁宝元. 日汉语言对比研究与对日汉语教学［M］. 北京：华语教学出版社，2005：58.

汉语"屋"的本义是"幄",即"帷幕",简化后指"居住",现在主要是①"房舍,房间"的意思。日语除了①的意思外,还有②"家",如"我が屋"等;③"房顶,房檐",如"屋上。屋根"等;④"从事商业的人家",如"本屋""寿司屋""薬屋"等;⑤"从事某种职业的人",如"政治屋""殺し屋"等;⑥"带有某种倾向和性格的人",如"頑張り屋""寒がり屋""やかまし屋"等;⑦"商号",如"紀伊国屋""越後屋"等。

三、汉日字义完全不同

随着时代的变化,无论汉语还是日语,汉字除了本义之外,还出现了比喻义、引申义、假借义等几个意思。新的汉字意思逐渐取代了基本意思,这种趋势的发展在日语和汉语中是随机的、不同步的,由此造成了一部分汉日汉字意思不相同。比如,"娘""汤""机""叶"在汉语中的意思是"母亲""菜汤""机器""树叶",但在日语中所表达的意思却是"女儿""热水""桌子""实现"。

"娘"的本义是"怀有身孕的妇女",然后引申为"即将成为母亲的妇女"或"育龄期妇女",进一步引申为"妇女"的意思,多指妙龄少女。因此现代汉语取了第一次引申义的"母亲",而现代日语取了进一步引申义的"妙龄少女"并转义为"女儿"。

"汤(湯)"的本义是"温泉",然后引申为"热水"。在"热水"的基础上进一步引申出两个意思,一个是名词"汤水,汤汁",另一个是动词"水翻滚,沸腾"。现代日语取了第一次引申义"热水",现代汉语取了进一步引申义"汤水,汤汁"。

"机"原本指一种树,即"榿(qī)木树",是"木"和"几"构成的会意形声字,其本义为桌子、茶几等"木制家具"。古汉语原本存在两个完全不同的汉字"机"和"機",现代汉语将"機"归并成"机",同时将"机"的本义用"桌子""茶几"代替了。所以,现代汉语的"机"实为"機"的意思,即"机器""时机"等意思。而现代日语则保留了"机"的本义。

与"机"和"機"一样,古汉语存在"叶"和"葉"两个意思完全

不同的汉字。"叶"的本义是"合适、和谐"的意思,"葉"的本义为"叶子"。后来中国简化汉字时,将"叶"和"葉"归并成"叶",而"葉"则消失了。于是原本与草木无关的"叶"便有了叶子的意思。日语保留了"合适",后来又引申出"愿望实现"的意思。

日语和汉语中完全不同义的单个汉字数量有限,下表列出了一部分在日语和汉语中意思完全不同的汉字。

表3-4 现代日语和汉语中字义不同的汉字

汉字	本义	汉语	日语
娘	怀有身孕的妇女	母亲	女儿
汤(湯)	温泉	汤水,汤汁	热水
机	一种树的名称	机器,时机	桌子、茶几
叶	适合、和谐	树叶	适合,实现
床	坐卧的器具	床铺	地板
舅	母亲的兄弟	母亲的兄弟	公公
姑	丈夫的母亲	父亲的姊妹	婆婆
嫁	女子婚配于人	女子结婚,出嫁	儿媳、妻子、新娘
脚	胫、腿的总称	腿以下的足部	小腿
奥	房屋的西南角	含义深,不易理解	里面,内部
届	敛尸入土	终了;期,次,回	到达
猪	小猪	家猪	野猪
若	女子顺从应答	如果,好像	年少,年轻
走	挥摆两臂,奋力逃跑	行走	奔跑

除了日本自创的"国字"另当别论,根据统计,汉日语的常用(通用)汉字中同形汉字的绝大部分属于意思同中有异,占59.5%。意思基本相同的汉字次之,占39.6%。意思完全不同的汉字很少,仅占0.9%。[①]

[①] 刘晓丽. 基于中日常用汉字对比的对日汉字教学研究[D]. 成都:四川大学,2009:158.

第二篇 02

汉日词汇和熟语的对比

　　汉字作为汉语和日语中的共享元素,给中日两国语言学习者带来一些便利。即使不能完全明白对方语言的意思,通过汉字也可猜出一二。但由于汉日语中的汉字词或多或少存在意思上的分歧,在两国人交流的过程中,也会带来不少误解和困惑。因此,对汉日语的汉字词和短语的对比研究就显得尤为重要。

第四章 汉日同形词的对比

汉日同形词主要指汉日语中存在着书写形式相同或相似的汉字词，包括名词、动词、形容词、副词等各种词汇。

汉日同形词的来源有两个。一个是日本从中国借用的汉字词，另一个是中国从日本借用的汉字词。从历史时间上划分，中日甲午战争之前，主要是日本从中国借用的汉字词。大约在东汉时期汉字大规模传入日本，弥补了日语没有文字的缺陷，日本接受了来自中国文化的深刻影响。到了近代，尤其是明治维新以后，日本学习西方先进科技和思想，创造了大量汉语新词——和制汉语。中国在甲午战争中失败之后，通过日本学习西方先进科技和思想的同时，从日本引进了一部分"和制汉语"并广泛使用。

当然，不管汉字词是向对方输出还是从对方输入，一部分汉日同形词在使用过程中都会发生变化。这些变化不仅是词义上的，还包括词性、用法、搭配和感情色彩等方面。因此，必须对这些看似相同而含义不同的细微差异进行对比，以求达到准确理解、正确使用的目的。

第一节 汉日同形词的概念和分类

一、汉日同形词的概念

1978年，日本政府文化厅出版了『中国語と対応する漢語』的研究报

告。首次定义了汉日同形词，并对其进行了分类。此后，中日两国学者对日中同形语提出了新的看法和研究方法。虽然各家对汉日同形词定义的表述方式不同，但焦点都放在了如何定义"字同形"上，字形相同的判断基准就成了汉日同形词概念的关键。我们知道，汉语和日语使用的汉字本源是相同的。按理说两国汉字的字形也应该相同。可是，由于历史和文化的变迁，书写方式和文字改革使得汉字在中日两国或多或少地发生了变化。除了发音不同，字体也有差异。产生的原因是多种多样的，比如，古代汉语词义残留的影响，社会生活变迁的影响，中日汉字简化的影响，外来语的汉译与日译的影响等。因此判断一个汉字词是否是日中同形语，首先要对"字形相同"这个基准做个简单的论述。

大河内康宪（1997）关于同形词定义的观点是「いずれがいずれを借用したかを問わず、双方同じ漢字で表記されたものを同形語とよぶ。したがって、同形語といっても「山、人、大、小」など一字で音訓いずれにも使われるものは含まれない。「文化、経済、克服、普通」のような二字（ともには三字以上）の字音語である。」。由此可见，大河内康宪将同形词限定为两个字以上的「字音语」。

曲维（1995）对汉日同形词的定义表述为"人们通常把使用中日相同汉字书写的词称为'中日同形词'。其实，所谓的'同形'只不过是一种笼统的概念。由于中日两国依据各自的方针进行了文字改革，所以一部分原来字形相同的词现在已经不同形了。习惯上人们把这些字形上发生了变化的词也作为中日同形词看待"。

潘钧（1995）界定同形词时所依据的三个条件："①现在中日两国语言中都在使用的词；②表记为相同的汉字（简繁字体差别及送假名、形容动词词尾等非汉字因素均忽略不计）；③具有共同的出处和历史上的关联。"

鲁宝元（2005）认为汉日同形词有三种类型：①汉字完全相同的同形词；②中国汉字简化而日本汉字没有简化的同形词；③日语带平假名词尾但词干与汉语相同的同形词。

朱勇（2009）在鲁宝元的基础上又追加了四种类型：④日本汉字简化

而中国汉字没有简化的同形词；⑤中日汉字同时简化了，但简化的形式不同的同形词；⑥汉字相同但字序不同的同形词；⑦与上述类型不同的同形词。

朱京伟（2005）认为「中日同形語とは、日本語と中国語の両方で同じ字面を持つ漢語（漢字音読語）のことを言う。」，实际上是日语汉字音读词中和汉语词语字形相同的那部分。

商洪博（2006）认为汉日同形词有两种类型：①字形基本相同（或者字源相同）的同形词；②字形多少有些不同但仍可认为是同形词的那部分。

由上述观点可知，判断汉日同形词的基准包括是否属于汉字音读词，字形是否要求完全相同，字序是否要求完全相同。实际上是否属于音读汉字词是值得商榷的。因为有些日语汉字词是采用训读或音训混读方式的，比如，土産（みやげ）、大人（おとな）、長年（ながねん）、両側（りょうがわ）等。另外，日语借用汉字表义，导致词干是汉字、词尾是假名的情况比较常见。比如，「飲む」、「打つ」、「泣く」、「立つ」等，这些词的词干原本就来自汉语，而且意思也完全相同。即飲む＝饮、打つ＝打、泣く＝泣、立つ＝立。至于字形是否要求完全相同也没有必要。正像第三章中所介绍的那样，汉字在中日两国使用、发展和演变势必会造成字形出现一些显著的差异。只要字源相同，即使字形有些差别或者完全不同，也可以认为是同一个汉字。关于字序，应该完全相同。如果不同则不属于同形词，而是同素逆序词。

综合考虑各方面观点，就此提出同形词的定义。所谓汉日同形词是指，日语中作为词干的汉字与汉语中的汉字如果字形相同（或字源相同）且字序相同的词语则互为汉日同形词。也就是说，汉日同形词并不要求一定是音读汉字词，而且允许带平假名词尾的词语。以下是汉日同形词字形的比较。

（一）汉字完全相同的同形词

日语汉字词中有很大一部分与汉语完全相同的汉字词。

如人、手、足、春、火、学生、学校、政治、作者、西洋、外交、生

命、肥料、地球、社会、名声、最高、最初、意外、散步、注射、存在、增加、催促、被害者、高血压、美容院。

（二）汉字字形有差异的同形词

日语中也有相当一部分汉字词和汉语有所差异。主要原因有以下两种。

（1）日语中保留了相当部分的古汉语词汇。如：

鳥/鸟、減る、連続/连续、態度/态度、職業/职业、擁護/拥护、建築/建筑。

（2）从中国引入后简化了的汉字词。如：

円滑/圆滑、圧力/压力、実際/实际、労働/劳动、地図/地图、広告/广告、拡大/扩大、対策/对策、伝来/传来、光栄/光荣。

二、汉日同形词的分类

根据日本政府文化厅的研究报告（1978），汉日语的汉字词从意义角度可分为同形同义词（S型，Same 的略称）、同形类义词（O型，Overlapping 的略称）、同形异义词（D型，Diſerent 的略称）、日语中有而汉语中没有的词语（N型，Nothing 的略称）四类。其中S语、O语、D语三类，被称为汉日同形词。

（一）同形同义词

同形同义词是指汉日语中意思相同或者非常接近的同形词。由于同形同义词是从意义角度分类的词，所以即使其意思相同，但并不能断定在用法上也相同。

山/山、水/水、八/八、九/九、年/年、月/月、分/分、照/照る、登/登る、印象/印象、通知/通知、細胞/细胞、生活/生活、共産党/共产党、说明/説明、打击/打撃、认识/認識、细的/細い、高的/高い、正确的/正確だ、巨大的/巨大だ、当然/当然、突然/突然等。

（二）同形类义词

同形类义词是指同形词之间一部分词义相同，而另一部分词义相异的同形词。根据词的义项也可将同形类义词分为三类，在汉语中比在日语中词义范围广的汉字词、在日语中比在汉语中词义范围广的汉字词、汉语日语中词义部分重合的汉字词。如图 4-1 所示。

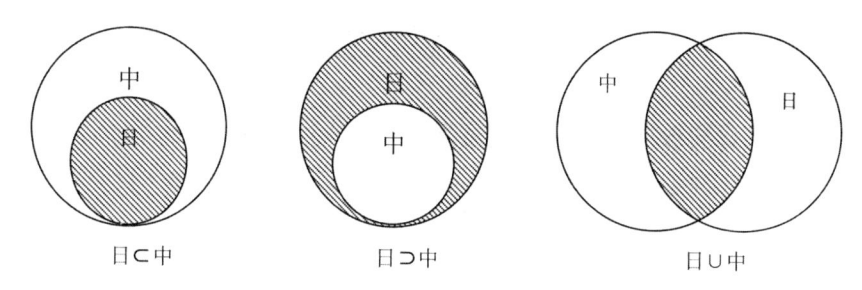

图 4-1　汉日同形类义词的意义包含关系

以上是汉日同形类义词词义范围三种情况的示意图。例如，"健康/健康、苍白/蒼白、境界/境界、翻译/翻訳"等属于［日⊂中型］；"取缔/取締、道具/道具、差别/差別"等属于［日⊃中型］；"有力/有力、牺牲/犠牲、土产/土产"等属于［日∪中型］。具体意义对比见第二节。

（三）同形异义词

汉日语中有部分汉字词，以汉语的角度从字面上理解的意思与日语的实际意思有很大差别。这部分词语被称作"汉日同形异义词"。例如，「大丈夫、監督、看病、切手、経理、喧嘩、邪魔、手紙、老婆、新聞」。它们在日语中的含义为"没关系、教练（导演）、照看病人、邮票、会计、吵架、添麻烦、书信、老奶奶、报纸"。

同形异义词字面上的歧义会给中日两国语言的学习者带来误解。在学习和使用中要特别注意，不然很容易造成误用。所以同形异义词的词义对比是汉日同形词意义对比的一个重点。

第二节　汉日同形词意义的对比

中日两国的语言学习者对于汉日同形同义词的词义理解相对容易，对汉日同形类义词的词义有些似是而非，对汉日同形异义词则有些摸不着头脑。因此，汉日同形词意义对比的重点应该是汉日同形类义词和同形异义词。

一、汉日同形同义词的基本意义

汉日同形同义词不仅形相同，而且意义相同或基本相同。汉日语在词义上对应比较规整，容易记忆和理解，不需要做更多的分析了。例如：（汉／日顺序）

◎名词的情形：

山／山　水／水　河／河　云／雲　雨／雨　雪／雪　花／花
草／草　竹／竹　菊／菊　马／馬　牛／牛　鱼／魚　人／人
手／手　男／男　女／女　父／父　母／母　兄／兄　弟／弟
印象／印象　机会／機会　银行／銀行　交通／交通　感情／感情
成绩／成績　市场／市場　自然／自然　手段／手段　主张／主張
条件／条件　代表／代表　通知／通知　会员／会員　科学／科学
国家／国家　学校／学校　孔雀／孔雀　牡丹／牡丹　豆腐／豆腐
葡萄／葡萄　灯笼／灯篭　细胞／細胞　眼球／眼球　农业／農業
学生／学生　教师／教師　主妇／主婦　生活／生活　季节／季節
铅笔／鉛筆　政治／政治　经济／経済　革命／革命　铁道／鉄道
寿司／寿司　共产党／共産党　铁板烧／鉄板焼　过劳死／過労死

◎动词的情形：

饮／飲む　打／打つ　笑／笑う　读／読む　照／照る　登／登る
学习／学習　感动／感動　建设／建設　强调／強調　误解／誤解
使用／使用　成长／成長　分析／分析　要求／要求　外出／外出
说明／説明　练习／練習　解释／解釈　逮捕／逮捕　注目／注目

杀害/殺害　完成/完成　认识/認識　支持/支持　评价/評価
结婚/結婚　散步/散步　下降/下降　扫除/掃除　研究/研究
解散/解散　欢迎/歡迎　感激/感激　实施/実施　推荐/推薦
◎形容词的情形：
长的/長い　短的/短い　深的/深い　浅的/浅い　高的/高い
轻的/軽い　重的/重い　白的/白い　黑的/黒い　硬的/硬い
简单的/簡単だ　意外的/意外だ　正确的/正確だ　危险的/危険だ
重要的/重要だ　全面的/全面だ　抽象的/抽象だ　混乱的/混乱だ
神圣的/神聖だ　幸福的/幸福だ　善良的/善良だ　谦逊的/謙遜だ
◎数量词的情形：
零/零　一/一　二/二　三/三　四/四　五/五　六/六
七/七　八/八　九/九　十/十　百/百　千/千　万/万
亿/億　年/年　月/月　分/分　秒/秒　倍/倍　岁/歳
次/次　回/回　课/課　度/度　册/冊　艘/艘　杯/杯
粒/粒　个/個
◎副词的情形：
每/毎　约/約
非常/非常　频繁/頻繁　偶然/偶然　大体/大体　一切/一切
本来/本来　当然/当然　突然/突然　最初/最初　最后/最後
◎代词的情形：
谁/誰　俺/俺

二、汉日同形类义词意义的对比

汉日同形类义词在汉日语中交叉重叠的词义基本相同，不同的部分才是我们需要特别注意的。

1. "保养"和「保養」

类型：日∪中

词义交叉的部分：都有"保护修养身体"的意思。例如：

温泉は病後の保養に適している。

她保养得很好，比实际年龄看起来年轻。

不同的部分：日语中的「保養」还有"看到美丽的事物后，使心灵得到安慰和愉悦"的意思。例如：

久しぶりのお花見は彼女にとって目の保養になるものです。

汉语中"保养"还可以用于人以外的事物。例如，"保养机器、汽车保养"等。

2. "前线"和「前線」

类型：日⊃中

词义交叉的部分：汉日语都表示"作战时双方军队接近的地带"。

不同的部分：日语中的「前線」还表示，工作和体育运动的第一线；气象中的"锋"和自然现象的"前沿"。例如：

セールスの前線に立つ。

梅雨の前線は東の彼方へ去って行った。

今年の桜の前線は平年よりちょっと遅れている。

3. "坚固"和「堅固」

类型：日⊃中

词义交叉的部分：坚实，牢固。例如：

坚固的防线。

堅固な要塞。

不同的部分：日语还可以修饰人的意志、性格和身体。例如，「堅固な決心」、「堅固なからだ」等。汉语没有这个意义。

4. "健康"和「健康」

类型：日⊂中

日语通常只用于身体情况。而在汉语中，除用于身体外，还用于其他事物情况正常，没有缺陷。如：

健康的娱乐。

作为年轻的偶像，应该保持健康的形象。

5. "公式"和「公式」

类型：日∪中

词义交叉的部分：在数理逻辑上表示各个数量之间的关系式。例如：计算纸箱体积的方法只需要小学水平的数学公式。

公式に当てはめて計算する。/选择适当的公式计算。

不同的部分：汉语引申为"泛指可以应用于同类事物的方式、方法"。而其日语的词义为"正式的，公开的"。如「公式の行事」、「公式の見解」、「公式に訪問する」。

6. "苍白"和「蒼白」

类型：日⊂中

词义交叉的部分：白而略微发青灰白；脸色或身体没有血色。例如：
脸色苍白。
蒼白で憂鬱の顔をした。

汉语还有"缺乏活力和生机"的意思，而日语没有此义。例如：
他的辩驳是那样的苍白无力。
影片的结尾显得比较苍白。

7. "翻译"和「翻訳」

类型：日⊃中

词义交叉的部分：笔译。

汉语除了"笔译"的意思之外，还有"口译，译者"的意思。而日语仅有"笔译"之意。

8. "取缔"和「取締」

类型：日⊃中

词义交叉的部分：

汉语词义：明令取消或禁止。

日语词义：①监督、管理；②董事；③明令取消或禁止。

9. "道具"和「道具」

类型：日⊃中

词义交叉的部分：

汉语词义：演剧或摄制电影时表演用的器物。

日语词义：①制作物品和工作时使用的器具的总称；②手段；③表演

用的器物。

10. "有力"和「有力」

类型：日∪中

词义交叉的部分：

汉语词义：①有力量，有实力；②分量重。

日语词义：①有势力，有威力；②实力强的；③可能性大的。

11. "牺牲"和「犠牲」

类型：日∪中

词义交叉的部分：

汉语词义：①舍弃；②特指为正义事业舍弃生命；③代价。

日语词义：①为了重要目的而捐躯；②遇难；③代价。

12. "土产"和「土産」

类型：日∪中

词义交叉的部分：

汉语词义：①某地出产的具有地方色彩的农副业产品和手工业产品；②土地生产资料。

日语词义：日语有两种读音，读「どさん」时词义为①某地出产的物品。读「みやげ」时词义为②旅游或外出带回的当地产品；③拜访他人时所带的礼物。

三、汉日同形异义词意义的对比

汉日同形异义词虽然书写表记相同，但意义却完全不同。这里特别强调的是，同形异义词一定是汉日语中常用的、常见的词汇。有些学者把一些汉语中不常用、不常见的词汇也作为同形异义词是不合适的。比如，日语中的「怪我」、「我慢」、「無料」等词汇虽然在汉语中通过字面也可以解释其汉语含义，但这些词在汉语中不是常用的常见的词汇，只是缩略语义的短语或短句。因此，这类词语不能作为汉日同形异义词，应该归类为"异形同义词"。同形异义词在汉语和日语中意义的差别，对中日两国语言学习者来说，绝对不能以字面来推断其含义。下面以日语中带"心"字的

同形异义词来分析在汉语和日语中的意义区别。

1. 心地（ここち）

日语表示"心情。心思。感觉"。例如：

「心地よさそうに眠る」/很舒服地睡着了。

「住み心地のよい家」/住着很舒服的房子。

汉语表示"人的存心、用心"，例如，心地善良、心地纯朴。

2. 心算（つもり，しんさん）

日语表示"内心的计划，盘算"。

「今日中に仕上げる心算です。」/打算今天完成工作。

「心算が狂う。」/打错了算盘。

汉语表示"不凭借任何工具，只运用大脑进行算术的方法"。

3. 心中（しんじゅう，しんちゅう）

当读「しんじゅう」时表示"情侣殉情"。

当读「しんちゅう」时表示"心里。内心"的意思，与汉语一致。例如：

「心中穏やかではない。」/内心很不平静。

4. 小心（しょうしん）

日语表示"胆小怕事的。度量狭小的"。

「本当に小心なやつだ。」/真是个胆小鬼。例如：

「あの子は幼い時、何かの刺激に強くされて小心な性格になった。」/那孩子小时候受过强烈的刺激变得很胆小。

汉语表示"谨慎行事，留神，提醒注意"等。

5. 用心（ようじん）

日语表示"小心。警惕。留神"。例如：

「火の用心。」/注意防火。

「風邪を引かないように用心する。」/注意不要感冒。

汉语表示"指集中注意力，使用心力，专心"的意思。

6. 放心（ほうしん）

日语表示"出神。发呆。精神恍惚"。

67

「あまりの出来事に放心して立ちつくす。」/由于事出突然,惊得呆站着茫然若失。

「放心したような顔つき。」/精神恍惚的样子。

汉语表示"心绪安定,没有忧虑和牵挂"的意思。

7. 信心（しんじん）

日语表示"对神佛的信仰"。

「信心が足りない。」/信仰之心不足。

「信心深い」/信仰虔诚。

「いわしの頭も信心から」/心诚则灵。

汉语表示"对行为成功和事物发展预盼的信任程度"。

8. 手心（てごころ）

日语表示"斟酌。留情。要领"。

「手心を加える。」/手下留情。稍加照顾。酌情处理。行个方便。

「試験の採点に手心を加える。」/考试打分时酌情给以照顾。

9. 無心（むしん）

当作名词和サ变动词时,日语表示"开口要（钱）"。例如:

「彼はまた金の無心に来た。」/他又来赖着要钱。

当作形容动词时,日语表示"天真无邪。专心致志"。例如:

「子供の無心な寝顔。」/孩子天真的睡容。

「無心に待っている。」/专心等待着。

汉语表示"无意识,不关心"等。例如,"无心插柳柳成荫""无心跟他纠缠"。

除了以上例词以外,还有许多同形异义词。下面的表4-1列举了部分同形异义词及其汉语意义。

表4-1 汉日同形异义词一览表（部分）

日语词汇	汉语解释	日语词汇	汉语解释
外地	外国的土地	大方	也许；诸位；大家；大约
喧嘩	吵嘴；打架	石頭	死脑筋,老顽固

续表

日语词汇	汉语解释	日语词汇	汉语解释
大家	房东	風声	嗓音沙哑
帳面	笔记本；本子；帐本	加減	状态，程度；适度；身体情况
難点	缺点；难懂的地方	大丈夫	没关系
真面目	认真；诚实；正派；踏实	手紙	信
顔色	神色；眼色；面色；气色	床	地板
娘	女儿；姑娘	床屋	理发屋
汽車	火车	人参	胡萝卜
依頼	委托；请求；依靠	下手	拙劣；笨拙；不高明
新聞	报纸	工夫	开动脑筋；设法
着想	立意；构思；主义	老婆	老太太
野菜	蔬菜	主人	丈夫
不時	意外；万一	外人	外国人
切手	邮票	無理	勉强；不讲理；过分
見物	参观；游览	下流	河的下游；社会的下层
見事	美丽；好看；巧妙；安全	駆使	运用自如
体裁	外表；样子；样式；奉承话	大事	重要的，贵重
伝言	口信；带口信；传话	階段	楼梯
格式	资格；地位；礼节；规矩	丈夫	结实
工作	修理；任务	是非	务必；一定
縁故	亲戚	机	桌子
皮肉	讽刺；挖苦；嘲讽	必死	拼命
勉強	学习；勤奋；锻炼	熱湯	热水、开水
学徒	学生	夢中	入迷；热衷；梦中
丁寧	和蔼；周到；有礼貌	邪魔	打扰；妨碍；干扰
大事	重要	露出	曝光（照片等）

续表

日语词汇	汉语解释	日语词汇	汉语解释
迷惑	麻烦；烦扰；困惑；妨碍	得意	擅长，拿手；老主顾
時候	季节的气候、天候	趣味	爱好；嗜好
中学校	初中	高校	高中
留守	不在；无人	妻子	妻子和孩子
用意	准备；安排	前頭	脑的前半部
遠慮	谦让；客气	作風	作品的风格和特征
約束	约定；约会	検討	斟酌；研究
出世	出人头地		

第三节　汉日同形词用法的对比

根据汉日同形词意思上的差别，将汉日同形词分为同形同义词、同形类义词和同形异义词三类。其中同形同义词存在着意思相同但用法不同的情况，同形类义词在汉日语言中除了词义上不完全重合外，用法也存在似是而非的情形。而同形异义词相对简单，只要将其在汉日语言之间的意思区分开来即可。本节着重对汉日同形词的词义、词性、句法功能、语言搭配和感情色彩进行对比分析。

一、汉日同形词的词性

由于同形词的数量颇为庞大，下面以同形同义词为例考察同形词所占各种词性的比例。

（1）从数量上看，汉日同形同义词中大部分为名词，也有动词、形容动词、数量词、副词、代词，而在连接词、感叹词中几乎没有。

根据相关研究，以《汉语水平词汇与汉字等级大纲》中近4000个甲乙两级词汇及汉字为对象，在日语中找出与之对应的同形同义词，并对其

词性进行统计得到以下结果①：

①汉日同形同义词占有相当的比例，约 25%，其中主要是名词、动词、形容词；

②在抽象名词和关于天气、植物名称的词汇中同形同义词最多；

③数词基本上是汉日同形同义词；

④量词的汉日同形同义词不多，大部分为异形同义词或同形异义词；

⑤代词、副词数量不多，而且同形同义词极少；

⑥前置词、连接词、助词、感叹词等，同形同义词为零。

（2）虽然绝大多数汉日同形同义词的词性是一致的，但也有一些词性不完全一致。

①有些汉字词的日语词性大于汉语词性。比如，"サ变动词"的词干就是一个典型的例子。所谓"サ变动词"是在表示具体动作名称的后面加上サ变动词词尾する，构成诸如"旅行する""散步する"形式的动词。汉语中这些汉语词干绝大部分是动词（有极少数是名词）。而在日语中汉语词干有名词和动词两个词性。即日语词性大于汉语词性。比如，"旅行"在"卒業旅行"中为名词，在"夏休みに一緒に旅行しませんか。"中为サ变动词。其他类似的还有交换（交換）、合计（合計）、会话（会話）、发音（発音）、死亡、出席、对立（対立）、通信、招待、生产（生產）等。

②汉日同形同义词中也有汉语词性大于日语词性的例子。例如，机械（機械）、艺术（芸術）、典型、传统（伝統）、文明。这几个词在日语中只有名词词性。但汉语中除了做名词还可以做形容词。例如：

这个人做事很机械。（形容词）

他说话很艺术。（形容词）

这个案例非常典型。（形容词）

这里民风很传统。（形容词）

---

① 邹文．日语汉字词与汉语相关词汇的对比分析——同形词、异形同义词及同素逆序词［D］．武汉：华中师范大学，2003.

他的举止很<u>文明</u>。(形容词)

③汉日同形同义词中有少量词汇既有相同词性又有不同词性。例如,"完全"和"非常"在汉日语中都有形容词的词性(日语中为形容动词)。

<u>完全</u>な形で保存する。(形容动词)

你四肢<u>完全</u>,有什么理由不干活儿。(形容词)

<u>非常</u>な痛みを感じる。(形容动词)

<u>非常</u>时期须采取<u>非常</u>措施。(形容词)

但这两个词在日语中可做名词,在汉语中可做副词。

<u>完全</u>を目指す。<u>完全</u>攻略情报を掲载している。(名词)

他<u>完全</u>丧失了斗志。(副词)

<u>非常</u>を告げる鐘の音が城の中に響いている。(名词)

他<u>非常</u>激动地握着救援队员的手。(副词)

④汉日同形同义词中有很少一部分词汇词性完全不同。例如,"关心(関心)"在日语中为名词,而在汉语中为动词。"原始"在日语中为名词,而在汉语中为形容词。

町の人たちはこの事件に大きな<u>関心</u>を払っている。(名词)

她只<u>关心</u>钞票,至于亲情已消失殆尽。(动词)

<u>原始</u>の地球。基督教の<u>原始</u>に遡る。(名词)

<u>原始</u>记录。<u>原始</u>材料。<u>原始</u>社会。<u>原始</u>森林。(形容词)

二、汉日同形词的句法功能

一般来说,汉日同形词的词性决定了其在汉日语中的句法功能。名词可做主语、宾语和定语,动词做谓语,形容词做定语、补语,副词做状语等。

(1) 对于大多数同形词而言,如果汉日语的词性相同,在句子中的作用和功能基本相同。例如:

研究チームは<u>薬物</u>の成分を詳しく分析した。

这种<u>药物</u>的成分非常复杂,副作用比较大。

"药物"和"成分"在汉日语中都是名词,这两个句子中"药物"做

定语,"成分"做宾语。

警察は殺人事件にかかわる田中容疑者を逮捕した。

警察逮捕了杀人案件的田中嫌疑犯。

"逮捕"在汉日语中为动词,所以在这两个例句中都做谓语。

(2) 同形词如果词性不同,在句子中的作用和功能也不同。以"紧张(緊張)"这个词为例。在日语中其为动词,在汉语中则为形容词。例如:

初めてのスピーチなので、すごく緊張している。

考生们在经过两天高度紧张的高考后彻底放松了。

因此,在日语中"紧张"必须以「緊張する」「緊張した」「緊張している」等形式出现。在汉语中则可以后接"的"做定语使用。

(3) 有极少数同形词虽然词性相同,但在句子中的作用和功能却不尽相同。先以"话题（話題）""所有（所有）""丰富（豊富）"为例,考察同形、同义、同词性的汉字词在汉日语中不同的句法功能。①

① "话题"在汉语中的意思:谈话的中心,谈话的内容。在日语中的意思:話の題目。話の材料。話のたね。意思基本相同,都是名词。"话题"在汉日语中都可以充当主语和宾语,句法功能相同。在做定语时存在不同的句法功能。例如:

インターネットで話題の面白ニュースを提供している。

残念！話題の「バターコーヒー」は健康に悪いだ。

一部以亲情为话题的电影热映中。

成为热门话题的人脸支付是人工智能的重要应用之一。

日语的「話題」充当定语可以直接修饰后面的名词,汉语的"话题"却一般没有此功能。汉语中"话题"做定语时,通常以"以……为话题的……""成为话题的……"形式出现,即"话题"必须与"以……为"或"成为"构成介词结构或动宾结构,用整个结构短语来修饰后面的名词。

---

① 施建军,洪洁. 汉日同形词意义用法的对比方法研究（外国语文双月刊）[J]. 外语教学与研究, 2013 (4): 531-542.

②"所有"为动词时，在汉语中的意思是领有、占有。在日语中的意思是自分のものとして持っていること。意思基本对应。

岩崎財団は丸の内での45%の土地を所有していた。

新承包合同中规定，个人可以经营土地，但土地仍归国家和集体所有。

这幅南宋字画为收藏者所有。

在日语中「所有」做动词可以独立充当谓语。而汉语中"所有"做动词，独立充当谓语的情形几乎没有。只能以"归……所有"和"为……所有"形式出现。

③"丰富"在汉语中的意思：种类多，数量大；充裕的；多彩的；涉及面广的。在日语中的意思：豊かであること。ふんだんにあること。汉日语言中二者意思基本相同，都可以做名词和形容词。这里主要考察其做形容词时的句法功能。"丰富"在汉日语中都可以充当定语。例如：

この店は豊富な商品と安さで勝負する。

内蒙古自治区蕴藏着丰富的矿产资源。

但在日语中「豊富」还可以做补语。在汉语中没有这种用法。例如：

南アルプスから生まれた天然水はミネラル成分を豊富に含んでいる。

話が面白い人はいつも知識を豊富に吸収する。

如果将这两句话翻译成汉语，应该理解：

南阿尔卑斯山出产的天然水含有丰富的矿物质。

说话有趣的人总是吸收丰富的知识。

三、汉日同形词的语言搭配

汉日同形词除了在词性、句法功能上存在异同，在语言搭配上也有差异。即使在词性、句法功能都相同的情况下，由于汉日语搭配习惯的不同导致在作用、修饰、限定目标语的范围和种类上也存在差异。

（一）"平稳"在汉日语中的语言搭配

"平稳"在汉语中是"平安稳当；平和稳重。没有波动；稳定，安宁"

的意思。在日语中是「変わったこともなく、おだやかなこと。また、そのさま。」的意思。汉日语的意思基本相同，而且都有名词和形容词的词性。在句子中都可以充当主语、宾语、定语和状语。首先看充当主语、宾语的情况：

金融危機の勃発とともに、中間階層の平穏が崩壊し始めた。

心の平穏を取り戻すためのおすすめの技を紹介する。

不仅时速快，平稳也是中国高铁的一大优势。

经过一系列调控，经济运行逐渐恢复平稳。

"平稳"充当定语和状语时，在日语和汉语中常搭配的词语，如表4-2所示。

表4-2　汉日语中与"平稳"搭配的词语

	日语	汉语
充当定语常搭配的名词	毎日。日々。日常。暮らし。生活。人生。	态势、政策、情绪。
充当状语常搭配的动词	暮す。生活する。過ごす。	运行、发展、增长、通过、度过、过渡

◎充当定语的情形

この町に移住してから平穏な毎日（日々/日常）を送っている。

静かで平穏な暮らしを望んでいる。

なんの変わりもない平穏な生活は幸せでしょうか？

平穏な人生を実現するために、心から不満を解消する必要である。

保持经济平稳的态势是深化经济改革的必要条件。

有序平稳的物价政策有效地改善了经济增长质量。

平稳的情绪是控制病情恶化的因素之一。

◎充当状语的情形

平凡こそ平穏に暮らしたい。

平穏に生活するのは市民の基本権利である。

平穏に過ごすことは僕にとって退屈すぎる。

实体经济平稳运行为经济稳中向好打下了坚实基础。

商贸服务业平稳发展为新增劳动力提供了更多就业岗位。

随着城镇化稳步推进，城镇常住人口平稳增长。

今年长江第1号洪水平稳通过三峡库区。

中国铁路总公司宣布已平稳度过了今年春运高峰期。

无论是充当定语还是状语，汉语的"平稳"搭配的词语范围明显大于日语的「平稳」。日语搭配的对象几乎集中于"日常生活"和"人生"。汉语搭配的对象比较多样，主要是修饰事物运动状态。其中与经济相关的词语的搭配占绝大多数。

（二）"莫大"在汉日语中的语言搭配

"莫大"汉语的意思：最大；没有比这更大的。日语的意思：これより大なるはなしの意。都表示"数量或程度极高"，在汉日语中都为形容词，可充当定语修饰名词。"莫大"在汉日语中做定语可以修饰很多名词。表4-3列出了与"莫大"常用的名词搭配。

表4-3 汉日语中与"莫大"搭配的词语

	与财产收入费用等相关的名词	其他名词
日语中的搭配情况	遗产、金额、财产、税金、コスト、借金、收入、所得、投资、费用、报酬、利益、物品、劳力、エネルギー	影响、记录、时间、情报、手间、被害
	表达正面情感和情绪的名词	表达负面情感和情绪的名词
汉语中的搭配情况	安全感、安慰、帮助、创举、成功、成就感、关怀、鼓舞、光荣、欢乐、激励、惊喜、力量、满足、荣幸、享受、吸引力、希望、幸福、幸运、信心、欣慰、慰藉、影响、缘分、勇气、支持	压力、压抑、悲哀、悲剧、耻辱、嘲讽、创伤、打击、苦衷、痛苦、煎熬、冤屈、遗憾；浪费、损失

汉语的"莫大"集中体现在对表达情感和情绪的名词进行修饰。日语的「莫大」主要是对表示财产、收入、费用等与经济要素和利益相关的名

词进行修饰。显然,"莫大"在汉日语中做定语修饰名词的常用搭配情况存在很大的差异。

"广大(広大)"在汉日语中都有"宽广宏大的意思",都可形容"面积和空间的宽广"。如我国是一个山区面积广大的国家,山区面积占了国土面积的2/3。

彼らは広大な土地を売ることでかなりのお金を手にした。

但汉语中还可以"对规模、数量进行修饰"。如"广大的读者,广大的观众,广大劳动人民"等。而日语则可"用于抽象事物的修饰"。如"未知の世界が彼の目の前に広大に広がっている"。可见在搭配上存在一定的差异。

四、汉日同形词的感情色彩

词语的感情色彩,是指附加在某些词语上的褒贬、好恶、尊鄙等反映说话者感情的特性。词语按感情色彩分为褒义词、贬义词和中性词。在考察了汉日同形词的词义、词性、句法功能和语言搭配后,其感情色彩也是重要的内容。绝大多数的汉日同形词感情色彩趋向一致,但也有一部分存在差异。一般体现在以下五个方面。

(一)汉语是贬义词,日语为中性词

关于"资本家(資本家)"的解释,汉语为"占有生产要素,依靠经营企业、雇佣劳动者获得利润的人,与劳动者相对"。日语为「一般的には、市場において資本を投じ、労働者を雇い、生産活動や売買活動を行って利潤を得る人々のことをいう」。词义基本相同,但在具体使用时感情色彩是不同的。例如:

资本家购买了劳动力和生产资料以后,就迫使工人为他劳动。

小さな会社を買って、サラリーマンにも資本家への道はある。

"资本家"在汉语中明显带贬义,而「資本家」在日语中则是中性的。

又如"贩卖「販売」"这个同形同义词。汉语的"贩卖"指商人买进货物再加价卖出以获取利润。日语的「販売」是指「商品を売ること」。

汉日语基本意思是相同的。但汉语使用"贩卖"通常具有贬义，如"贩卖毒品、贩卖人口"等。在日语里仅表示"卖、销售"的意思，如「輸入雑貨を販売する」是个中性词。

又如"劝诱「勧誘」"这个同形同义词。汉语的"劝诱"指劝勉诱导；规劝诱导。日语的「勧誘」是指「あることをするように勧めて誘うこと」。汉日语基本意思是相同的。不过汉语在使用"劝诱"时，常常带有"诱惑""引诱"的含义，略带贬义。如"禁不住保险推销员的一再劝诱，老人买了一份"。日语虽然也有"诱"的意思，但是多有"邀请"的含义，所以日语是中性词，如「劇団に勧誘される」。

其他还有如"投机（投機）""圆滑（円滑）""杂种（雑種）"等词。在汉语中具有贬义，而日语中则为中性词。

（二）汉语是褒义词，日语为中性词

汉语的"成就"指事业上的成果，一般只用于具有社会意义的重大事情，指所获得的巨大进展和优异成果。语气较重，含褒义。日语中「成就」是指「物事を成し遂げること。また、願いなどがかなうこと」，即"成功；完成；实现"的意思。如「願いことが成就する」「悲願を成就する」。

（三）汉语是中性词，日语为贬义词

"爱人（愛人）"从字面意思上看，汉日语都是指"所爱的人"。汉语的"爱人"有"恋爱或婚姻对象"的含义，特指"配偶"，是个中性词。日语中「愛人」含有「特別の関係にある異性。情婦。情夫。情人」的意思，是个贬义词。例如：

小玲的爱人是名海军，听说在军舰上当大副。

愛人関係を持つ男女双方には、いずれにしても破滅の一方だ。

又如"请求（請求）"，在汉语中指"客气地提出要求，希望得到满足"。在日语中指「相手方に対して一定の行為を要求すること。特に、金銭の支払い、物品の受け渡しなどを求めること」，带有"索求""强

要"的意味。例如：

我有个小小的请求，希望您能够答应。

妻は夫の浮気で慰謝料を請求した。

所以，汉语的"请求"是个中性词，日语的「請求」带有轻度贬义。

（四）汉语是中性词，日语为褒义词

「最高」在日语中表示"程度最高"的意思。如「世界最高の山」（世界上最高的山），「最高の水準」（最高水平），「この映画は最高だ」（这部电影最棒了）。除此之外，「最高」还能表示心情、劲头达到最好的状态，如「最高の熱意」（怀着最大的热忱）。

（五）汉语是褒义词，日语为贬义词

"群众"一词在汉语中的解释是"大众或居民的大多数"，日语中的解释为「むらがり集まった多くの人々」。都是指聚集成群的人们。而且汉语的"群众"基本与"人民"一词同义，通常以"人民群众"的形式出现，是一个典型的褒义词。但日语的「群衆」含有"被唆使的；带有狂热情绪的；无政府状态的""乌合之众"之意，具有明显的贬义。

"单纯（単純）"这个词在汉日语中的基本意思均为"简单的""不复杂的"。但在形容人的性格的时候，感情色彩有较大区别。汉语含有两个极端的含义：一个是"纯粹"和"纯洁"的赞美之意；另一个是"缺乏经验"的意思，带有贬义。而日语则含有"肤浅"和"不成熟"之贬义。例如：

她是个心地单纯的好姑娘。

她过于单纯，容易上当受骗。

その見方は単純すぎる。

彼は意外に単純なところがある。

所以，"单纯（単純）"在汉语中既有褒义也有贬义，褒义使用的情形较多，在日语中基本为贬义。

在考察分析汉日同形词的异同时，不能单从一方面简单地对比，必须

从几个方面综合性地考虑。汉日同形词差异形成的原因是多方面的，在长期使用过程中，本民族的文化、思维或是约定俗成都可能影响用语习惯，从而导致一些汉日同形、同义、同词性、同句法功能的汉字词在句子中与被修饰、限定词语的搭配出现差异。从语用学的角度来看，不同文化背景的话语双方在使用对方语言时，必须充分了解对方的语言习惯，不然就极有可能在跨文化交际中出现语用失误。因此，完整地理解汉日语中同形汉字词是非常重要的。

第五章 汉日异形同义词的对比

汉语和日语的汉字词中不仅存在许多字形相同的"汉日同形词",同时也存在许多汉字表记的词形不相同的"汉日异形词"。然而,随着社会的发展、时代的变迁和词汇的演变,汉语和日语的汉字词也在不断地发展变化。因此,"汉日异形词"既有意义不同的词语,也有意义相同的词语。根据词义的异同可以将"汉日异形词"分为异形异义词和异形同义词。异形异义词在字形和词义上都不相同,所以比较好区分,一旦理解容易记忆和使用。异形同义词虽然字形不同但词义相同,对中日两国语言学习者容易产生两种影响。一是望文生义,二是不知所云。因此有必要从词义方面对异形同义词进行对比分析。

一、汉日异形同义词的定义

汉语和日语也有许多意义相同的词却用了完全不同的汉字来标记。例如(汉/日顺序):皮包/鞄、戏/芝居、节目/番组、真正/本格、游泳/水泳、医院/病院。这几组词语汉字有些完全不同,有些部分相同,字数也不尽相同,但每组词语的意思都是相同的。简明而言,汉语和日语中基本意义相同但书写表记不同的汉字词被称为"汉日异形同义词"。

在日语中有个非常普遍的现象,那就是非汉语字词的数量较多。所谓非汉语字词,即在汉语里不存在,仅存在于日语里的汉字词语。蔡乔育

（2014）将非汉语字词分为三类。① 其中的第一类完全属于异形同义词的范畴，即"在汉、日语里都有的汉字，但作为一个词在汉语里不存在，意义也不同"。例如，長物（无用的，多余的，无意义的）、交番（派出所，警务室）、急須（茶壶）等。日语中非汉语字词的产生与日语对古汉语用字的借用和自创有很大关系，② 也有可能是日语对汉语的误用。比如：

「長物」是一个日语借用古汉语的词语。其语源出自《世说新语·德行》，原句："（王恭）对曰：'丈人不悉恭，恭作人无长物。'" 意思："（王恭）回答：'您不了解我，我从来没有多余的东西。'" 日语借用「長物」表示"无用的，多余的，无意义的"的意思，例如，「無用の長物」，「この図書館も来館者がいなくなり、今では無用の長物と化してしまった。」等。现代汉语基本上不使用，而日语仍然在广泛使用。

「交番」是一个日语自创词，意思为"派出所，警务室"。日语注解为「複数の警察官が、「交」代で「番」をする。交替勤務による24時間体制で警戒活動を行っている。」，用警察交替换班的例行活动场所指代"派出所，警务室"。

「急須」是日语借用汉语过程中发生了替换或误用的词。中国福建一种叫作"急烧"的煎茶小壶传到日本时，按照当时福建方言［kip ⌐siu］，日语发音为「キップシュ」，后来又变成了「きびしょう」。再后来日本人用「須」代替了「燒」，因为日语中「須」有「用」的意思。由此"急烧"变成了「急須」，被赋予了「急場に必要なもの」的含义，即待客时必不可少的器物（茶壶）。

综上所述，汉日异形同义词的由来主要是借用、改义和自创，但字形千变万化。所以在定义汉日异形同义词时，需要确定如下依据和原则③④：

---

① 蔡喬育. 日籍華裔學生漢字書寫及語詞彙應用偏誤分析及在對日華語教材法上的建議［J］. 中原華語文學報，2014（13）：53-78.
② 孙娜. 日语中的"异形词"现状分析［J］. 华侨大学学报（哲学社会科学版）. 2013（1）：133-139.
③ 廉红红. 日语汉字词对日本留学生汉语学习的负迁移研究［D］. 湘潭：湘潭大学，2013.
④ 徐灿. 中汉日字词比较［D］. 重庆：西南大学，2006.

（1）汉日异形同义词只限于由汉字组成，不包括假名；

（2）在日语或汉语中为常用词；

（3）汉日异形同义词的同义指的是基本义相同，不包括引申义和比喻义；

（4）如果日语词语在汉语中有两个以上异形同义词对应时，选择最常用的一个；

（5）如果日语词语在汉语中既有异形同义词也有同形同义词，只标出异形同义词。

二、汉日异形同义词的分类

如果把汉日两语言中词的基本义（不包括引申义和比喻义）完全相同，但使用的汉字完全不同或部分不同的词定义为汉日异形同义词，那么仔细分析可以有多种情况。

一种是汉日语词汇用来标记的汉字完全不同，因此词形也完全不同。另一种是汉日语词汇用了部分相同的汉字来标记，因此词形部分不同。由于日语中所用汉字与汉语不同，并不是一个汉字一个音节，所以在词形的情况下，采用"一字词""二字词""三字词"这样的二级分类，更清晰地反映汉日异形同义词的具体情况。汉日异形同义词按上述方法，可以分成下列两种情况。

（一）词形完全不同的情况

一字词：私/我、本/书、側/旁边、机/桌子、首/脖子、箸/筷子、窓/窗户、頭/脑袋、変/奇怪、娘/女儿、隣/隔壁、鞄/皮包、靴/鞋子、卵/鸡蛋、駅/车站、町/街市、嵐/狂风……

二字词：彼女/她、切符/票、手紙/信、時計/钟、芝居/戏、番組/节目、急須/水壶、手帳/记事本、好調/顺利、交番/派出所、先週/上礼拜、欠席/缺席、葉書/明信片、我慢/忍耐、怪我/受伤、芋侍/废物、愚痴/牢骚、息子/儿子、返事/回信、面会/会见、開催/举办、無料/免费、本格/真正、始業/开

学、面倒/麻烦、靴下/袜子、朝食/早饭、昼食/午饭、夕食/晚饭、映画/电影、旅券/护照、試合/比赛、多分/大概、残念/可惜、部屋/房间、授業/上课、残業/加班、看板/招牌、大根/萝卜……

三字词：運動場/操场、弁護士/律师、労働者/工人、月曜日/星期一、火曜日/星期二、水曜日/星期三、木曜日/星期四、金曜日/星期五、土曜日/星期六、日曜日/星期天、青海原/茫茫大海、生意気/狂妄自大……

（二）词形部分不同的情况

一字词：色/颜色、綿/棉花、誠/真诚……

二字词：病院/医院、果物/水果、似合/合适、対面/见面、遅刻/迟到、表彰/表扬、都市/城市、解消/消除、試験/考试、水泳/游泳、成果/成就、退院/出院、心配/担心、自分/自己、現地/当地、措置/措施、登録/登记、改善/改进、家族/家人、改築/改建、客室/客厅、拒否/拒绝、中卒/初中毕业、高卒/高中毕业、大卒/大学毕业、大学院/研究生院……

三字词：万年筆/钢笔、漢方薬/中药、洗濯機/洗衣机、人件費/人工费、風物詩/风景诗、観光客/游客、披露宴/喜宴、秋日和/秋高气爽、似而非/似是而非、一人前/独当一面、同性愛/同性恋、冷蔵庫/冰箱、売春婦/妓女、運転手/司机、領収書/发票……

三、汉日异形同义词的产生原因

在汉语和日语中不仅存在大量的同形词，而且还有大量的异形词。汉日异形同义词的来源有三个。第一个是日本从汉语的借用，主要来自汉语文言文的词汇。由于汉字本身就是汉语，所以日语保留了许多汉字词语并不稀奇。反观汉语，经过时代变迁一些用法发生了较大的变化。特别是从文言文到白话文的转变，使一些汉语词汇消失了，还有一些意思发生了改

变。第二个是日本人自创的汉字。将汉字引入日本之后，日本人在使用汉字的过程中，利用汉字强大的造词功能创造了一些新汉字词语，即"和制汉语"。第三个是引进外来语，主要是来自对西方词汇的翻译。近代在西方文明的影响下，中日两国引进了大量西方先进的科技文化，两国在翻译外语词汇时选择了不同的汉语词汇。

（一）汉语改用现代白话文词汇，而日语沿用古代文言词

1. 食/吃

春秋战国时期，完全使用"食"表示吃饭和进食。例如，《礼记·大学》中"食而不知其味"，《论语·学而》中"君子食无求饱"。大约从唐代开始，用"喫"代替"食"。杜甫在《病后遇王倚饮赠歌》中写道"但使残年饱喫饭，只愿无事常相见"。杜甫在《绝句四首》中"梅熟许同朱老喫"。到了宋元时期，白话文更加频繁地使用"喫"，渐渐取代了"食"。汉语选择了"喫"的异体字"吃"。现代日语沿用古代文言词使用「食」表示"吃"，如「食事」「軽食」「和食」「食卓」等。不过也有使用「喫」的情形，如「喫茶」「喫煙」「満喫」等，但没有了"吃"的意思。

2. 俳優/演员

中国古代把以乐舞谐戏为业的艺人称作"俳优（páiyōu）"。《韩非子·说难》"俳优侏儒，固人主之所与燕也"。现代日语里仍沿用古汉语的意思，把艺人称为「俳優」。现代汉语则使用"演员"代替带有古代具有贬义色彩的"俳优"。

3. 写真/照片

"写真"本义为中国肖像画的传统名称。例如，唐代杜甫《丹青引赠曹将军霸》诗："将军善画盖有神，必逢佳士亦写真。"明代李贽《读杜少陵》诗："少陵原自解传神，一动乡思便写真。"清代姚鼐《题句容学博冯墨香小照》诗："写真自古难，神艺有深造。"随着照相技术传入中国，画像逐渐被照相取代，于是"照片"代替了"写真"的说法。日语沿用这个古汉语文言词，赋予「写真」"摄影和照片"两个意思。而现代汉语改用

现代白话文称为"照片"。

（二）"和制汉语"创造了不同于汉语的异形同义词

1. 素人/外行；玄人/内行

「素人」和「玄人」这一对词起源于日本古代的艺妓界。早在平安时代，京城的艺妓中，凡不会舞蹈和唱歌的人脸上要涂抹"白粉"，故此她们也被称为"白人"。与此相反，那些能歌善舞的艺妓，由于技艺精湛，被称为"黑人"。"黑人"并不涂黑粉，只是与"白人"相对而言。由于"白即素，黑即玄"，可能直接用"黑""白"来称呼人，感觉不雅，故"白人"写成"素人"，"黑人"写成"玄人"，但发音仍与原来相同。这种用法后来扩展到其他行业，把没有经验和技能的人称为「素人」，技艺娴熟的人称为「玄人」。中国古代把技能分为七十二行业，没有入行的人，即没有经验缺乏技能的人，被称为"外行""门外汉"。入了行积累了经验，掌握了技能的人，被称为"内行"。

2. 給料/工资、薪水

日语将劳动者的报酬称为「給料」，强调雇主给被雇佣人的恩惠。汉语把雇佣他人应付给的报酬叫作"工资、薪水"，体现了劳动者应得的报酬。

3. 成金/暴发户

「成金」原为日本象棋用语，指杀入敌阵的步兵迅速变成金身。到了江户时代，将那些依靠不通过努力而暴富的人称为「成金」，多含贬义。1906年由于铃木五郎有关股票赚大钱的话题而迅速传开。

（三）翻译外来语时，日译和汉译选择的词汇不同

近代中日两国在翻译西方经济、科技、文化等概念时，选择了不同的词汇。如"automobile"在日语中被译为「自動車」，而在汉语中翻译成"汽车"；"bookkeeping"在日语中被译为「簿記」，而在汉语中翻译成"记账"；"catalogue"在日语中被译为「型録」，而在汉语中翻译成"目录"；"company"在日语中被译为「会社」，而在汉语中翻译成"公司"；

"glass"在日语中被译为「硝子」,而在汉语中翻译成"玻璃";"joke"在日语中被译为「冗句」,而在汉语中翻译成"笑话";"oxygen"在日语中被译为「酸素」,而在汉语中翻译成"氧气";"post office"在日语中被译为「郵便局」,而在汉语中翻译成"邮政局"等。

第六章 汉日同素逆序词的对比

第一节 汉日同素逆序词的定义和分类

一、汉语同素逆序词的定义

汉语自古就有一种所谓"两形并存"的情况，比如，争论/论争、介绍/绍介、式样/样式、静寂/寂静、缓和/和缓等。据学者统计，中古汉语约有1400多对"两形并存"词，现代汉语保留了400多对。这种"两形并存"词在汉语里占有相当的数量。①

汉语汉字传入日本时，这些用法也传了过去。日语中也有了"相同汉字不同顺序"的语言现象。比如，捕拿/拿捕、侦探/探侦、积蓄/蓄积、欺詐/詐欺、雜乱/乱雜……

对于这种"两形并存"的语言现象有多种叫法。汉语有"颠倒词""字序对换的双音词""序位颠倒的同素词""语素异序复合词"等，日语有「鏡像語」「反転語」「二字逆順語」等。随着语言学界研究的深入，对"两形并存"的语言现象有了一个相对稳定的称呼——同素逆序词。

---

① 王丽娟. 两组同素逆序词的词义演变研究[J]. 现代语文（学术综合），2015（3）：144-145.

所谓同素逆序词就是指，以两个字的双音合成词为主，由相同语素（汉字）、不同顺序组成的一组词。一组同素逆序词，其语素义要基本一致或有明显的联系。①

二、汉语同素逆序词的分类

从汉语的同素逆序词的语素组合方式来考查，会发现其语素的词性、语法、结构类型变化多样。从构词法角度对一组同素逆序词进行分类，可以分为"同素同构词"和"同素异构词"。

同素同构词又包括四种类型：联合式同构词、偏正式同构词、动宾式同构词和主谓式同构词。

同素异构词主要包括八种类型：偏正—联合式异构词、动宾—联合式异构词、主谓—动宾式异构词、动宾—偏正式异构词、动补—偏正式异构词、主谓—偏正式异构词、动宾—动补式异构词、联合—动补式异构词。②

以下是对同素逆序词所做的大概性的分类。

（一）汉语同素同构词

1. 联合式同构词

联合式同构词由两个意义相同、相近、相对或相反的语素构成。这类同素逆序词数量相对较多，也比较常见。语素位置互逆，结构基本保持不变。

在联合式同构词中，动词形式的最多，其次是名词和形容词。

动词形式：

喊叫—叫喊	发奋—奋发	生出—出生	斗争—争斗	合适—适合
离别—别离	察觉—觉察	补贴—贴补	捣鼓—鼓捣	藏匿—匿藏
计算—算计	喜欢—欢喜	来往—往来	沉浮—浮沉	厚薄—薄厚

名词形式：

柴火—火柴	语言—言语	色彩—彩色	菜蔬—蔬菜	干才—才干

---

① 邢福义. 现代汉语 [M]. 北京：高等教育出版社，1991.
② 贾玉萍. 现代汉语同素逆序词构词造词研究 [D]. 济南：山东师范大学，2010.

形容词形式：

小弱—弱小　和平—平和　通畅—畅通　滑溜—溜滑

2. 偏正式同构词

偏正式同构词由一个占中心意义的语素和另一个对其进行修饰和限制的语素构成。这两个语素逆序后仍保持原有的构词结构。

井水—水井　茶花—花茶　菜油—油菜　工人—人工　车篷—篷车
虫害—害虫　蜜蜂—蜂蜜　窗纱—纱窗　灯花—花灯　灯台—台灯
火红—红火　彩云—云彩　黄金—金黄　头羊—羊头

3. 动宾式同构词

动宾式同构词由动词加上名词组成动宾结构，是语素逆序后宾语名词在前、谓语动词在后的宾语前置的结构。这种同素同构词的数量非常之少。

如何—何如[①]　为何—何为

4. 主谓式同构词

主谓式同构词由主语名词加上谓语动词或形容词，语素逆序后谓语在前、主语名词在后的主谓倒装的结构。现代汉语中主谓式同构词几乎没有。

（二）汉语同素异构词

1. 偏正—联合式异构词

粉红—红粉　女儿—儿女　配发—发配　近邻—邻近　矿工—工矿

2. 动宾—联合式异构词

闭关—关闭　结集—集结　相面—面相　养生—生养　纪年—年纪
唱歌—歌唱

3. 主谓—动宾式异构词

私营—营私　会意—意会　水流—流水　心虚—虚心　手写—写手
民选—选民　心烦—烦心　花开—开花

[①] 贾玉萍. 现代汉语同素逆序词构词造词研究[D]. 济南：山东师范大学，2010.

4. 动宾—偏正式异构词

下手—手下　上网—网上　负重—重负　犯罪—罪犯　中意—意中

5. 动补—偏正式异构词

注脚—脚注　出外—外出　说明—明说

6. 主谓—偏正式异构词

嘴快—快嘴　胆大—大胆　心细—细心　心诚—诚心　期限—限期
量变—变量

7. 动宾—动补式异构词

盘存—存盘　开打—打开　满服—服满

8. 联合—动补式异构词

生产—产生　开展—展开　过错—错过

三、汉日语同素逆序词的词序对应

上面介绍了汉语同素逆序词的分类，日语同素逆序词也可以参照汉语同素逆序词的做法进行分类。本章主要是汉日同素逆序词的对比分析，故不单独介绍日语同素逆序词的分类，转而重点介绍汉日同素逆序词的词序、词义等方面的对比。

为了明确汉日语中同素逆序词的词序对应关系，可以将汉日语同素逆序词按词序分成"汉日语都没有同素逆序词，但汉日语互为逆序且一一对应"（简称"汉日一一对应型"）、"汉语有同素逆序词，日语只对应其中一个"（简称"汉二日一对应型"）、"日语有同素逆序词，汉语只对应其中一个"（简称"汉一日二对应型"）、"汉语和日语都有同素逆序词且两两对应"（简称"汉日两两对应型"）四种类型。以 AB、BA 表示汉语的语素顺序，以 ab、ba 表示日语的语素顺序，将上述四种分类举例如下：

（一）汉日一一对应型（AB—ba）

花草—草花　豪强—强豪　街市—市街　日期—期日　设施—施设
畜牧—牧畜　侦探—探侦　黑暗—暗黑　安慰—慰安　暴乱—乱暴
搬运—运搬　采伐—伐采　呈献—献呈　减低—低减　减轻—轻减

敬畏—畏敬　纠纷—紛糾　缩短—短縮　告诫—戒告　过滤—濾過
贺年—年賀　检点—点検　借贷—貸借　介绍—紹介　绝迹—跡絶
买卖—売買　灭绝—絶滅　磨炼—練磨　评选—選評　迫切—切迫
威胁—脅威　限制—制限　行走—走行　拥抱—抱擁　忧郁—憂鬱

（二）汉二日一对应型（AB/BA—ab）

兵士/士兵—兵士　　果糖/糖果—果糖　　黄金/金黄—黄金
限界/界限—限界　　气力/力气—気力　　兄弟/弟兄—兄弟
言语/语言—言語　　倍加/加倍—倍加　　浮沉/沉浮—浮沈
应答/答应—応答　　代替/替代—代替　　到达/达到—到逹
负担/担负—負担　　感伤/伤感—感傷　　回收/收回—回収
救急/急救—救急　　密告/告密—密告　　面会/会面—面会
融通/通融—融通　　锐敏/敏锐—鋭敏　　率直/直率—率直
生产/产生—生産　　素朴/朴素—素朴　　同伴/伴同—同伴
外出/出外—外出　　欢喜/喜欢—歓喜　　相互/互相—相互
虚心/心虚—虚心　　讲演/演讲—講演　　展开/开展—展開

（三）汉一日二对应型（AB—ab/ba）

表里—裏表/表裏　　才学—学才/才学　　风雨—雨風/風雨
阶段—階段/段階　　劳苦—劳苦/苦劳　　木材—木材/材木
声音—音声/声音　　素质—素質/質素　　习惯—習慣/慣習
始终—始終/終始　　中途—途中/中途　　便利—利便/便利
痴情—情痴/痴情　　寂静—静寂/寂静　　热情—熱情/情熱
每日—日每/每日　　分配—配分/分配　　合并—合併/併合
出产—出産/産出　　出家—家出/出家　　评论—評論/論評
治疗—治療/療治

（四）汉日两两对应型（AB/BA—ab/ba）

爱情/情爱—愛情/情愛　　半夜/夜半—半夜/夜半

产物/物产—產物/物產　　地下/下地—地下/下地
弟子/子弟—弟子/子弟　　感情/情感—感情/情感
光荣/荣光—光榮/榮光　　规定/定规—規定/定規
国王/王国—国王/王国　　故事/事故—故事/事故
和平/平和—和平/平和　　家人/人家—家人/人家
居住/住居—居住/住居　　苦劳/劳苦—苦勞/勞苦
理论/论理—理論/論理　　蜜蜂/蜂蜜—蜜蜂/蜂蜜
名声/声名—名声/声名　　年少/少年—年少/少年
牛肉/肉牛—牛肉/肉牛　　顺手/手顺—手順/順手
同一/一同—同一/一同　　动摇/摇动—動摇/摇動
斗争/争斗—鬪争/争鬪　　进行/行进—進行/行進
离别/别离—離別/別離　　来往/往来—来往/往来
杀生/生杀—殺生/生殺

第二节　汉日同素逆序词的词义对比

就汉日同素逆序所表示的常见词义来看，大致可分为三种情况。

一、词义基本相同

词所表示的意义相同或接近相同，属于同义词或近义词，可划为"汉日同素逆序同义词"一类。例如：

敬畏—畏敬　　侦探—探偵　　积蓄—蓄積　　欺诈—詐欺　　杂乱—乱雑
脱离—離脱　　治疗—療治　　过滤—濾過　　才学—学才　　敏锐—鋭敏
会面—面会　　贺年—年賀　　健壮—壮健　　搬运—運搬　　得利—利得
士兵—兵士　　缩短—短縮　　减低—低減　　减轻—軽減　　介绍—紹介
显露—露顕　　战败—敗戦　　灭绝—絶滅　　语言—言語　　日期—期日
顺从—従順　　过滤—濾過　　商队—隊商　　衰老—老衰　　盗窃—窃盗
声音—音声/声音　　出现—現出/出現

93

感伤、伤感—感傷　代替/替代—代替　适合/合适—適合
论争/争论—論争/争論　粮食/食粮—糧食/食糧
半夜/夜半—半夜/夜半　动摇/摇动—動摇/摇動
形成/成形—形成/成形　年初/初年—年初/初年
会议/议会—会議/議会　现实/实现—現実/実現
人家/家人—人家/家人　痛苦/苦痛—痛苦/苦痛
著名/名著—著名/名著……

下面对这类汉日同素逆序词的具体词义进行对比。

1. 敬畏—畏敬

汉语"敬畏"指，在面对权威、崇高或庄严事物时所产生的情绪，带有尊敬、畏惧和惊奇的感受。日语「畏敬」指「崇高なものや偉大な人を、おそれうやまうこと」，因此，"敬畏—畏敬"这组汉日同素逆序词都含有"尊敬、畏惧和惊奇"的意义。例句：

我们只有敬畏自然，才能更好地了解自然、利用自然。

彼は自然に畏敬の念を抱きながら、素晴しいネイチャーフォトを沢山とった。

（他怀着对自然的敬畏，拍下了许多美妙绝伦的大自然的照片。）

2. 欺诈—詐欺

汉语"欺诈"指"用狡猾奸诈的手段骗人""以使人发生错误认识为目的的故意行为"，日语「詐欺」指「巧みにいつわって金品をだまし取ったり、相手に損害を与えたりすること。あざむくこと」，因此，"欺诈—詐欺"这组汉日同素逆序词都含有"狡猾地骗取钱财或给别人造成损失"的意义。例句：

商业欺诈是破坏市场经济秩序、以欺骗为手段的不正当竞争行为。

近年、高齢者を狙った詐欺行為が増えている。

（近年瞄准老年人的欺诈行为不断增加。）

3. 适合/合适—適合

汉语的"合适"指"符合主观或客观的要求、条件、情况"，"适合"指"符合；合宜"，日语的「適合」指「条件、状況などに当てはまるこ

と」。例句：

封建社会所谓合适的婚姻，不过是门当户对、郎才女貌等表面条件的契合。

暑假是适合大学生们旅游和社会实践的时间。

時代に適合した教育はまず教育というコンセプトを再認識してからであろう。

（适合时代的教育首先从对教育理念的再认识开始吧。）

4. 痛苦/苦痛—痛苦/苦痛

汉语"痛苦"指"身体和精神上的疼痛苦楚感受或状态"；"苦痛"指痛苦。日语「痛苦」指「痛み苦しむこと。また、そのさま。苦痛」；「苦痛」指「肉体や精神に感じる苦しみや痛み。悩み。苦悩」。因此"痛苦/苦痛-痛苦/苦痛"这组汉日同素逆序词都含有"身体上的疼痛，精神上的苦恼、折磨"等意义。例句：

只有在痛苦中才能获得感悟。

美好总是短暂而干脆，苦痛则被岁月一丝一缕地揪长。

甚だ痛苦なる病に罹ってしまった。（患了非常痛苦的疾病。）

理不尽な苦痛に耐えることに意味は無い。（忍受不可言表的苦痛是没有意义的。）

二、词义同中有异

有些汉日同素逆序词所表示的意义既有重合的部分也有相异的部分，这些词组可划为"汉日同素逆序类义词"的一类。例如：

伴随—随伴　　　　铭刻—刻銘　　　　收买—買収

事物—物事/事物　　责问—責問/問責　　习惯—習慣/慣習

风气—気風/風気　　阶段—階段/段階　　答应/应答—応答

运气—気運/運気

计算/算计—計算　　回收/收回—回収　　积蓄/蓄积—蓄積

和平/平和—和平/平和　　动摇/摇动—動揺/揺動

感情/情感—感情/情感

95

词义同中有异的汉日同素逆序词的绝大多数是日语的词义范围即义项比汉语词要多。

1. 伴随—随伴

汉语和日语都有"陪伴、随同"的意义。但日语的「随伴」还有"关联、相关"的意思。汉语的"伴随"则没有此义。如：

これに随伴する諸問題。（与此有关的各种问题。）

2. 收买—買収

汉语"收买"指"用钱物或其他好处笼络拉拢人，使受利用"。日语的「買収有两个意思，「（土地・建物・工場・会社などを）買い取ること。買い占めること」和「ひそかに利益を与えて味方にすること」。汉语和日语都可以说，"收买了敌方的人"/「敵側の人を買収した」。但日语还可以说，「企業業務の拡大とともに、ほかの会社を買収する方針が固まった」。（随着企业经营的扩大，确定了收购其他企业的方针。）

3. 事物—物事

汉语和日语都有指"物"的意思。日语的「物事」还有指"事情"之意，汉语"事物"则没有此义。如：

物事を始末する。（处理事情）。

4. 风气—気風/風気

汉语的"风气"指"风尚习气；风度"。日语的「気風」指"风气，习气；风度，作风，特性"等。「風気」指"气候；感冒；风俗；高尚品质"。因此汉语的"风气"和日语的「気風」「風気」都有意思类似的地方，但日语的意义更大些。如：

開放的な気風もこんな山中にまで流れて来て居る。（开放的风气也吹进了这山野村落。）

湿然たるは風気なり。（这里的气候很潮湿。）

日语的同素逆序词义项比汉语多的原因是，日语颠倒汉语词汇顺序后，在吸收汉语词汇原义的同时，又赋予了一些新的意义。但也有汉语的义项比日语词多的场合。

1. 铭刻—刻銘

汉语和日语都有"金属制器上刻的文字"的意义。但汉语"铭刻"有"铭记"之意。而日语「刻銘」则没有此义。比如，汉语说"铭刻在心"，日语则只能用「心に銘記する」来表达。

2. 计算/算计—計算

汉语的"计算"有"运算；考虑；谋划"的意思，汉语的"算计"有"计算数目；考虑；打算；估计；暗中谋害"的意思。日语的「計算」有"运算；估算；预测"的意思，没有"暗中谋害"的意思。

三、词义相异

汉日同素逆序词中还有一部分词义不相同，这类词的数量不多。例如：

顺手—手順　细心—心細　检点—点検　行走—走行　出家—家出
安慰—慰安　问责—質問　日时—時日　亲父—父親　接近—近接
素质—素質/質素　担负/负担—負担

1. 安慰—慰安

汉语的"安慰"是"用安顿抚慰的方式减轻痛苦，安抚或鼓励他人"的意思。相对与此，日语的「慰安」是「日頃の労をねぎらって楽しませる」的意思，相当于汉语的"慰劳"。两者的词义完全不同。例如：

小明没能跑第一，老师安慰他"胜败乃兵家常事"。

会社は海外旅行で従業員を慰安する。（公司用海外旅行来慰劳职员。）

2. 顺手—手順

汉语的"顺手"有两个意思，"顺利；没有什么阻碍"和"不用费力地一伸手；顺便"。与此相对，日语的「手順」是「物事をする順序。段取り」的意思，相当于汉语的"顺序；步骤；流程"的意思。两者的词义完全不同。例如：

小王顺手抄起一瓶灭火器冲向了火海。

このマニュアルは実施するための原則と手順である。

（这本操作手册是为实施制定的原则和流程。）

3. 素质—素質/質素

汉语和日语的词素都为"素质—素質"时词义基本相同，表示"人先天的特质；事物本来的性质"，但互为同素逆序词时，日语逆序的「質素」，是指「質朴なこと。倹約なこと。地味なこと」，相当于汉语的"朴素，质朴，节俭"等意思。词义不同。例如：

现在素质教育逐渐在中小学中推广开来。

今質素な暮らしで落ち着いた生活が流行っている。

（现在流行朴素而平静的生活方式。）

4. 担负/负担—負担

汉语和日语的词素都为"负担—負担"时词义基本相同。当互为同素逆序词"担负/負担"时，汉语的"担负"指"承担职务、义务或任务"之意。而日语的「負担」指「義務、責任などを引き受けること」「力量を超えて重すぎる仕事や責任。重荷」。词义不同。例如：

他一个人担负着养家糊口的责任。

費用は全員で負担する。（费用由全体人员分担。）

5. 散发/发散—散発/発散

汉语"散发"是"分发；发出"和"披散着头发"的意思，日语的「散発」指「弾丸を間をおいて撃つこと。物事が連続・集中せず、間をおいて起こること」，即"枪弹散射"和"事件不连续地发生"的意思。

汉语"发散"和日语「発散」都有"光向四周散开"和"数学上的发散状态"的意思。日语「発散」还有"由内向外发出"的意思。当"散发—発散"及"散発—发散"互为同素逆序词时，词义完全不同。例如：

他的眼睛散发着思想的光芒。

最近、この町では放火事件が散発する。（最近，城市中发生了几起放火事件。）

这个数列呈发散状态。（この数例は発散状態である。）

ストレスを発散させる。（消除压力。）

四、感情意义的不同

这类汉日同素逆序词同义或近义，但感情色彩有区别，也就是说在褒贬上汉日不一致。这类词的数量不多。

1. 显露—露顕

汉语和日语都有"露出来"的意思，但日语常用作贬义，是"暴露""败露"的意思，例如：

犯行が露顕して、完全犯罪が成立する。（罪行败露，犯罪完全成立。）

而汉语的"显露"是中性词，不表贬义，即一般"露出来"的意思，如：

他脸上显露出一丝倦意。（彼の顔には一寸疲れた表情が出た。）

2. 算计—計算

汉语和日语都有"打算，盘算"的意思，但汉语常用作贬义，有"暗中谋害"的意思，例如：

他总爱算计别人，谁还愿意和他共事。

職場で誰もが計算高い事は普通のこと。（在公司谁都会为自己打算，太普通了。）

第三节 汉日同素逆序词的词序结构分类

一、联合同构型

这类汉日语同素逆序词的词素之间地位平等、作用相同，按照联合关系组合而成。

(一) 同义联合式

黑暗—暗黑　寂静—静寂　力气—気力　谦恭—恭謙　容许—許容

士兵—兵士　顺从—從順　脱离—离脱　语言—言语　杂乱—乱雑

(二) 反义联合式

迎送—送迎　买卖—売買　表里—表裏/裏表　张弛/弛张—弛張
沉浮/浮沉—浮沈　来往/往来—来往/往来

(三) 类义联合式

风雨—雨風　工商—商工　花草—草花　路线—線路　烟云—雲煙

二、同素异构型

(一) 动宾式—宾动式

汉语和日语由于谓语和宾语位置不同而构成的同素逆序词。例如：
称呼—呼称　告密—密告　贺年—年賀　会面—面会　得利—利得
通风—風通　涂漆—漆塗　向北—北向

(二) 动补式—偏正式

前后词素语素存在说明和被补充说明的关系。汉语中前一个词素表示"动作"，而后面的词素是表示"结果"。日语则与汉语相反，前面表示"结果"，后面表示"动作"。例如：
减低—低減　接近—近接　开展—展開　衰老—老衰　缩短—短縮
出外—外出　战败—敗戦

(三) 偏正式—正偏式

前后词素存在修饰和被修饰、限制和被限制的关系。起修饰和限制作用的词素为"偏"，被修饰和被限制的词素为"正"。例如：
骨气—気骨　每日—日每　铁屑—屑鉄　商队—隊商　上风—風上
字头—頭字　纸型—型紙

（四）其他结构

"动宾式—主谓式"有：跳马—馬跳　　下雨—雨下　　生草（长草）—草生

"主谓式—谓主式"有：日短—短日……等。

第四节　汉日同素逆序词产生的原因

一、汉日汉字词词序的演变

古代汉语基本上是以一个语素构成的单纯词为主。随着语言表达的需要，由两个或几个语素按一定的结构方式组合的合成词逐渐增多。于是出现了双音节词和多音节词。古代汉语中新出现的双音节词的词素次序曾经经历过一个不固定的过渡阶段，使用比较灵活，会出现词序颠倒的现象。造成古代汉语中很多词素意义相同、地位并列而词序颠倒的同素逆序词。[①]比如古代汉语中"安慰"和"慰安"都使用。《后汉书·孝桓帝纪》中记载"百姓饥穷，流冗道路，至有数十万户，冀州尤甚。诏在所赈给乏绝，安慰居业。"《汉纪·平帝纪》中记载"时民皆饥愁，州县不能慰安，又不得擅发兵，故盗贼寖多。"。其他的还有：来往/往来、康健/健康、家室/室家、朋友/友朋等。

随着语言的发展，近代汉语逐渐把颠倒词序作为一种新的构词方式，不需要再创造新词，只要颠倒词素的顺序就可以表达新的意思。于是近代汉语中出现了许多词素意义并不相同对等，前后词素之间有着主次关系的非联合式（非并列式）的同素逆序词。例如，打击/击打、前进/进前、说明/明说、火冒/冒火、下手/手下等。

---

① 曹廷玉. 近代汉语同素逆序同义词探析［J］. 暨南学报（哲学社会科学版），2000，22（5）：57-64.

古代日语在引进古汉语时，也引进了大量多音节合成词，同时将词素顺序颠倒的用法也一并吸收了。这种灵活而便捷的构词方式也促进了日语自创了一部分同素逆序词。特别是近代多音节"和制汉语"的产生更促进了日语同素逆序词的发展。对于都是用汉字词汇的汉日语来说，原本各自就存在同素逆序词，而且这种语言现象从汉语到日语是存在紧密联系的。随着社会的发展和语言表达的需要，在随机的情况下现代汉语保留了一种词序，日语保留了另外一种词序。这样在汉日语中就构成了汉日同素逆序词。比如现代汉语中只存在"安慰"的说法，一般不用"慰安"的说法；现代日语常说"慰安"，一般不会使用"安慰"。当然，这对汉日同素逆序词意义上也存在一定的差别。又例如"侦探"和「探偵」，汉语通常使用"侦探"，日语引进"侦探"后词序发生颠倒，一般只使用「探偵」。

"余时在南京，日使人<u>侦探</u>，问驾帖曾到否？"（明·何良俊，《四友斋丛说·史三》）

"我看见了，<u>侦探</u>跟上了四爷！"（老舍，《黑白李》）

<u>探偵</u>が来て「可能的悪漢」と話していると、隣室から土人娘の子守歌が聞こえる。（寺田寅彦，『映画時代』）

けれどじつは、玄王のことを<u>探偵</u>しているのでした。（豊島与志雄，『金の目銀の目』）

二、汉日语言表达方式的差异

中日文化、思维和社会的差异影响了汉语和日语在语言表达方式上的不同。具体到造句法来说，并不是完全一样的。汉语语法结构采用"S-V-O"结构，即"动宾式"造句法，谓语动词放在宾语前面。这种造句法对汉语构词法的影响是，表示"动作"的词素在前，表示"目标""对象"的词素在后，构成"动宾"型复合词。而日语语法结构采用"S-O-V"结构，即"宾动式"造句法，谓语动词置于宾语之后。那么对日语构词法的影响是，表示"目标""对象"的词素在前，表示"动作"的词素在后，构成"宾动"型复合词。一部分动宾型汉字词被引进日语后，受日语构词法的影响，词序发生了颠倒。例如"避雨—雨避、得利—利得、告

密—密告、贺年—年贺、会面—面会、跳绳—縄跳、涂漆—漆塗、行凶—凶行"等汉日同素逆序词皆由此而生。

汉语语法结构通常把中心语放在定语后面或补语前面。所以对汉语构词的影响是，构成了修饰词素在前、中心词素在后的偏正型复合词和中心词素在前、补充说明词素在后的补充型复合词。而日语语法结构通常是按从属成分在前、主要成分在后排列的。这种造句法对日语构词的影响就是中心词素后置。因此，造成日语汉字词中没有补充型的复合词。例如，汉语补充型复合词"减轻""缩短""脱离""衰老""灭绝"等，其对应的日语同素逆序词「軽減」「短縮」「離脱」「老衰」「絶滅」等都为偏正型。①

三、汉日思维逻辑上的不同

如前所述，汉日语对中心词语的处理存在差异。这种差异不是凭空而来的，与汉民族和日本民族在思维方式和逻辑律上有很大关系。汉民族和日本民族的逻辑律在空间和时序等方面基本是一致的，但在事理上的因果律方面有时存在不同。因此，汉语在事理上一般按照先因后果、先有条件后有结果来安排语序②，如"缩短""接近""战败""脱离"等。而日语在事理上一般按照先说结果和状态、再说原因和条件来安排语序，对应上面几个汉语词汇就变成了「短縮」「近接」「敗戦」「離脱」。同样在心理上的认知律也存在不同。比如动词在句中占有主要地位，但在动词的位置处理上汉语和日语截然不同。汉语通常放在目的语（目标语）之前，表示谓语动词的重要地位。而日语通常将谓语动词置于句末，显示其重要的地位。所以，就有了汉语的"通风""向北""避雨""除虫"等动词置于名词前面的词语，而与之相对应的日语词汇则为「風通」「北向」「雨避」「虫除」。

---

① 娄雪儿. 汉日同素逆序词的对比研究及相关词的教学建议［D］. 上海：上海外国语大学，2013.
② 马新军. 汉语同素逆序构词现象分析［J］. 新校园（上旬刊），2016（3）：188-189.

四、汉日语言的音韵律的影响

由于汉语和日语的音韵律不同，为了适合本民族语言的音韵律，会采用不同词序的汉字词。汉语音韵律包括调序、音节奇偶、排比对偶律。在音节奇偶、排比对偶律影响汉语语序这一认识上，学界似乎已达成共识。认为并列式双音词的字序多受汉语声调的影响（即四声相承顺序为主)①。日语音韵律包括"五音句""七音句""四拍子""复合词的头字多为双音节"等。日本学者通过实验充分证实了，任何人在使用非母语的外国语时都会受到母语音韵的干扰②。所以，可以推断日语原封不动地吸收了汉语后，由于受到日语发音的影响，会将汉语中的一些词语的字序颠倒，以适应日语的音韵律，变得易说易读易写。于是同一汉字词在日语和汉语中就出现了同素逆序词。比如汉语的"和平"，按照本来的顺序，日语应读成「わへい」。由于日语的"复合词的头字多为双音节"，所以日本人将其倒序，变成了"平和"。不过，关于音韵律对汉日同素逆序词到底有多大影响，是如何影响的，还处于粗浅的研究阶段，有效的研究成果还相当稀缺，应该是未来汉日同素逆序词研究的重要方向。

---

① 马新军. 汉语同素逆序构词现象分析［J］. 新校园（上旬刊），2016（3）：188-189.
② 加藤集平，等. 母語干渉が外国語発声の韻律の自然性に与える影響に関する知覚的検討［J］. 信学技報，2011（2）：19-24.

第七章 汉日熟语的对比

第一节 汉日熟语的概念和分类

在汉语和日语中有许多被人们约定俗成的、熟知爱用的词组、短语和短句。例如，汉语中有"掩耳盗铃""露马脚""瑞雪兆丰年""外甥打灯笼——照旧（舅）""留得青山在，不怕没柴烧"等，日语中有「一期一会」「破竹の勢い」「石の上にも三年」「清水の舞台から飛び降りる」等。这些词组、短语和短句用词固定、语义结合紧密、语音和谐，在语言运用时具有生动、深刻、诙谐的意味。因此，语言学界通常把这类具有独特表现力的固定短语和短句称为"熟语"。

尽管熟语的涵盖范围在学术界存在微妙的争议，但综合各家观点熟语主要包括成语、惯用语、歇后语、俗语、谚语和格言等。日语的熟语基本上包括「故事成語」「慣用語」「ことわざ」「俗語」「洒落言葉」「格言」等。姚锡远（1998）用"定义域"的方式为"熟语"做了一个范围的分类。[1] 如下图所示。

---

[1] 姚锡远．"熟语"的种属地位及其定义域［J］．汉字文化，1998（2）：38-42+15.

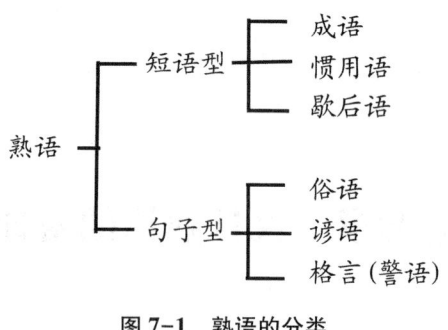

```
                      ┌─ 成语
           ┌─ 短语型 ──┼─ 惯用语
           │          └─ 歇后语
    熟语 ──┤
           │          ┌─ 俗语
           └─ 句子型 ──┼─ 谚语
                      └─ 格言(警语)
```

图 7-1　熟语的分类

一、汉语熟语的分类

（一）成语

成语是人们经常使用的简洁、洗练、定型的短语。成语基本上是从古代相承而沿用至今的固定语言，所以其词义、结构往往不同于现代汉语，它的背后常常与一个故事、典故、传说等相关联。成语多为四个字，也有一些三字和多字的。比如："闭门羹""南辕北辙""唇亡齿寒""挂羊头卖狗肉"等。与其字数相比所携带的信息量却非常多，语言表达生动简洁、形象鲜明、寓意深刻。

（二）惯用语

惯用语是一种习用的固定的词组，既有三音节为主的固定格式，又有比较灵活的结构和强烈的修辞色彩。例如：

以三音节为主的固定格式的惯用语有开门红、台柱子、满堂红、攀高枝、铁公鸡、变色龙、白眼狼、马后炮、穿小鞋、绕弯子、侃大山、耳边风、笑面虎、墙头草、炒鱿鱼等。

结构比较灵活的惯用语有"木头疙瘩""光杆司令""吃不了兜着走""起鸡皮疙瘩""七大姑八大姨""当面鼓对面锣"……

惯用语与成语有一定区别。惯用语一般是从口语发展而来的，口语化强，语义单纯易懂；而成语多从典故和典籍精炼而成，书面语意味较强，

语义丰富、深刻。

(三) 歇后语

歇后语也叫俏皮话, 是汉语的一种特殊语言形式。它一般将一句话分成两部分来表达, 前半句是隐喻或比喻, 后半句是中心意义的解释。在一定的语言环境中, 通常说出前半截, "歇"去后半截, 就可以领会和猜想出它的本意, 所以称它为歇后语。例如:

"芝麻开花——节节高""打破砂锅——问到底""新官上任——三把火""竹篮打水——一场空""泥菩萨过江(河)——自身难保""和尚打伞——无法无天""肉包子打狗——有去无回""狗咬吕洞宾——不识好人心"……

惯用语和歇后语作为短语型的熟语基本上来自民间生产生活的经验, 浓缩了劳动人民的集体智慧而且通俗易懂。

(四) 俗语

俗语是约定俗成、广为流传且形象精练的语句。俗语不同于谚语、歇后语, 但一些俗语又介于谚语、歇后语乃至成语之间。因此不容易明确区分, 一般认为俗语属于长句型的熟语, 而成语、谚语和歇后语属于短语型熟语。俗语来源很广, 有民间的口头创作, 也有诗文名句、格言警句、历史典故等。例如:

"按下葫芦起来瓢""八抬大轿请不去""马无夜草不肥""一把钥匙开一把锁""当面是人背后是鬼""不管三七二十一""三个臭皮匠, 顶个诸葛亮""一方水土养一方人""养兵千日, 用兵一时""大路朝天, 各走半边""台上一分钟, 台下十年功""害人之心不可有, 防人之心不可无"……

(五) 谚语

谚语是劳动人民创造、广泛流行、富有哲理和普遍规律的语句, 是劳动人民丰富智慧和普遍经验的规律性总结。谚语多与农业生产和气象规律

相关。例如：

　　枣芽发，种棉花。

　　今冬麦盖三层被，来年枕着馒头睡。

　　庄稼一枝花，全靠粪当家。

　　春雷响，万物长。

　　立秋摘花椒，白露打核桃，霜降下柿子，立冬吃软枣。

　　日落胭脂红，无雨也有风。

　　朝霞不出门，晚霞行千里。

　　天上钩钩云，地下水淋淋。

（六）格言（警句）

所谓格言（警句）是指对人生经验和规律的总结，具有教育意义和启示作用的精练语句。古今中外的名人名家说过的经典金句和至理名言都可以作为格言（警句）。例如：

　　只要功夫深，铁杵磨成针。——李白
　　故立志者，为学之心也；为学者，立志之事也。——王阳明
　　希望是附丽于存在的，有存在，便有希望，有希望，便是光明。

——鲁迅

　　天才是百分之九十九的汗水加上百分之一的灵感。——爱因斯坦
　　你若要喜爱你自己的价值，你就得给世界创造价值。——歌德
　　我们要把人生变成一个科学的梦，然后再把梦变成现实。——居里夫人

　　人的一生是短的，但如果卑劣地过这一生，就太长了。——莎士比亚

二、日语熟语的分类

日语认为「漢字文化圏において、熟語と称する語は、2字以上の漢字が結合した言葉のことである」。① 日语熟语指的是2个字以上的汉语复

---

① 『ベネッセ表現・読解国語辞典』ベネッセコーポレーション．2003 年 5 月．

合词或合成词，与汉语的熟语在概念上有一定差别。因此，日语对熟语的分类也没有一个统一的标准。可以按字数、来源、构词方式等进行分类。

（一）按字数来分的日语熟语

二字熟语有：薔薇、瑠璃、麒麟、押忍、弱虫、松平、借民；

三字熟语有：大黒柱、空残業、火星文、想定外、八百長；

四字熟语有：悪口雑言、暗中模索、一期一会、以心伝心、傍目八目、疑心暗鬼、魚目燕石、厚顔無恥、鯨飲馬食、不偏不党、捲土重来、四苦八苦、十人十色、単刀直入、独立不羈、肉山脯林、破顔一笑、八方美人、万物流転；

四字以上的熟语有：喧嘩両成敗、五十歩百歩、井戸端会議、十重二十重、豪華一点主義……等。

（二）按来源来分的日语熟语

现在收录四字熟语数量最多的『新明解四字熟語辞典』（三省堂，1998年），按照来源将熟语分成了6个类别。[1]

（1）从现代社会的语言生活中产生的四字熟语，如「官官接待」「総量規制」等；

（2）从日本古代就经常被使用的四字成语、格言，如「手前味噌」「手練手管」等；

（3）来自中国典籍的典故转化的成语，如「臥薪嘗胆」「櫛風沐雨」等；

（4）来自佛经和佛教用语的四字熟语，如「色即是空」「四苦八苦」等；

（5）被认为是加入了"之"字的四字熟语，如「背水之陣」「一炊之夢」等；

（6）一般都用训读来使用，但是可以音读的四字熟语，如「燈火可

---

[1] 新明解四字熟語辞典［K］.东京：三省堂. 2013.

親」「先従隗始」等。

（三）按构词法来分的日语熟语

日语熟语（仅指汉字词）按照构词方式分为三个大的类别，统语构造、并列构造和其他构造。统语构造又被分为主述构造、补足构造、修饰构造、认定构造；并列构造又被分为类义并列和反义并列；其他构造包括动补构造、联动构造、存现构造。以日语二字熟语为例，具体见表7-1。

表7-1 日语二字熟语的构词分类

构词方式		熟语	备注
统语构造	主述构造	雷鳴（らいめい）	叙述语为动词。训读为「雷(かみなり)鳴(な)る」。
		年長（ねんちょう）	叙述语为形容词。训读为「年(とし)長(たか)し」。
	补足构造	飲酒（いんしゅ）	"动词+目的语"的形式。训读为「酒(さけ)を飲(の)む」。
		即位（そくい）	"动词+补语"的形式。训读为「位(くらゐ)に即(つ)く」。
	修饰构造	美人（びじん）	形容词作修饰语，名词为被修饰语。训读为「美(うつく)しき人(ひと)」。
		月光（げっこう）	修饰语、被修饰语都为名词。训读为「月(つき)の光(ひかり)」。
		流水（りゅうすい）	动词作修饰语，名词为被修饰语。训读为「流(なが)れる水(みづ)」。
		既知（きち）	副词作修饰语，动词为被修饰语。训读为「既(すで)に知(し)る」。
		多読（たどく）	形容词作修饰语，动词为被修饰语。训读为「多(おほ)く読(よ)む」。
	认定构造	可憐（かれん）	"可能助动词+动词"的形式。训读为「憐(あは)れむべし」。
		被覆（ひふく）	"被动助动词+动词"的形式。训读为「覆(おほ)はる」。

续表

构词方式		熟语	备注
并列构造	类义并列	身体(しんたい)	两个意思相近的名词并列。训读为「身(み)と体(からだ)と」。
		永久(えいきゅう)	两个意思相近的形容词并列。训读为「永(なが)くて久(ひさ)し」。
		把握(はあく)	两个意思相近的动词并列。训读为「把(と)りて握(にぎ)る」。
		山河(さんが)	两个相互对照的名词并列。训读为「山(やま)と河(かは)と」。
	反义并列	東西(とうざい)	两个意思相反的名词并列。训读为「東(ひがし)と西(にし)と」。
		美醜(びしゅう)	两个意思相反的形容词并列。训读为「美(うつく)しきと醜(みにく)きと」。
		往来(おうらい)	两个意思相反的动词并列。训读为「往(ゆ)くと来(く)ると」。
其他构造	动补构造	矯正(きょうせい)	「矯」和「正」是前因后果的关系，说明了动作产生的结果或状态。训读为「矯(た)めて正(ただ)す」。
		征服(せいふく)	「征」和「服」是前因后果的关系，说明了动作产生的结果或状态。训读为「征(う)ちて服(したが)はす」。
	联动构造	借用(しゃくよう)	「借」和「用」表示了多个动作连续进行。训读为「借(か)りて用(もち)いる」。
	存现构造	降雨(こうう)	正在下雨。表示事物的存在、出现和消失。训读为「雨(あめ)降(ふ)る」。
		多雨(たう)	雨下得多了。表示事物的现存状态。训读为「雨(あめ)多(おほ)し」。

资料来源：①藤堂明保．『漢語と日本語』．秀英出版．1969（5）：61-64，75，78 頁。②貝塚茂樹ら．『漢和中辞典』．角川書店．1959（4）：1291-1296 頁。③亀井孝ら．『言語学大辞典』第 6 巻．三省堂．1996：560 頁。④林四郎．「日本語 2 字漢語の意味核」．『コンピュータと言語』．応用言語学講座第 5 巻．明治書院．173 頁。⑤鈴木敏雄．「漢語語彙概論（初等国語講義）資料」．兵庫教育大学，2010（8）。

　　二字以上的熟语也可以按照此结构进行分类。比如「大黒柱」的结构式为「大+黒柱」→「大」+「黒+柱」。「柱」是被修饰语，「大」和「黒」是修饰语。所以，「大黒柱」属于"修饰构造"。又如「一意攻苦」的中心词是动词「攻」，「一意」和「苦」都是副词，用来修饰「攻」的。所以，「一意攻苦」也属于"修饰构造"。

（四）与汉语相似的分类

　　日语对熟语的定义比较笼统，几乎所有两个汉字组成的固定汉字词都可以划归熟语的范围之内，以至于一些专有名词也被划入熟语。比如「国際連盟」「焼肉定食」「漢字検定」等竟然被认为是"四字熟语"。很明显这些词职能划归专有名词而非熟语。日本学术界对日语熟语的范围限定虽有争议，但不论其来源于中国还是日本，仍然强调从古至今"定着"下来的短语或短句。这样一来，日语熟语与汉语的分类几乎一致了。符合这个条件的日语熟语包括,「故事成語」「慣用句」「ことわざ」「俗語」「四字熟語」「格言」等。

　　『大辞林』第三版（三省堂，2006）对上述日语熟语的具体类别作了解说。内容如下：

　　　　ことわざとは、昔から人々の間で言いならわされた、風刺・教訓・知識・興趣などをもった簡潔な言葉。「ごまめの歯ぎしり」「朱に交われば赤くなる」「出る杭はうたれる」「東男に京女」などの類。

　　　　慣用句とは、①二語以上が結合し、その全体が一つの意味を表すようになって固定したもの。「道草を食う」「耳にたこができる」

の類。慣用語。イディオム。②二語以上が、きまった結びつきしかしない表現。「間髪を入れず」「悦に入る」の類。慣用語。イディオム。

故事成語とは、故事に基づいてできた言葉。中国の故事に由来するものが多い。「矛盾」「画竜点睛」「虎の威を借る狐」の類。成句。

四字熟語とは、漢字四字で構成される熟語・成句。「一日千秋」「傍若無人」など。

格言とは、短い言葉で、人生の真理や処世術などを述べ、教えや戒めとした言葉。「石の上にも三年」「沈黙は金」など。金言。

俗語とは、①（詩文に用いる雅語に対して）日常会話に用いる言葉。俗言。口語。俗話。主に明治期に用いられた用語。②（標準的な口語に対して）あらたまった場では用いにくい、くだけた言葉。スラング。さとびごと。俚言りげん。

根据『大辞林』的解释，日语对熟语分类和定义与汉语相比并没有太大差别。因此本章把汉语和日语的熟语，按照汉语分类标准进行了统一分类然后对比。

第二节　汉日同源熟语的对比

现代汉语和现代日语中有很多熟语来源于中国古代的典故、典籍和汉译佛经。其中约50%来自中国的古籍，其他来源比如西方圣经、名人警句等。[1] 这些汉日熟语既有形义相同，也有形义相近的。因此，同源汉日熟语可以分为同形和变形两种。

---

[1] 黄靖．汉日成语谚语对比研究［D］．武汉：华中科技大学，2004．

一、同源同形汉日熟语

同源同形汉日熟语基本上以四字成语为主。这部分成语大多来源于汉语古籍。例如：

"温故知新"出自《论语·为政》："子曰：'温故而知新，可以为师矣。'"

"玩物丧志"出自《尚书·旅獒》："不役耳目，百度惟贞，玩人丧德，玩物丧志。"

"朝三暮四"出自《庄子·齐物论》："狙公赋芧，曰：'朝三而暮四。'众狙皆怒。曰：'然则朝四而暮三。'众狙皆悦。"

"四面楚歌"出自《史记·项羽本纪》："项王军壁垓下，兵少食尽，汉军及诸侯兵围之数重。夜闻汉军四面皆楚歌，项王乃大惊，曰：'汉皆已得楚乎？是何楚人之多也。'"

"卷土重来"源于唐代杜牧《题乌江亭》："胜败兵家事不期，包羞忍耻是男儿。江东子弟多才俊，卷土重来未可知。"

"汗牛充栋"出自唐代柳宗元《陆文通先生墓表》："其为书，处则充栋宇，出则汗牛马。"

"一知半解"出自宋代严羽《沧浪诗话·诗辨》："有透彻之悟，有但得一知半解之悟。"

"卧薪尝胆"出自宋代苏轼《拟孙权答曹操书》："仆受遗以来，卧薪尝胆，悼日月之逾迈，而叹功名之不立，上负先臣未报之忠，下忝伯符知人之明。且权先世以德显于吴，权若效诸君有非常之志，纵不蒙显戮，岂不坠其家声耶？"

（一）汉日同源同形同义的四字成语

四字成语由中国传到日本后，大多数保持原义。由于中国和日本都经过了文字变迁，个别成语的字形多少有些变化。但字源相同仍属于同形字。下表列出的是汉日语中来源于中国典故和汉语典籍的使用频度相对较高的同源同形同义四字成语。

表7-2 来源于中国典故和汉语典籍的同形同义四字成语

汉语	日语	汉语	日语
自由自在	自由自在	半信半疑	半信半疑
自给自足	自給自足	弱肉强食	弱肉強食
有名无实	有名無実	诚心诚意	誠心誠意
温故知新	温故知新	独断专行	独断専行
一举两得	一挙両得	百战百胜	百戦百勝
一衣带水	一衣帯水	百家争鸣	百家争鳴
意味深长	意味深長	空前绝后	空前絶後
急转直下	急転直下	大同小异	大同小異
一举一动	一挙一動	大器晚成	大器晩成
一望无垠	一望無垠	利害得失	利害得失
一视同仁	一視同仁	烟波缥缈	煙波縹渺
一知半解	一知半解	四通八达	四通八達
一刻千金	一刻千金	面目一新	面目一新
行云流水	行雲流水	断章取义	断章取義
博学多才	博学多才	不得要领	不得要領
一字千金	一字千金	古往今来	古往今来
名存实亡	名存実亡	进退两难	進退両難
破镜重圆	破鏡重円	酒池肉林	酒池肉林
九死一生	九死一生	九牛一毛	九牛一毛
一目十行	一目十行	举足轻重	挙足軽重
纸上谈兵	紙上談兵	装模作样	装模作様
天长地久	天長地久	安居乐业	安居楽業
饮水思源	飲水思源	高山流水	高山流水
山高水长	山高水長	镜花水月	鏡花水月
爱屋及乌	愛屋及烏	衣锦还乡	衣錦還郷
安居乐业	安居楽業	威风凛凛	威風凛凛
按图索骥	按図索驥	以貌取人	以貌取人

续表

汉语	日语	汉语	日语
暗送秋波	暗送秋波	因循守旧	因循守旧
暗渡陈仓	暗渡陳倉	因小失大	因小失大
安如泰山	安如泰山	隐姓埋名	隠姓埋名
按部就班	按部就班	阴谋诡计	陰謀詭計
安分守己	安分守己	乌合之众	烏合之衆
按兵不动	按兵不動	纡回曲折	紆余曲折
意味深长	意味深長	辗转反侧	輾転反側
以夷制夷	以夷制夷	雨过天晴	雨過天晴
移花接木	移花接木	英姿飒爽	英姿颯爽
委曲求全	委曲求全	远走高飞	遠走高飛
横行霸道	横行霸道	开卷有益	開卷有益
横眉怒目	横眉怒目	改弦易辙	改弦易轍
卧薪尝胆	臥薪嘗胆	开源节流	開源節流
隔靴搔痒	隔靴搔痒	解甲归田	解甲帰田
外柔内刚	外柔内剛	回光返照	回光返照
画龙点睛	畫竜点睛	海市蜃楼	海市蜃楼
眼高手低	眼高手低	改邪归正	改邪帰正
肝胆相照	肝胆相照	回心转意	回心転意
玩物丧志	玩物喪志	海底捞月	海底撈月
改过自新	改過自新	改头换面	改頭換面
快马加鞭	快馬加鞭	天真烂漫	天真爛漫
卷土重来	卷土重来	天衣无缝	天衣無縫
王道乐土	王道楽土	时时刻刻	時時刻刻

资料来源：①俞鸣蒙.日中四字熟語・成語に関する調査研究［J］.摂南大学人文科学，2018（1）：117-136.②新明解四字熟語辞典［K］.東京：三省堂.2013.

汉日同源同形同义四字成语除了出自中国典故和汉语典籍以外，还有源自汉译佛教经书和佛教用语的四字成语。例如：

六道轮回（六道輪廻）、唯我独尊、大慈大悲、梦幻泡影（夢幻泡影）、单刀直入（単刀直入）、生老病死、极乐世界（極楽世界）等。

还有极个别的，来自其他宗教。例如源自基督教的"三位一体"。

另外，"和制熟语"也是汉日同源同形同义四字成语的一个来源，不过数量较少。例如"一石二鸟（一石二鳥）"在汉日语中都被使用，但其真正出处是日本人仿制"一箭双雕"的结果。"富国强兵"产生于日本明治时代，后被介绍到中国被广泛使用。

汉日同源同形同义熟语主要以四字成语为主，但也有极个别的三字成语。例如：破天荒、急先锋、桥头堡（橋頭堡）、集大成、大团圆（大団円）、门外汉（門外漢）等。

（二）汉日同源同形异义的四字成语

虽然起源于中国典故和汉语典籍而同源同形，但有的四字成语经过长期使用的变化，在汉语和日语中的意义发生了变化，存在一定的差异。这类四字成语可称为"同源同形异义"。例如：

"朝三暮四"的原意是指"实质不变，用改换名目的方法使人上当"。在现代汉语中指"某人的想法和主张很容易改变"，然而在现代日语中指"用花言巧语欺骗他人"。日语的用法更接近"朝三暮四"的原意。例如：

一旦有了目标就要做下去，千万不能朝三暮四，否则最后只会一事无成。

商品そのものの値段を下げる代わりに送料を高くする商売は朝三暮四の悪い例かもしれない。（把商品降价同时提高送货费的销售可以认为是一种巧立名目欺骗顾客的坏例子。）

"一刀两断（一刀両断）"的原意是指"一刀斩为两段"。现代汉语比喻"坚决断绝关系"，然而在现代日语中比喻"当机立断，快速处理"。例如：

我跟她早已一刀两断，现在形同路人。

まさに一刀両断のもとに社長の一言で会社の倒産が決定した。

（简直就像快刀斩乱麻，社长的一句话决定了公司的破产。）

"落花流水"的原意是形容"暮春景色衰败"。现代汉语用来比喻"被打得大败"。现代日语形容"男女相互爱慕，心心相映"。例如：

虽然敌人有着精良的军备，但仍然被我们打得落花流水。

あの夫婦はいつもお互いのことを大切にしていて、きっと落花流水の情なのだろうな。

（那对夫妇总是彼此珍惜，一定是情意相投的吧。）

"八面玲珑（八面玲瓏）"的原意指"窗户明亮轩敞"。现代汉语形容"人处世圆滑，待人接物面面俱到"。现代日语形容"美丽而鲜明的事物。或者为人清纯、心地善良"。例如：

作为一名推销员，必须练就一身八面玲珑的本事。

富士山がどこから見ても整った円錐形なのが八面玲瓏といわれる。

（富士山被认为无论从哪个角度看，都是规整的圆锥形，美丽而壮观。）

二、汉日同源变形熟语

汉日同源变形熟语的来源不仅有中国古代的典故、汉语典籍、汉译佛经，还有来自西方的寓言、典故、名人名言等。熟语的形式上，成语仍占比较大的部分，还包括谚语（ことわざ）、格言等。

（一）汉日同源变形同义成语

中国的四字成语传到日本后，成语的本意未变，但字数缩减成两个字或三个字的情况。如表7-3所示。

表7-3 日语为二字、三字情况的汉日同源变形同义成语

四字变成二字同义成语		四字变成三字同义成语	
自相矛盾	矛盾（むじゅん）	不可思议	不思議（ふしぎ）
墨守成规	墨守（ぼくしゅ）	不知廉耻	破廉恥（はれんち）

续表

四字变成二字同义成语		四字变成三字同义成语	
杞人忧天	杞憂（きゆ）	短兵相接	短兵急（たんぺいきゅう）
守株待兔	守株（しゅちゅう）	一家之言	一家言（いっかげん）
完璧归赵	完璧（かんぺき）	千钧一发	間一髪（かんいっぱつ）
画蛇添足	蛇足（だそく）	海市蜃楼	蜃気楼（しんきろう）
敬而远之	敬遠（けいえん）	形而上学	形而上（けいじじょう）
三顾茅庐	三顧（さんこ）	自甘堕落	自堕落（じだらく）
醍醐灌顶[1]	灌頂・潅頂（かんじょう）	世外桃源	桃源郷（とうげんきょう）
吉祥如意[2]	吉祥（きちじょう）	无边无际	無辺際（むへんざい）
		摩天大楼	摩天楼（まてんろう）

注释：①"醍醐灌顶"来自佛教。指修行成佛时的仪式。②"吉祥如意"来自佛教。"吉祥"指"吉祥天女"（又称功德天女），"如意"为佛教器物名。

资料来源：①新明解四字熟語辞典［K］. 东京：三省堂. 2013；②松村明. デジタル大辞泉［K］. 东京：小学館. 2018。

中国的四字成语传到日本后，成语的本意未变，但个别字或字序发生了改变。例如表7-4所示。

表7-4 汉日同源变形同义四字成语

汉语	日语	汉语	日语
异口同声	異口同音	起承转合	起承転結
金科玉律	金科玉条	一日三秋	一日千秋
前所未闻	前代未聞	异曲同工	同工異曲
随机应变	臨機応変	光明正大	公明正大
意气相投	意気投合	三五成群	三三五五
品行端正	品行方正	三寸之舌/三寸不烂之舌	舌先三寸
大书特书	特筆大書	不省人事	人事不省
是非曲直	理非曲直	半死不活	半死半生
独一无二	唯一無二	名胜古迹	名所旧跡

续表

汉语	日语	汉语	日语
日新月异	日進月歩	贤妻良母	良妻賢母
优柔寡断	優柔不断	前所未闻	前代未聞
十有八九/十之八九	十中八九	大千世界	三千世界
专心一意	一意専心	左顾右盼	右顧左眄
虎头蛇尾	竜頭蛇尾	疑神疑鬼	疑心暗鬼
因果报应*	因果応報*	立地成佛*	即身成仏*
生死轮回*	輪廻生死*	大彻大悟*	大悟徹底*
往生净土*	極楽往生*/極楽浄土*	以苦为乐*	抜苦与楽*

注释：带"*"号的成语出自汉译佛教经书和典故。

资料来源：①俞鸣蒙．日中四字熟語・成語に関する調査研究［J］．摂南大学人文科学，2018（1）：117-136；

②日本文化研究ブログJapan Culture Lab，https：//jpnculture.net/gojijukugo/；

③四文字熟語辞典，http：//hanntaigo.main.jp/yonmoji/。

（二）汉日同源变形异义成语

中国的四字成语传到日本后，字形发生了改变同时语义也有所变化。这类成语可以称作"同源变形异义成语"。数量极少。例如：

"风花雪月"和「花鳥風月」。"风花雪月"出自宋・邵雍《伊川击壤集》序："虽死生荣辱，转战于前，曾未入于胸中，则何异四时风花雪月一过乎眼也。"原指旧时诗文里经常描写的自然景物。通常指"男女爱慕之情"。成语用词华丽但并无内涵。例如：

他是个工作狂，认为男女间的风花雪月只是在浪费时间。

「花鳥風月」保留了原义"自然美景"的意思，同时增加了"以自然风景为题材创作诗歌和绘画的风雅娱乐"的意思。例如：

その中に私等一家はイヨイヨ貧窮して来て、お祖父様も花鳥風月を友とする事が出来なくなられたらしい。（这其中也有我们一家，渐渐陷入贫穷，祖父好像也不能把风花雪月当作老友一起游戏了。）

"议论风发"和「談論風発」①。"议论风发"出自元·戴良序《申屠先生墓志铭》："平居议论风发，品藻古今人物，亹亹不能休，座客闻之，率为之夺气。"形容"谈论广泛、生动而又风趣。"「談論風発」形容"谈话和议论活跃而热烈。"二者都形容了谈论时生动热闹的场面，但偏重不一样。前者偏重谈论内容的性质，后者偏重谈论时的气氛。

（三）汉日同源异形同义的谚语和格言

如前所述，大量中国古代的谚语和格言被输入日本后，为了更符合日本人的思维和阅读习惯，日本人将这些谚语和格言改造成了日语的风格。例如：

「我が心石にあらず、転ずべからず」出自《诗经·齐风·南山》："我心匪石，不可转也。"

「良薬口に苦し」出自《孔子家语·六本》："良药苦于口而利于病，忠言逆于耳而利于行。"

「孝行のしたい時分に親はなし」出自《孔子家语·卷二·致思第八》："子欲养而亲不待。"

「井の中の蛙、大海を知らず」出自《庄子·秋水》："井蛙不可以语于海者，拘于虚也。"

「鷸蚌の争い」源自《战国策·燕策》："蚌方出曝，而鹬啄其肉，蚌合而箝其喙。鹬曰：'今日不雨，明日不雨，即有死蚌！'蚌亦谓鹬曰：'今日不出，明日不出，即有死鹬！'两者不肯相舍，渔者得而并禽之。"

「滄海変じて桑田となる」出自晋·葛洪《神仙传·麻姑传》："麻姑自说云，接待以来，已见东海三为桑田。"

「邯鄲の夢」源自唐·沈既济《枕中记》："卢生在邯郸客店中遇道士吕翁，用其所授瓷枕，睡梦中历数十年富贵荣华。及醒，店主炊黄粱

---

① 有学者认为「談論風発」是一个和制熟语，是「談論」+「風発」的合成。出自《后汉书·郭大传》、杨雄的《河东赋》和韩愈的《柳子厚墓志铭》。参考论文：夏剛. 言語の異同に見る日中の「文化緣」と「文化溝」（1）. 立命館国際研究. 30-1, June 2017.

未熟。"

汉日同源异形同义的谚语和格言中，除了来源于大量中国古代的典故和汉籍之外，还有一部分来自外国的故事、寓言、格言（警句）等。例如：

"龟兔赛跑"和「うさぎとかめ」出自古希腊的《伊索寓言》。

"火中取栗"和「火中の栗を拾う」"出自法国诗人，拉・封丹的寓言《猴子与猫》。

"以眼还眼，以牙还牙"和「目には目歯には歯」的出处为《圣经》旧约的《申命记》："以眼还眼，以牙还牙，以手还手，以脚还脚。"。

"偷食禁果"和「禁断の木の実は甘い」出自旧约《圣经・创世记》中亚当和夏娃偷吃伊甸园"知善恶树"上果实的故事。

"条条大路通罗马"和「全ての道はローマに通ず」出自拉・芬蒂娜（法国诗人）写的寓言《法官与修道士与隐者》中的一句话"Toutes les routes mènent à Rome"。

"我思故我在"和「我思う故に我あり」"出自笛卡尔（法国著名的哲学家、数学家、物理学家）的名言"Je pense donc je suis"。

可见汉日熟语中同源异形同义语的来源是非常广泛的。表 7-5 还罗列了一部分其他的汉日同源异形同义熟语。

表 7-5　汉日同源异形同义熟语

汉语	日语
青出于蓝而胜于蓝	青は藍より出でて藍よりあおし
塞翁失马，焉知非福	人生万事、塞翁の馬
好事不出门，恶事传千里	悪事千里を走る
五十步笑百步	五十歩百歩
千里之行始于足下	千里の行も足元から
如履薄冰	薄氷をふむ
百闻不如一见	百聞は一見に如かず
手下留情	お手柔らかに

续表

汉语	日语
光阴似箭	光陰矢の如し
后悔莫及	後悔先に立たず
三十六计，走为上策	三十六計逃げるに如かず
求大同存小异	小異を捨てて大同につく
做事在人，成事在天	人事を尽くして天命を待つ
有备无患	備あれば患なし
隔岸观火	対岸の火事
大事由小事引起	大事は小事より起る
背水一战	背水の陣
早起三分利	早起き三文の徳
门庭若市	門前市をなす
万事开头难	何事も初めが難しい
远亲不如近邻	遠い親戚より近くの他人
目不识丁	目に一丁字もない
千里之堤，溃于蚁穴	千里の堤もアリの一穴から崩れる
浪子回头金不换	道楽息子の改心は黄金をもってしても換え難い
如影随形	影の形に添うが如く
后悔莫及	後悔先に立たず

出处：①藤本恒．私の実践中国語（11）日中成語・ことわざ［J］．日中経協ジャーナル，1999，3（64）：91-94．②伊地智善継．中国語辞典［K］．东京：白水社．2002．

第三节　汉日不同源熟语的对比

汉日语中，中日两国各自根据本民族的历史典故、民间传说、生活经验等自创的熟语也占了相当的比例。这部分熟语可以称作"汉日不同源熟

语"。汉日不同源熟语对日语的存在来说尤为重要。因为大多数日语熟语是在汉语熟语的基础上直接引进，或借用、或改造而成的。在很大程度上留下了很深的汉语烙印。汉日不同源熟语中的日语熟语为日本原创，也被称为"和制熟语"，在一定程度上反映了日本民族的文化特点、思维方式和民族智慧。在第一节和第二节中，介绍汉语熟语分类的同时也对其来源作了介绍。因此，本节首先对日本自创熟语的来源做个简单的介绍。

一、日本自创熟语的来源

（一）来源于古汉语典故和典籍

日本原创熟语中虽有一部分出自中国的历史典故、传说等汉语典籍，但却是日本自创的熟语。例如：

（1）「擲果満車」出自《晋书·潘岳传》："岳美姿仪，辞藻绝丽，尤善为哀诔之文。少时常挟弹出洛阳道，妇人遇之者，皆连手萦绕，投之以果，遂满车而归。"比喻非常有人气，或形容美少年。女性对男性示好之意。

（2）「夜雨対牀」出自苏轼《送刘寺丞赴余姚》"中和堂后石楠树，与君对床听夜雨。"比喻兄弟或友人关系亲密。「牀」指床，「对牀」指床铺相连。

（3）「没暁漢」的"没分晓"在中国古代戏曲、小说和诗词中时常出现。例如：

元·乔吉《一枝花·杂情》套曲："堪笑这没分晓的妈妈，则抱得不啼哭娃娃。"

元·施耐庵《水浒传》第十六回："杨志道：'你也没分晓了，如何使得！'"

清·郑燮《潍县署中寄舍弟墨第一书》："若一部《史记》，篇篇都读，字字都记，岂非没分晓的钝汉！"

"没分晓"的意思是"不明事理，糊涂"。"没分晓"加上"汉"变成了名词，专指"不懂道理的男人。糊涂虫。"则是日本人创造的。

（二）来源于日本的历史事件和典故

（1）「小田原評定」也是个著名的历史典故。天正十八（1590）年，小田原城主北条氏直被丰臣秀吉的军队大举包围。北条氏在城中召集文武重臣商量议和。会议很长，半天没有结果，被丰臣秀吉一举消灭了。这个典故比喻"拖延时间而毫无进展的商议。议而不决的会议。"

（2）「鎧袖一触」出自『日本外史』："平安时代的武将源为朝，在参战保元之乱的时候，口出壮语，'我只要用铠甲稍微碰触一下，平清盛那帮家伙就自己倒下去了（清盛輩の如きに至りては、臣が鎧袖一触、皆自ら倒れんのみ）'。"这个典故比喻"极其容易打败对方。不堪一击。"

（三）来源于汉译佛经和佛教日本化的教义

日本的佛教起初从中国间接引进汉译佛经，后来日本僧人在研究和弘扬佛教的过程中将其本土化，又产生了日本佛教十三宗。因此许多四字熟语就来自日本根据佛教自创的。例如：

因縁生起、只管打坐、他力本願、諸行無常、二河白道、摂取不捨、破邪顕正

殺生禁断、迦陵頻伽、生者必滅、名聞利養、愛別離苦、造仏供養、言語道断

念仏往生、啐啄同時、一蓮托生、悪人正機、自業自得、四苦八苦……

另外，有个别来自基督教的，比如「霊肉一致」等。

（四）来源于民间的故事、传说和风俗等

任何民族都有自己的智慧，日本民族也是如此。一些流传于日本民间的故事、传说和风俗等被加工提炼后成为认知度较高的日本成语、谚语等。例如：

（1）「鯖を読む」，传说在鱼市，为了保持鲭鱼的鲜度，鱼贩数鱼的速度都很快，经常会比实际的数量多一点少一点。比喻"敷衍了事、打马

虎眼"。

（2）「寝た間は仏」的意思是，不管是谁，睡着了的时候，都没有了私心杂念，像佛一样。

（3）「八百長」，传说有个八百屋的长官经常和一位年长者比赛摔跤。八百长有绝对实力战胜年长者，但他总是假装很认真地比赛却让结果保持一胜一负。比喻"故作认真比赛，却暗地里操控结果。"

（4）「河童の川流れ」，擅长游泳的河童（水怪）也有被大水冲走的时候。比喻"有本领的人也有失败的时候。不用太介意。"

（5）「三日坊主」，「坊主」指"僧人、和尚；光头"。原意是出家后无法忍受修行之苦，过了三天就还俗的僧人。比喻"没有常性的人。三天打鱼，两天晒网。"

下面是出自日本民间故事的日本自创熟语，例如：

（1）「開けて悔しき玉手箱」，说的是浦岛太郎的故事。浦岛太郎是一个渔夫。一天救了一只被儿童欺负的老乌龟，这是只龙宫的神龟。于是太郎被老乌龟带到龙宫，并得到龙王女儿的款待。在龙宫待了一段时间，太郎想回家了。临别之时，龙女赠他一玉盒，告诫千万不要打开。太郎回家后，发现认识的人都不在了。他打开了玉盒，盒中冒出白烟把太郎化为老翁。比喻"做了不该做的事，后悔莫及"。

（2）「鶴の恩返し」，说的是一只仙鹤报恩的故事。一个严寒的冬天，有个老大爷救了一只被捕鸟的圈套困住的白鹤。白鹤是只仙鹤，为了报答老大爷的救命之恩，化作美丽的姑娘来到老大爷和老大娘一家，为其织锦。但要求她工作时不能参观。可老大娘没有遵守诺言，偷看到工作时仙鹤的原形。仙鹤察觉后，谢恩飞走了。这个童话谕示了"不遵守诺言，必将失去宝贵的东西"的道理。

日本自创熟语还有的来源于民间风俗。例如：

「清水の舞台から後ろ飛び」，日本江户时代，有人认为"如果从清水寺后面高崖舞台上跳下去的话，愿望就可以实现。即使死了也可以成佛"。从1694年到1872年，跳下去的人络绎不绝。1872年强令禁止才算平息。这个风俗演化的熟语比喻"以拼死的决心来完成某事。孤注一掷。"

（五）来源于日本诗歌和戏剧

（1）「酒屋へ三里豆腐屋へ二里」，出自江户时代的狂歌大师——岸文笑，又名"頭光"的『万代狂歌集』：「ほととぎす自由自在に聞く里は、酒屋へ三里豆腐屋へ二里」。形容"非常偏僻、生活不便的农村。穷乡僻壤。"

（2）「門松は冥途の旅の一里塚」，出自室町时代的名僧、诗人，一休宗纯的狂歌。原意为"门松是接近冥途的一里坟墓"。门松本来是庆贺新年到来的吉祥之物。但在一休看来却是离死亡又接近了一步，没有什么值得庆贺的。颇有"每至新岁伤老大"的意味。

（六）来源于生产和生活经验

日本民族在长期的生产和生活实践中，总结了大量有益的经验并加工浓缩成谚语和惯用句等，其中关于气象、农业、食品、健康方面的较多。例如：

1. 与气象相关的熟语

「朝霧は雨、夕霧は晴れ。」（朝雾有雨，晚雾天晴。）

「朝虹は雨、夕虹は晴れ。」（早上的彩虹要下雨，傍晚的彩虹会天晴。）

「夕焼けは晴れ。」（火烧云要天晴。）

「月に傘がかぶると雨。」[月亮打伞（有月晕）要下雨。]

「猫が耳をこすると雨。」（猫掏耳朵要下雨。）

「暑さも寒さも彼岸まで」（冷也好热也好，只到春分和秋分前后。）

2. 与农业劳作相关的熟语

「精農は土をつくる。」（精耕细作，土壤肥。）

「稲作りは、一水に二肥。」（种稻子，一要水二要肥。）

「深耕すれば金が出る。」（只要深耕，收获如金。）

「秋の一日、春の七日。」（秋季耕作迟一日，等于春天迟七日）。即"秋天的日照一天比一天短，所以农作物晚一天耕作，相当于春天晚七

127

天"。

「秋の夕焼け鎌を研げ。」（秋天火烧云，快把镰刀磨）。即"秋天傍晚有火烧云，次日多晴天。为准备好田间劳作，赶快把镰刀磨一磨"。

3. 与食品和健康相关的熟语

「鯛も一人はうまからず。」（一个人吃鲷鱼，不美味）。即"豪华食物一个人享用，并不觉得美味，大家分享才最好"。

「みそ汁は朝の毒消し。」（早上喝酱汤可解毒）。

「シイタケを食べて酒を飲むと酔いやすい。」（松茸就酒容易醉）。

「笑う門には福来る。」（笑口常开，福自来。）

「腹八分目に医者いらず」（常吃八分饱，不用看医生。）

二、汉日不同源熟语的对译

汉日不同源的熟语来源比较零散、种类繁多，例如历史典故、词曲歌赋、民间故事等。要了解整个汉日不同源熟语的特点是非常困难的，尤其是一些带有隐喻和引申含义的熟语翻译起来更为不易。如何理解隐喻和引申含义的内容以达到准确翻译，有必要明确隐喻的使用范围和对象的形式，然后再根据它们的使用语境选择恰当的对译。

（1）一般来说，汉日不同源熟语的字面表述有相同的关键字，汉日可以直接对译。比如：

一本気（いっぽんぎ）　　　＝　一根筋
大黒柱（だいこくばしら）　＝　顶梁柱
鉄面皮（てつめんぴ）　　　＝　厚脸皮

（2）有些字面表述虽然不同，但引申义和隐喻几乎相同，也采取直接对译。比如：

日语的"上機嫌"翻译成汉语可以是"兴高采烈""欢天喜地""喜气洋洋"等。日语的"浮き腰になる"可以对译成汉语的"举棋不定""犹豫不决"等。

汉语的"女大十八变"翻译成日语可以是"鬼も十八""番茶も出花"等。汉语的"智者千虑必有一失"对译成日语为"弘法にも筆の誤

り""河童の川流れ""猿も木から落ちる"等。

（3）如果字面表述不同，也不能轻松找到直接对译的熟语，那么就需要先按字面含义翻译，然后再译出喻义。比如："山雨欲来风满楼"需首先译作"山雨来たらと欲して風楼に満つ"，更需同时译成"危険的情况が起ころうとする前の緊張した空気にたとえる（比喻重大危险的事件发生之前的紧张气氛）"。字面翻译和喻义同时译出，便于联想和加深理解①。表7-6列举了一些汉日不同源熟语的对译。

表7-6　汉日不同源熟语的对译

日语熟语	汉语熟语
茶飯事（さはんじ）	家常便饭
大海原（おおうなばら）	汪洋大海
日和見（ひよりみ）	察言观色，机会主义
出鱈目（でたらめ）	胡说八道
上機嫌（じょうきげん）	兴高采烈
有頂天（うちょうてん）	得意洋洋
八百長（やおちょう）	合谋作弊
悪銭身に付かず	不义之财攒不住
明日は明日の風が吹く	明天再说明天的事
後一歩足りない	万事俱备，只欠东风
油に水	油水不相溶
雨降って地固まる	不打不成交
案ずるより生むが易い	车到山前必有路
急がば回れ	欲速则不达。及时绕道选好路
一心岩をも通す	心诚则水滴石穿。一心一意，滴水穿石
一寸の虫にも五分の魂	匹夫不可夺志
一石二鳥	一箭双雕

---

① 刘梅，赵明．中国熟语的日语对译研究［J］．长春教育学院学报，2013，29（16）：47-48．

续表

日语熟语	汉语熟语
言わぬが花	不说为妙。含而不露才是美
鵜の目鷹の目	瞪眼环顾。虎视眈眈
噂をすれば影がさす	说曹操，曹操就到
臆病風を引く	胆怯心虚。胆小如鼠
お節介をやく	多管闲事
同じ釜の飯を食う	同吃一锅饭，生活在一起
鬼に金棒	锦上添花。如虎添翼
鬼の目にも涙	顽石也会点头。刚强人也会落泪
帯に短し襷に長し	高不成低不就。不成材
飼い犬に手を噛まれる	恩将仇报。被家犬咬了手
蛙の面に水	满不在乎。毫不介意
風邪は百病の本	感冒是百病之源
勝てば官軍負くれば賊軍	成王败寇
金の切れ目が縁の切れ目	钱尽缘分断
禍福は糾える縄の如し	祸兮福所倚，福兮祸所伏
亀の甲より年の劫	年高有德经验多。姜是老的辣
鴨が葱を背負って来る	喜从天降，诸事如意
堪忍袋の緒が切れる	忍无可忍
気が気でない	坐立不安
雉子も鳴かずば打たれまい	祸从口出
机上の空論	纸上谈兵
木を見て森を見ない	见树不见森。只看局部，不看整体
臭いものに蓋	掩盖坏事。家丑不可往外扬
口も八丁手も八丁	既能说又能干
苦しい時の神頼み	临时抱佛脚
喧嘩両成敗	各打五十大板
後悔先に立たず	后悔莫及

续表

日语熟语	汉语熟语
弘法にも筆の誤り	智者千虑，必有一失
子に過ぎたる宝なし	孩子是无价之宝
転ばぬ先の杖	未雨绸缪
財布の紐が固い	一毛不拔。吝啬
沈む瀬あれば浮ぶ瀬あり	荣枯无常
知って問うは礼なり	知而问是礼
釈迦に説	班门弄斧
初心に帰る	重返初衷
知らぬが仏	眼不见心不烦
酸いも甘いも知り抜く	饱尝苦辣酸甜。久经世故
棄てる神あれば助ける神あり	既有不理睬的人，就有帮助的人。天无绝人之路
正鵠を失わず	不失正鹄。击中要害
清濁併せ呑む	好坏兼容。有度量
善は急げ	好事不宜迟
滄海変じて桑田となる	沧海桑田
大事は小事より起る	大事由小事引起
高嶺の花	可望而不可即
高みの見物	袖手旁观。坐山观虎斗
宝の持腐	宝器无人用。英雄无用武之地
玉に瑕	美中不足
玉磨かざれば光なし	玉不琢不成器
塵も積れば山となる	积少成多。积土成山
月とスッポン	天壤之别
鶴の一声	权威者的一声。一鸟进林，百鸟压音
手も足も出ない	一筹莫展。毫无办法
手を尽くす	千方百计。想尽办法
出る杭は打たれる	树大招风。出头的椽子先烂

续表

日语熟语	汉语熟语
天網恢恢疎にして漏らさず	天网恢恢,疏而不漏
時は金なり	一寸光阴一寸金。时间就是金钱
毒食わば皿まで	一不做,二不休
途方に暮れる	不知所措。茫然失措
捕らぬ狸の皮算用	打如意算盘。指望过早
取付く島もない	没有依靠,没有着落。无法接近
泥棒捕えて縄	临时抱佛脚。临阵磨枪
ドングリの背競べ	平庸无奇。半斤八两
飛んで火に入る夏の虫	飞蛾投火,自取灭亡
名あって実なし	有名无实
長い物には巻かれろ	大树底下乘荫凉。依附权势最保险
流れに棹	顺水推舟
泣き面に蜂	倒霉的人又遇灾难。祸不单行
二兎を追う者一兎を得ず	追两兔者不得一兔。鸡飞蛋打
糠に釘	怎么说也不听。劝说无效
濡手で粟	不劳而获
猫に小判	对牛弹琴
寝耳に水	晴天霹雳。事出偶然
根も葉もない	毫无根据
能ある鷹は爪をかくす	能者不夸才。大智若愚
咽元過ぎれば熱さを忘れる	好了伤疤忘了疼
のるか反るか	成败在此一举
箸の上げ下し	一举一动。吹毛求疵
歯に衣著せぬ	直言不讳
早起き三文の徳	早起三朝当一工。早起三分利。早起好处多
人の口に戸は立てられぬ	人嘴堵不住
人のふり見て我がふり直せ	借鉴他人矫正自己

续表

日语熟语	汉语熟语
火のない所に煙は立たぬ	无风不起浪
文武は車の両輪	文武双全
棒に振る	白白断送。白白浪费
本題に戻る	言归正传
負けるが勝ち	失败为成功之母。吃小亏占大便宜
見ざる聞かざる言わざる	不见人之短，不闻人之非，不言人之过
実を見て木を知れ	以果观树。路遥知马力，事久见人心
向う所敵なし	所向无敌
目の中に入れても痛くない	掌上明珠。噙在嘴里怕化了
目は口程に物を言う	眼神传情。眼睛比嘴还传情
元の木阿弥	依然故我
元も子も失う	一无所得。本利全丢
焼石に水	杯水车薪
闇夜の提灯	黑夜的明灯。雪中送炭
弱り目に祟り目	祸不单行
論語読みの論語知らず	读《论语》而不知《论语》。只知死读书而不会用
論より証拠	事实胜于雄辩
禍を転じて福となす	转祸为福
渡りに舟	顺水推舟
笑う門に福来る	和气致祥

资料来源：『日中経協ジャーナル』（財団法人日中経済協会）

三、汉日熟语的音韵和节奏比较

关于汉日熟语的音韵和字数主要体现在成语和谚语上。汉语自古以来对文字的音韵和字数的工整要求非常考究。汉语有很多特点，其中之一就

133

是具有四声。四声（平、上、去、入）归纳成为平声（阴平、阳平）和仄声（上、去、入）两大声类，而这就是构成诗文学的最基本的音调声律的重要因子。中国诗词歌赋等具有很强的格律性，这些汉语的特点也充分反映于汉语熟语之中。

（1）汉语追求对称美（对仗、对偶），所以汉语成语绝大多数为四字格，这是汉语成语文化的一大特色。对称美还体现在读法上，由于双音节和四音节都是偶数形式的，具有均衡稳定感。而当遇到奇数音节时，往往通过"奇数+奇数"的组合，达到均衡美，如：人心齐，泰山移；独弦不成音，独木不成林。

（2）日语在引进汉语熟语时，除了原封不动地使用了四字成语外，还改造了许多汉语熟语，加上自己创造的熟语，字数和音节上并不固定。日语中既有四字成语，如"三三五五""遠水近火"等是由汉语"三五成群"和"远水救不了近火"改造而来的。也有如日语的"地獄耳""釈迦に説法""一事が万事""重箱の隅を楊枝でほじくる"等字数不等熟语，其汉语语义为"过耳不忘""触类旁通""班门弄斧""吹毛求疵"等意思。

总体来看，汉语的熟语因受到古代诗词的影响，所以在字面上非常重视押韵和节奏。而日语不会像汉语那样讲究声母和韵母的押韵，也不太讲究前后句的对仗和工整。

四、汉日熟语表达方式的对比

以汉日成语和谚语为主要考察对象，对比汉日熟语在表达方式方面的特点。日语熟语更偏重用否定的方式来表达肯定意思。[1] 例如：

驕れる者久しからず（骄者必败）

独り自慢のほめてなし（孤芳自赏）

見ず知らず（素不相识，陌生人）

貧乏暇なし（越穷越忙）

---

[1] 黄靖. 汉日成语谚语对比研究 [D]. 武汉：华中科技大学，2004.

鞍馬に福人なし、八幡に勇士なし、多賀に長寿なし（鞍马无福人，八幡无勇士，多贺无长寿之人）

从上述例句可以看出，日语熟语采用否定表达方式，突出了反向思维，起到强调肯定意义的效果。有时不惜采用双重否定的表达方式。例如：

触らぬ神に祟りなし（敬而远之）

玉磨かざれば光なし（玉不琢不成器）

高い山を登らなければ、平地は分からない（不登高山，不显平地）

汉语熟语中也有否定表达方式，但没有日语使用得普遍。

五、汉日熟语修辞运用的对比

（1）汉语和日语的熟语在修辞运用中，比喻使用得最广泛。例如：

汉语中有"光阴似剑""如虎添翼""日月如梭""归心似箭""蝇头小利""小肚鸡肠""胆小如鼠""救兵如救火""热锅上的蚂蚁"等。

日语中有"鬼の首をとったよう"用"斩下了鬼怪首级一样"来比喻"洋洋得意"；"蜂の巣をつついたよう"用"捅落蜜蜂窝，蜜蜂乱飞"来形象地比喻人们因慌张、喧闹"乱成一团"；"猫の手も借りたい"来比喻"人手不足"；"竹を割ったよう"，像"劈竹子一样"来形容"心直口快"；"江戸の仇を長崎で討つ"的意思是"江户的仇在长崎报"比喻在意外的地方或不相关的问题上进行报复。

由于比喻是汉日两种语言中运用最广泛的修辞手法，所以汉日熟语中也出现了大量的比喻运用。比喻可以将人们难以理解的、抽象的、普通的事物转换成浅显的、具体的、生动的画面和信息，从而加深人们对此类事物的印象。

（2）汉日熟语中夸张作为一种修辞手法运用得也比较多。例如：

汉语中有"一步登天""人山人海""响彻云霄""垂涎三尺""口若悬河""女大十八变""只要功夫深，铁杵磨成针""笑一笑，十年少；愁一愁，白了头"等等。

日语中有"嘘八百"，意思是"说了八百个谎"，用夸大的修辞手法形

容"净是谎话";"口では大阪の城も建つ"意思是"用嘴就能把大阪城建好了",用夸大的修辞手法形容"只会大吹特吹,连最基本的都不会做"的人;"板子一枚下は地獄"意思是"每块船板下都是地狱",用夸大的修辞手法形容"出海打渔是一项非常危险的工作"等。

第三篇 03

汉日语法功能表达对比

第八章　汉日被动表达的对比

被动句在汉语和日语中广泛存在，因此被动表达成为汉日对比研究的重要部分。大多数汉日被动表达的对比集中于两者的句子形态、结构和意义。除此之外，汉日被动表达的语法功能和语义动因的异同也是很重要的方面。

第一节　被动表达概述和被动句分类

一、被动表达的概念

被动表达在汉语和日语中普遍存在。汉语把被动表达的语句称为"被动句"，日语把被动表达称为「受身」，被动句则称之为「受動文」。例如：
李さんは犬に噛まれた。
（小李被狗咬了。）
李さんは足を踏まれた。
（小李被人踩了脚。）
李さんは先生に弟を褒められた。
（小李的弟弟被老师表扬了。）
关于被动表达的概念，寺村秀夫（1982）做过这样的表述：「受身というのは、要するに、動作作用の主体が、他の何ものかに働きかける場

合に、動作主、つまり動きの発するところを主役とするのでなく、動きを受けるもの、動きの向かう先を主役として事態を描く表現である」①。寺村秀夫认为,"被动"就是施动者从"主角"变成"配角",受动者由"配角"上升为"主角",契机是「他の何ものかに働きかける」。

  杉村博文（2006）关于"被动"的论述,"如果把汉语被动句所表达的'被动'这一概念理解为'以受事为视角叙述意外事件的发生'……"②。杉村博文认为使用被动表达是由于"意外事件的发生"。

  因此,从句子的成分及其意义上,"被动"可以理解成：因为某种契机的发生,导致需要把受事者放在句子主语的位置,使其与谓语动词的作用方向逆向而行,与施事者产生了一种受支配关系的表达方式。

  关于使用被动表达的原因,刘月华等（2001）有这样的论述,"'被'字句主要用来表示一个受事者受到某种动作行为的影响而有所改变。其中最常见的是用于对受事者或说话者来说是不愉快、受损害的或失去了什么的情况"③。杉村博文（2003）认为,汉语的被动句主要用于表达客观的授受关系,日语的被动句则主要用于表达主观想法。

  在主动语态可以完全表达说话人意思的情况下,为什么要采用被动表达方式？换句话说,被动表达是如何发挥其在句中的作用？这是学者们多年来研究的重要方向之一。

二、汉日被动句的分类

（一）按照有无被动标志分类

  汉语和日语的被动表达都不止一种形式,所以汉日被动句的形式也比较多样。从是否有标志的角度可以将汉日被动句分为"有标志的被动句"

---

① 寺村秀夫. 日本語のシンタクスと意味Ⅰ［M］. 东京：くろしお出版,1982：212.
② 杉村博文. 汉语的被动概念［M］//邢福义. 汉语被动表述问题研究新拓展. 武汉：华中师范大学出版社,2006：284-285.
③ 刘月华,潘文娱,故韡. 实用现代汉语语法［M］. 增订本. 北京：商务印书馆,2001：754.

和"无标志的被动句"。

1. 汉语有标志的被动句

现代汉语被动句中,"有标志的被动句"中最明显的是"被"字句。除"被"字句之外还有"让、叫、由、给"等具有被动意义的介词所标志的被动句。另外还有一个"为……所"的固定句型标志的被动句。例①:

随后,他们和妈妈被大家簇拥到了电话机前——南极!(中国青年报,1992-05-26)

世界纪录为581环,由原苏联选手保持。(中国青年报,1992-07-20)

这样也便让那音乐俘获了。(辛丰年《无形之相》)

我初到此地,别叫人小看了我,我得小心着点。(老舍《猫城记》)

2. 汉语无标志的被动句

汉语中有一种没有任何被动意义的词作为标志,而是"借用一般主动形式表示被动意义"②的句子,被称作"无标志被动句"。例③:

作业做完了。

气球吹破了。

黑板擦得很干净。

机器正在修理。

3. 日语有标志的被动句

现代日语"有标志的被动句"通过被动助动词「れる」和「られる」及其变形来表示（みんなの日本語：第二版）。例如：

大阪で展覧会が開かれます。

（展览会在大阪被举行。）

洗濯機はこの工場で組み立てられています。

（洗衣机由这个工厂组装。）

わたしは母にマンガの本を捨てられました。

---

① 出自"国家语委现代汉语语料库"在线平台。
② 王力. 汉语被动式的发展 [J]. 语言学论丛, 1956 (1): 1-16.
③ 林艳新. 现代汉语无标志被动句研究 [D]. 上海: 上海师范大学, 2013.

（我的漫画书被母亲扔了。）

電話はグラハム・ベルによって発明されました。

（电话是格雷厄姆·贝尔发明的。）

4. 日语无标志的被动句

日语中有一些被称作「受動詞」的自动词本身就带有被动意义。所以，以它们作谓语的句子没有被动标志却含有被动意义。① 例如：

泥棒が捕まった。

（坏人被抓住了。）

部屋はきれいに掃除した。

（房间被打扫干净了。）

家出した学生が見つかった。

（离家出走的学生被找到了。）

私は田中先生から英会話を教わっている。

（我的英语对话是田中老师教的。）

（二）按照主语与动作、作用的亲疏关系

被动句的主语如果受到动作、作用的直接影响，是动作、作用的直接承受者，则被称为直接被动句。如果主语不是动作的直接承受者，而是间接地受到与主语没有直接关系的事情的影响，则被称为间接被动句。②

1. 汉语直接被动句

句型①　受事+被（让、叫、由、给）+施事+动词性词语

张三被李四打了。（南潮，2017）③

这么漂亮的镯子居然让我弄坏了。（邹静之《五月槐花香》）

句型②　受事+被（让、叫、给）

---

① 孟熙. 受動詞の意味的特徴に関する一考察—受身動詞との比較を中心に—[J]. 言語学論叢オンライン版, 2012（5）：17-32.
② 张铁红. 汉日被动句对应关系研究 [D]. 长春：吉林大学, 2011.
③ 南潮. 现代汉语被动句生成中的受事宾语提升研究 [J]. 双语教育研究, 2017, 4(1)：48-57.

张三被打了。(南潮，2017)

车子被骑走了。

句型③　受事+为（被）+施事+所+动词性词语

"三湖书院"石匾为林则徐所书。(羊城晚报，1986-09-02)

这一武器一旦被群众所掌握，就会变成改造社会、改造世界的巨大物质力量。(北京日报，1993-12-26)

句型④　受事+被+动词性词语+名词（宾语，与受事无所属关系）

张三被送了一本书。(南潮，2017)

杭州小伙因为上班爱笑，被老板奖励 10 个月工资。（网易新闻，2017-12-21）

句型⑤　受事+被+动词性词语+名词（宾语，与受事有所属关系）

张三被打断了一条腿。(南潮，2017)

可你的眼睛却被"钱"字迷住了心窍……回去好好考虑考虑吧。(王振美，《清阳河畔战歌高》)

以上句型①—⑤的主语（受事）与被动词存在直接的被动关系，属于典型的直接被动句，句型④和⑤是保留宾语被动句。

2. 汉语间接被动句

句型⑥　受事+被+间接施事+动词性词语+施事+动词性词语

李四被张三派我抓走了。(南潮，2017)

教室被老师派小李打扫了。(南潮，2017)

"张三"是施事，但和受事"李四"以及"抓"之间没有直接的语义和被动关系。"张三"是通过"我"完成对"李四"的作用的。所以，受事"李四"和施事"张三"之间是一种间接被动的关系。同样的道理，"教室""老师"和"打扫"之间没有直接被动关系，是通过"小李"完成的。"教室"和"老师"之间也是一种间接被动关系。

3. 日语直接被动句

日语的被动表达主要是通过动词后的"被动助动词"「れる」和「られる」的变形来实现的。作为重要的日语直接被动句型如下：

（1）受事为有生命的人或动物的直接被动句

句型①　受事 が 施事 に（或から）+动词未然形-れる（或られる）

学生が先生にしかられる。

魚が猫に食べられる。

句型②　受事 が 施事 に（或から）+宾语を动词未然形-れる（或られる）

花子が太郎に声をかけられた。

私が友達から仕事を頼まれた。

句型③　受事 が 施事 に（或から）+名词と动词未然形-れる（或られる）

彼女はみんなに女神と呼ばれる。

句型④　受事 が 施事 から 其他人に 动词未然形-れる（或られる）

彼は課長から皆に紹介された。

（2）受事为无生命的事物的直接被动句

句型⑤　受事（事物）が……动词未然形-れる（或られる）

計画の詳細が担当者によって/から説明された。

オリンピックが東京で開かれます。

4. 日语间接被动句

句型⑥　受事 が 施事 に（或から）……动词未然形-れる（或られる）

（1）有受害意味的间接被动句

（私は）赤ちゃんに泣かれて出かけることができなくなった。（彭茂，2015）

（私は）隣の席の人に大声で話された。（日本語教師の広場①）

高橋さんは弟にケーキを食べられた。（孙攀河，2010）

（2）有领主的间接被动句

（私は）隣の人に満員電車で足を踏まれた。（日本語教師の広場）

---

①　日本語教師の広場：https://www.tomojuku.com/blog/passive/passive-4/。后面标注"日本語教師の広場"的例句同样出自该网页。

（私は）スリに財布をとられた。（日本語教師の広場）
（私は）先生に息子をけなされた。（日本語教師の広場）
（私は）先生にレポートをほめられた。（日本語教師の広場）

第二节　汉日被动表达的具体标志

一、汉语被动表达的具体标志

（一）"被"字句

"被"是汉语最重要的被动表达标志，被字句是汉语被动表达最常用的句式，句型比较丰富，具体句型举例如下。

（1）由"被"引进施事，受事+被+施事+动词性词语。如：
教室被我们打扫干净了。
「教室は（私たちに）きれいに掃除した。」
游客被小偷盯上了。
「観光客がスリにつけられている。」

（2）"被"后边施事没有出现，受事+被+动词性词语。由于"被"后边没有宾语，此处的"被"字是助词。如：
大楼被炸倒了。
「ビルは爆発されて崩壊した。」
晚会被推迟了。
「パーティーは延期された。」

（3）"被……所"固定句式：受事+被+施事+所+动词性词语。这种句式多用于书面语，是从"为……所"演变而来的，并衍生出"由……所"和"受……所"等形式。后面的动词多为双音节。如：
我们不能被金钱所迷惑。
「私たちはお金に惑わされてはいけません。」

观众被他精彩的表演所折服。
「観客は彼にすばらしい演技を感服された。」
她为虚荣所累，假名牌买了三十年。
「彼女は虚栄心に従われ、偽ブランドを30年に買い続けている。」
局势的发展是由各种因素所决定的。
「大勢の向きは様々な要因で決められる。」

（4）"被（让、叫）……给"固定句式：受事+被+施事+给+动词性词语。如：

突然觉得手被什么东西给划了一下。
「急に手が何かに切られたようだ。」
话要让他给听见了，怎么办？
「この話は彼に知られたら、どうすればいい？」
花瓶叫她给打碎了一个。
「花瓶の一つは彼女に割れてしまった。」

（5）"被……把"句式。这种句式里的两个受动往往有领属、同一等关系。如：

他被洋葱把眼睛给辣了。（"他"和"眼睛"都是受事，两者有领属关系）
「彼は玉ねぎで目が痛くなった。」
他在大街上游荡，被学校把他开除了。（"他"和"他"是同一对象的关系）
「彼は街でぶらぶらして、学校から除籍されたそうだ。」

"把"字句有"对什么进行处置"的意义，在"把"的前面加上"被"，就含有"被处置"的意义了。

（二）表被动义的"让"字句

"让"字被动句是汉语常用的被动句之一，也是汉日被动句对比分析的重要内容之一。

（1）（受事）+让+施事+把+宾语+给+动词短语，例如：

这台电视机让老王把遥控器给拿走了。
「このテレビは王さんにリモコンを持って行かれました。」
这辆车让老王把漆给刮掉了。
「この車は王さんに漆をこすられた。」
让孩子把电视机给弄坏了。
「テレビは子供に壊された。」
让狗把他给咬了。
「彼は犬に噛み付かれる。」
（2）（受事）+让+施事+动词短语
我让老师批评了。
「わたしは先生に叱れた。」
杯子让我给扔了。
「私がコップを捨しました。」
车让老王给开走了。
「王さんが車を運転しました。」
快别说了，别让人家听见了。
「やめてください。ほかの人に聞こえてはいけません。」

二、日语被动表达的助词使用

日语中有具体标志的被动表达主要是通过动词变形后接被动助动词「れる」和「られる」完成。由于日语中存在直接被动和间接被动，有时为了更加明确施事主体，使得施事主体后接被动助词不尽相同。日语被动表达的施事主体后通常接助词「に」，但是「に」并不单纯表示施事，还有很多其他的语法含义。因此，为了避免在同一个句子中由于多次使用「に」而造成语意误解，会使用「から」「によって」或「で」来代替「に」。

（1）日语间接被动的施事主体后只接「に」，例如：
私は友達に夜遅く遊びに来られました。
（朋友夜晚来我家玩。）

147

私は隣さんに二階を建てられた。

(邻居盖了两层楼。/隐含意思是"遮了我家的阳光")。

日语的间接被动表达中，受事和施事并不存在直接的被动关系。受事在施事发出的动作和作用下，间接受到影响、损害或牵连，因此规定施事主体只能用「に」来表示。

(2) 日语直接被动中，表达对人的感情时，施事主体后既可接「に」又可接「から」。例如：

私は先生（〇に/〇から）ほめられた。

像「褒める」这样表达对人的感情时，施事主体后可以接「に」和「から」，其他的如「愛する」「憎む」「好む」「嫌う」「恐れる」「惜しむ」「尊敬する」「軽蔑する」「怪しむ」等都属于这种情形。例如：

ジュリエットはロミオ（に/から）愛されました。（日本語教師の広場）

(罗密欧爱着朱丽叶。)

周恩来は今も中国の人々（に/から）尊敬されている。（日本語教師の広場）

(周恩来至今深受中国人爱戴。)

田中さんは、刑事（に/から）怪しまれた。（日本語教師の広場）

(刑警认为田中很可疑。)

(3) 日语直接被动中，表示动作的方向或移动时，施事主体后既可接「に」又可接「から」。例如：

私は先生（に/から）声をかけられた。（日本語教師の広場）

当被动表达中出现像「声をかける」这样表示方向和移动含义的动词时，施事主体后可以接「に」和「から」，其他的还有「招待する」「呼ぶ」「誘う」「振り向く」「迎える」等。例如：

突然、友達（に/から）呼び止められた。（日本語教師の広場）

(突然被朋友叫住了。)

あまりにひどい恰好だったので、みんな（に/から）振り向かれた。（日本語教師の広場）

(因为打扮得太过分了,搞得大家都回头看。)

田中選手はチームメイト(に/から)温かく迎えられた。(日本語教師の広場)

(田中选手受到队友的热情欢迎。)

(4) 日语直接被动中,为了避免同一个句子中多次出现「に」,施事后通常用「から」来代替「に」,有时也可用「によって」代替。例如:

本は先生(×に/○から)学生に渡されました。(日本語教師の広場)

(老师把书递给学生。)

花束は部長(×に/○から)田中さんに贈られた。(日本語教師の広場)

(部长把花束赠给田中。)

相撲協会理事長(×に/○から)優勝カップが贈られた。(梅佳①,2008)

(相扑协会的理事长颁发了优胜奖杯。)

以上三个例句也可以用「によって」代替「に」,但语气显得更加正式庄重。

(5) 日语直接被动中,出现了与生产、破坏、创造、发明、发现等有关的动词时,施事主体后只接「によって」。例如:

「運命」はベートーベンによって作曲された。

(《命运》是贝多芬作曲的。)

東京都庁は丹下健三氏によって設計された。

(东京都市政大厅是丹下健三先生设计的。)

アメリカ大陸はコロンブスによって発見された。

(美洲大陆是哥伦布发现的。)

エッフェルによって建てられた塔/埃菲尔建造的塔(梅佳,2008)

ピカソによって描かれた絵/毕加索画的画(梅佳,2008)

---

① 梅佳. 日语被动句中表示施动主体的助词用法分析 [J]. 考试周刊, 2008 (43): 129-130.

除此之外，「によって」经常用于书面语，而且在郑重、强硬的表现场合也经常使用。例如：

反対派によって妨害された。（梅佳，2008）

（被反动派妨碍了。）

（6）日语被动表达中，非生物作为施动主体时使用「で」表示施事主体，一般含有原因或手段的意味。例如：

雨に降られた。（梅佳，2008）

（被雨淋了。）

風で帽子が飛ばされた。（梅佳，2008）

（帽子被风吹走了。）

洪水で家が流された。（梅佳，2008）

（房子被洪水冲走了。）

整備不良で事故が引き起こされた。（日本語教師の広場）

（事故由安检不到位引起。）

この小包は船便で送られてきた。（日本語教師の広場）

（小型包裹由水运寄送。）

第三节　汉日被动表达的语法功能

一、语篇衔接与连贯功能

人们的意思表达一般会遵循一定逻辑或合理性展开。话语间是否具有语义连贯和衔接，对说话人能否正确传递意思、对听话人能否准确理解意图都非常重要。一般来说，语篇信息展开遵循由已知到未知的规律，依据语义和文脉连贯性要求，把上文提及的内容置于句首①。而被动表达有利

---

① 刘晓霞. 日语被动句的语用分析［J］. 淮海工学院学报（社会科学版），2005（1）：74-76.

于话题的衔接与连贯，从而减少话题的跳跃突兀，使叙述更加流畅。所以，汉日语使用被动表达保持语篇前后分句的逻辑性、流畅性、合理性。例如：

（1）a. 登山者在山中迷了路。救援队及时发现了登山者。直升机把登山者带回了安全地带。

b. 在山中迷了路的登山者被救援队及时救出，并由直升机带回了安全地带。

a组有三个分句，主语分别有三个，整个表述缺乏连贯性，话题具有跳跃感。b句将a组分句的主语都统一成"登山者"，话题围绕"登山者"展开，句义既完整又流畅。

日语中的被动表达也存在与汉语类似的功能，例如：

（2）a. 私は魯迅先生の書いた本を一冊かいました。若者がその本をよく読んでいるそうです。（刘晓霞，2005）

（我买了一本鲁迅先生写的书。听说年轻人常读这本书。）

b. 私は魯迅先生の書いた本を一冊かいました。その本が若者によく読まれているそうです。

（我买了一本鲁迅先生写的书。据说这本书常被年轻人阅读。）

a组的前后两句主语不一致，上下文衔接性较差，造成听话者语义理解的钝涩。b组将第一句话中的已知信息"本"，作为第二句话的主语，并改为被动语态，使"その本"成为说话的起点，承前启后语篇衔接紧密、自然，达到语义通畅的效果。

二、语篇交际功能

根据语用学关于语篇交际意图的理论，语篇的组织策略就是如何把话语体现得恰当、合理和有说服力。说话者采用间接的、谨慎的、暗示的方式来表达自己的交际意图，从而避免直接冲突达到礼貌和委婉的效果。被动表达，尤其是无施事的、无标志的被动句常用于表达礼貌或委婉的交际意图[①]。

[①] 王晓军. 被动句的语篇功能和认知理据［J］. 广东外语外贸大学学报，2006，17（1）：61-64.

当说话人想要指出对方存在错误时会有几种方式。例如：

（3）a. 你算错了。

b. 你可能算错了。

c. 这个结果被算错了。

a 的语气最强硬，直截了当地指出了听话人的错误，b 语气稍有缓和，仍然明确地指出了犯错的主体。c 则通过所谓的回避策略，使用无施事的被动表达，成功地回避了施事（犯错的主体），语气最柔和，表达很委婉。

（4）a. 你把房间搞得乱七八糟。

b. 房间可真乱。

a 的说法，带有强烈的批评和不满意味，语气生硬。b 采用无施事的、无标志的被动表达，虽然略带批评但语气非常缓和。从语篇的交际意图来看，（3）c 和（4）b 表现出说话人的礼貌和得体，更易于听话人接受，达到进一步交际沟通的效果。

日语中也有利用被动表达回避受事主体出现的，采取委婉迂回的方式阐述说话人的观点和意见。例如：

（5）a. 隣人に息子の受験結果を聞かれた。

（邻居问起我儿子高考的结果。）

b. ウォーキングで不審者に間違われたの？

（慢跑时被当作可疑分子啦？）

这两句话都采取回避策略，句子有效信息更加突出，同时也巧妙地避开了受事主体的出现。a 回避了主语"我"并采用被动语态，是因为说话者不想突出自己和家人，这样一来不论儿子高考成绩的好坏，都会给人留下谦虚内敛的印象。b 说话人在议论他人时，避开话题人物的出现并采用被动语态，是一种委婉和礼貌的表达，尤其话题人物处于不好的境遇时。

被动表达有时是利用交际环境进行信息传递的一种策略。日语表达具有严重依赖交际环境的倾向，常常使用暗示和引用信息，造成日语中被动句使用比较频繁。因此，对语言学中的交际环境——语境意义进行研究是非常必要的。语境在日语中称为"文脈"，指在特定交际场合下使用的言语表现以及背景预设等。日语和汉语在特定语境下对被动语态的依赖程度

152

不同，日语明显严重依赖上下文语境的提示和背景铺设，而汉语对语境依赖程度略轻，下面通过具体例子来分析日语对语境的依存性。从日语会话中可发现，当前句的宾语做后句的主语时，使用被动句的频率较高，这可以说是语境依存性的一个较为显著的特点。请看下面的会话。

（6）甲：佐藤さんに李さんのことを聞かれたな。どんな人だって。
（佐藤问小李人怎么样。）
乙：それで、なんていったの。
（然后呢？你怎么说？）
甲：まじめだし、皆から信頼されていたしね。
（他很认真，又受大家信赖。）

这段对话中两次出现被动语态，第一次出现的「聞かれた」是说话人甲被佐藤问及小李的为人，第二次出现的「信頼されていた」则是说话人甲回答佐藤的问话，描述小李受到大家的信赖，如果单独把这两句话拿出来，没头没尾，没有语境铺设，读者很难理解被问及、被信赖的客体。而在汉语中，我们夸奖别人会说"大家很信赖小李"，强调小李在"大家"眼中的形象和评价，句子相对完整，对句子语境依赖程度较轻。

另外，除了从交际策略角度，还可以从视点角度进一步理解这段对话。从视点统一原则来说，在存在多层关系且存在内在联系的话语中，为避免话题的分散，例句中始终围绕着小李性格描述展开，叙述角度一致。相比之下，汉语在这方面的应用频率远低于日语。

三、语篇信息聚焦、隐藏和删除功能

被动句语篇聚焦功能指运用被动句可对语篇信息进行重组，从而把交际者想要表达的重要信息置于句末，成为信息焦点。① 一般认为，语篇是由一系列的话语信息构成的，不同的话语信息所承载的"交际动力"的程度不同。对于已知的信息，那么其在语篇中的交际动力就变小了。如果是

---

① 王晓军. 被动句的语篇功能和认知理据［J］. 广东外语外贸大学学报，2006，17（1）：61-64.

新传递出的信息，交际动力就比较大。所以，语篇会按照交际动力大小而依次组织话语信息，交际动力小的话语信息放在前面，交际动力大的话语信息放在后面。也就是已知信息在前，未知信息在后。同时，语篇中会尽量减少已知信息的出现频次，而增加未知信息的出现频次。当然特别强调的信息不在此列。

这样一来，语篇为了避免某些已知信息重复，会隐藏或删除某些信息。因此在具体的语境中，一些无关紧要的、多余的、显而易见的或是模糊的信息会被隐藏或删除。为了达到此目的，汉日语中使用被动表达能够删除这些信息，使语言变得更加明白易懂。例如：

（7）a. 我上了一辆公共汽车。公共汽车上有个小偷。小偷偷走了我的钱包。

这样说话造成话语信息突兀，缺乏连贯性，不符合一般思维习惯。将这个场景如果用被动语态可以简洁清楚地表达。例如：

b. 在公共汽车上，我的钱包被偷了。

与汉语相似，日语在具体情况下也采用被动表达，隐藏和删除次要信息，聚焦重要信息，可以促进交际的顺利进行。例如：

（8）a. 先生が弟をほめた。弟はとてもうれしそうだった。
（老师表扬了弟弟，弟弟很高兴。）

上述表达显得松散、累赘，若使用被动句式则成为：

b. 弟は先生にほめられて、とてもうれしそうだった。
（弟弟被老师表扬了，可高兴了。）

这样表达可以使句子显得紧凑、简洁，在紧密联系的上下文中联成一体。

第四节 汉日被动表达的语义动因

汉日语都存在被动句，但日语使用被动句在频度上比汉语多，在语义表达上也比汉语发达。因此，汉日语中被动句的使用在语义动因上的异同

是我们在对比汉日被动表达过程中,从汉日两种语言在思维方式上进行的差异比较。

一、汉日语被动表达时相同的语义动因

(1) 表示不愉快、不如意、不期望、受到伤害等负面语义时是汉日语被动表达最基本的用法。

王力最早提出了"被"字句的语义特征,在《中国现代语法》[①] 中称"被"字句为"被动式":"凡叙述词所表示的行为为主位所遭受者,叫作被动式。"王力指出了"被"字句的语义特征,认为"被动式所叙述,若对主语而言,是不如意或不企望的事,如受祸、受欺骗、受损害或引起不利的结果等"。王力也指出,用来表被动的还有助动词的"叫",也可以构成被动句,但在语义上要比"被"轻些。汉语平时叙述行为时,主动式用得多些,被动式用得少些,而且并非所有的主动式都可以转变为被动式。所以汉语的被动式用途相对来说窄得多。吕叔湘、朱德熙在《语法修辞讲话》中,丁声树等在《现代汉语语法讲话》中也表达了相近的观点。例如:

①钱包被偷走了。(主语是钱包的所有者)
②手指被菜刀切破了。(主语是说话人的身体部位)
③他在很小的时候被父母遗弃了。(主语是"他")
④玻璃被风刮掉了。(主语不明确)
⑤许多道路和桥梁被洪水冲垮。(主语不明确)

上述例句①②③表示的不愉快、不如意、不期望所针对的主语是明确的。而例句④⑤则无法明确说明是对谁不愉快、不如意,但事件本身的确是一种负面结果。

日语与汉语一样,当受事者、施事者都出现在句中,被动句所表示的动作、行为的状态、结果往往是不情愿、不如意的,具有一种负面的受害意识。例如:

---

① 王力. 中国现代语法 [M]. 北京:商务印书馆,2011.

次郎が太郎に殴られた。（主语是次郎）

大統領が暴漢に刺された。（主语是总统）

ぼくは今日学校で先生に叱られた。（主语是"我"）

私はこどもに腕時計を壊された。（主语是"我"）

隣の家の人に何時間も大声で騒がれて困った。（主语是"我"）

日语在使用被动句中更趋向受事主体"人"的感受，如「私はこどもに腕時計を壊された」，从逻辑上看真正的受事是「腕時計」，但日语将「私」作为形式上的受事，强调了由于手表被弄坏了后不愉快的感受。

随着"被"字句适用范围的扩展，汉语被动表达的语义动因发生了一些变化，不仅有表示负面的动因，也有表示好意和愉快的语义动因，一般认为这种用法主要是受西洋语法的影响。①

（2）汉日语强调受事在施事动作下的结果、感受时使用被动表达。

被动表达将受事提到主语的位置一个重要的目的就是要突出受事，并强调施事对受事的作用及产生的影响。如果作为主语的受事是人的话，汉语则更强调受事在这种作用和影响下被迫产生的感受。例如：

墙壁被孩子们涂得乱七八糟。

大山、田野、村庄被雪笼罩着，白茫茫一片。

他被那些满是数字的表格折磨得晕头涨脑。

观众被演员们精彩的表演深深地打动了。

日语与汉语在强调受事在施事动作下的结果时的语义动因相同，在表达施事动作下的感受时也使用被动表达方式，但使用频度不如汉语。例如：

この雑誌は若い人たちによく読まれている。

この商品は多くの人に親しまれている。

弟は知らない男に殴られて泣いている。

みんなに愛されて彼女は幸せそうでした。

---

① 周莹萍．近二十年来被字句研究述评［J］．赤峰学院学报（科学教育版），2011，3（2）：24-26.

从汉日语的相同语义动因来看，首先都表示不愉快、不如意、不期望、受到伤害等负面语义，汉语侧重具体的人、物或部位等受到负面影响的表达，而日语更重视人的感受，强调"受事"。例如：汉语说"我的脚被踩了"，日语则是"私は足を踏まれた"。汉语表达的重点是"脚"，而日语表达的重点是"我"。然后，汉日语都强调受事在施事动作下的结果、感受时使用被动表达，汉语对于受事是"人"还是"物"并不过分区分，日语则主要是用于受事是"人"的情形。可见中日两国对事物不同的关注点，对汉日语表达有很大的影响。

二、汉日被动表达时不同的语义动因

（一）汉语特殊语义动因下的被动表达

汉语的被动表达允许使用第一人称作为施事，而日语被动表达的施事很少由第一人称充当。① 例如：

他的话居然被我听到了。（温穗君，2008）

太郎被我打了。

日语中却不能说成：

彼の話が私に聞かれました。（×）

太郎が私に殴られた。（×）

汉语和日语被动表达的受事及施事，从人称阶层的角度分别观察有等级之分，即"一人称→二人称→三人称→三人称复数→家人→人类→动物→无情物"②。同样是受事或施事，第一人称的等级最高，无情物的等级最低。根据人称阶层说，有学者认为日语中当施事的阶层比受事的阶层高时，通常采用主动句式，施事充当主语放在句首。③ 而汉语不受此限制，

---

① 温穗君. 中英日被动句对比研究 [J]. 江西科技师范学院学报，2008（3）：73-76.
② Silver Stein, Michael. Hierarchy of features and ergativity [M] //DIXON R M W. Grammatical Categories in Australian Languages. Canberra：Australian Institute of Aboriginal Studies，1976：112-171.
③ 高丽. 再论汉日被动句的比较 [J]. 日语学习与研究，2008（2）：37-40.

汉语为了突出受事，更趋向于将人称阶层较低的受事放在句首，采用被动表达。

(二) 日语特殊语义动因下的被动表达

1. 不必、不愿或无从说明施事者时使用被动表达

日语有时没有必要或者说不出施事者，特别是当受事者为无生物，动作、行为的发出者为不确定的有生物时，往往使用将有生物施事省略的被动句。例如：

明日、臨時国会が召集されることになっている。
(明天将召开临时国会。)
死体は山中の湖に沈められていた。
(尸体被沉入山中的湖里。)
その村では多くの民話が語り継がれている。
(那个村子里流传着很多民间故事。)
この地方では主に赤ワインが作られている。
(这里主要出产红葡萄酒。)
ドアがそっと押し開けられた。
(门轻轻地被推开了。)
宇宙ロケットが打ち上げられた。
(发射了宇宙火箭。)
卒業式は3月15日に行われる。
(毕业典礼将于3月15日举行。)

2. 为了弱化主观意图时使用被动表达

日语中说话人表达观点或信息时，避免使用主动语态，以免给人造成主观臆断的感觉。这与汉语中说话人采取"我认为""我想"等主动表达有很大的不同。日语采用被动表达的结构性省略，将说话者"私"或"私たち"省略，从而使说话人的主观信息听上去更"委婉"和"客观"。因此日语中常见的"~と思われる""~と考えられる""~と言われる"等被动表达形式，语义上多出自一种世人普遍认为，从而淡化个人的观点，

给人以中立、客观、委婉的动因。但句子本身并不表示施动和受动的意思。

これからはもっと多くの社会問題があると思われています。（刘晓霞，2005）

（都认为将来会有更多的社会问题。）

リオン交換樹脂は今後予想される厳しい工場排水の規制に対して唯一の可能な手段と考えられる。①（张铁红，2011）

（今后，对工厂排水管制预计将会更加严格，离子交换树脂的利用可能成为处理工业废水唯一可行的手段。）

日本では、人の目を見つめることは失礼だと言われることがあります。（日中中日辞典）

（在日本盯着别人眼睛看会被说是没礼貌。）

类似的惯用表达还有「～と見られる」「～とされる」「～と認められる」「～と疑われる」「～と期待される」「～伝えられる」等。这样的被动表达反映了日本人表达个人观点时的客观谨慎，为自己和他人发表意见留有余地的态度。②

三、本章总结

（一）汉语有标志被动表达的主要特点

（1）主语受动者不限于"我"或"我方"，也不限于是否有生命的事物，可以是任何人或事物、整体或部分、受害或受益。但受害多于受益。

（2）施动者不局限于是否有生命的事物，可以是任何人或事物，包括第一人称。

（3）施动者如果不需要特定指出，可以省略。

（4）汉语间接影响被动表达使用很少，一般要有表示影响结果的补

---

① 张铁红. 汉日被动句对应关系研究［D］. 长春：吉林大学，2011（12）：27.
② 刘晓霞. 日语被动句的语用分析［J］. 淮海工学院学报（社会科学版），2005（1）：74-76.

语，否则难以成立。

（二）日语有标志被动表达的主要特点

（1）主语受动者多为"我"或心理上为我方的人。整体或部分，直接或间接，受害或受益。受害多于受益。

（2）在突出叙述对象的客观性和委婉断定句子中，主语受动者可以是无生命的事物或事实、道理等。

（3）施动者是有生命的人或动物，无生命的事物一般不能作为施动者。

（4）施动者如果不是特定的或不需要特别指出的可以省略。

（5）第一人称一般不能做施动者。日语使用被动句的动因是：说话人的主观感受或与说话人心理距离接近者的感受。如果施动者是第一人称则不能强调这方面的感受。例如：

太郎は私に殴られた。（×）

（太郎被我打了）

「私」是打人的施动者，这句话的表达很不自然。不能用被动句，而应该直接用主动句表达，「私は太郎を殴った」。

これらの条件が備わらないと敵は我々に打ち倒されない。（×）

（这些条件如果不具备，敌人就不会被我们打倒）

（三）汉日被动表达不同的地方

（1）日语中的自动词可以构成间接被动，而汉语中没有自动词表示被动的用法，这是日语独特的被动表达方法。日语中这种被动有特定的含义，表示遭遇麻烦或受到不好的影响。这个动作不是直接施加到主语身上的，但让主语被动接受并受到了影响。日语中把这称为受害被动。比如："昨天晚上因为隔壁小孩哭得厉害，没睡好。"汉语中没有被动的意思。日语是：「昨夜隣の子供に泣かれてよく眠れなかった。」很形象地表现了昨晚的事情。

（2）日语中主动句中的谓语动词有领属的定语时，有被动表达，汉语

中没有这样的表达。在变成被动句时，这个物主作主语，即某事物的拥有者在被动句里作主语，而该事物在被动句里仍然充当宾语。这也是日语受害被动的一种。这种被动句一般表示该事物的拥有者遭受了某种麻烦或损失。汉语多用主动表达。或者让宾语与所有者一起作主语部分，所有者还作定语。比如："我妈看了我的日记。"汉语可以用被动"我的日记被我妈看了"，日语这样表达而且只用这种表达「私は母に日記を読まれた。」

（3）汉语中没有被动使役表达方法，日语中有被动使役表达，而且还有特定的意思。表示一种被迫性的接受。比如："選手は監督に走らされる。/运动员被教练要求跑步。"被动使役表达方式的特点将在下一章中进一步探讨。

第九章 汉日使役表达的对比

汉语和日语都有使役表达，汉日使役表达的句型并不复杂，但从语法意义和使用上看，却有一些不同。尤其在使役句的汉日互译时，如果孤立地强调汉语与日语使役句的表现形式和结构的对应，忽略了对汉日使役表达异同的认识，结果导致无法准确生动地对译，有时会发生意思的曲解。

第一节 使役表达的概述

现代汉语中使役表达是指施事主体让参与主体按照其意志行动，或者施事主体致使参与主体的状态发生变化，产生了某种结果。

汉语中使役的基本意义是"致使"。马建忠（1898）指出"内动字用若外动者，则亦有止词矣"[1]。陈承泽（1921）将"致使"称为"致动"，用他动字以外之字变为他动，含有"致然"之意。王力（1940）在《中国现代语法》中提出"使成式"，指出"凡叙述词和它的末品补语为因果关系者"为使成。[2] 吕叔湘（1941）在《中国文法要略》中指出"使止词有所动作和变化"的就是致使。[3] 范晓（2000）指出："致使结构是一种重要的语法结构，它反映着这样一种客观事实：某实体发生某种情状（包括

---

[1] 马建忠. 马氏文通 [M]. 北京：商务印书馆，1983.
[2] 王力. 中国现代语法 [M]. 北京：商务印书馆，2011.
[3] 吕叔湘. 中国文法要略 [M]. 北京：商务印书馆，2014.

动作行为、活动变化、性质状态等）不是自发的，而是受某种致使主体的作用或影响而引发的"。①

使役表达除了"致使"之外，还有"致动""役使""使成""使动"等名称。简而言之，当一个某物出现某种行为、变化或状态改变时，总是与另一事物对其施加的作用或外力有关。那么这种由外力作用下的两种事物发生的联系就是致使。

从认知语言学的角度来看，使役概念表达是指人们对客观世界中典型使役事件的临摹或概念化。一般将使役概念的表达大致分为两种，一为词汇使役，二为结构使役，也即句型使役。汉语中词汇使役多出现于古汉语中，现代汉语也有一些词汇使役的形式，如②：

他的整只胳膊暴露在太阳下面。

他的行为真恶心。

这一赛事活跃了我们的文化生活。（吕芳，2012）

结构使役（句型使役）是将"使""让""叫""令"等使役动词明确地放入"主语+使役动词+主动词"的句法结构，表达致使、使令等意义的语法功能。如：

小红使大伙笑了。

他今天让人难过。

班长的呵斥叫他无地自容。

或许是发生得太快，令他还没有回过神来。

有关日语使役句意义分类的研究为数众多。比如宫地（1969）把日语使役句的意义分为5种类型，实际是3种类型。③

　A. 表示某人让另一人做某事

　B. 表示某人允许或放任另一人的动作

---

① 范晓. 论"致使结构"[M]//中国语文杂志社. 语法研究和探索（十）. 北京：商务印书馆，2000.

② 吕芳，申霞. 从理雅各英译《论语》看使役概念的翻译策略[J]. 山西大同大学学报（社会科学版），2012，26（3）：64-67.

③ 凌蓉. 日语使役句在会话中的意义和功能[J]. 日语教育与日本学，2015（2）：64-72.

C. 表示某人发生的不如意的事或者添麻烦的事

森田（1990）把行为对象属于"有情者"还是"非情物"也纳入考虑范围，把日语使役句的意义分为以下6类。①

A. 他动性（行为主体对对象单方面的作用，积极的直接行为）

B. 使令（使对象变化或做某事的积极的间接行为）

C. 诱发（使对象自己发生变化或为对象的变化、行为的实现创造契机，消极的间接行为）

D. 放任、允许（放任对象自身的变化或行为，有意识但消极地容忍）

E. 责任、功劳（对象的变化或动作与己方无关，但结果成为己方的责任、功劳、短处、长处等）

F. 因果关系（作为自然现象或自发的现象，某个原因必然引起某个结果，属于不可抗力的现象）

柴谷（2001）认为符合使役表现必须包含三个基准。第一，根据施事主体是行为产生的原因，并引起某参与者做某行为或者产生某种状态。第二，说话人认为两种现象（原因和结果）之间，有一种时间前后关系，即先发生导致原因的事项，然后发生结果。第三，说话人认为两种现象之间，如果成为原因的事项不发生，成为结果的事项也不会发生，两者具有完全的依存关系。②③

现代日语使役表达的意义比较多样，不仅可以表示强制、命令（指令）等典型的使役意义，还可以表示许可、放任、诱发、因果、谦逊等非典型的使役意义。④

由此可见，现代日语的使役表达的基本含义就是，致使某人做某事

---

① 凌蓉. 日语使役句在会话中的意义和功能［J］. 日语教育与日本学，2015（2）：64-72.

② Shibatani, Masayoshi and Sung Yeo Chung . Japanese and Korean Causatives Revisited［DB/OL］, Kobe Papers in Linguistics，2001（3）：112-135.

③ Shibatani, Masayoshi and Prashant Pardeshi. The Causative Continuum［DB/OL］, Kobe Papers in Linguistics，2001（3）：136-177.

④ 傅冰. 论日语使役和被动的意义接点［J］. 解放军外国语学院学报，2016；39（6），63-68.

（可以是强制性的，也可以是放任性的），或者使某事物发生了某种变化。日语关于使役的专业术语有"使役""使役形（使役形态素）""使役态（使役相）""使役动词""使役文（使役句子）""使役表达"等。一般来说，日语动词的使役形是指"动词（词干）+（さ）せる"的形式。

第二节　汉语使役表达的主要形式

使役表达在汉语中又被称作致使表达、令使表达、兼语表达等。那么，使役句一般有使动句和役格句两种基本句式。使动句一个明显的特点是含有使役动词，而役格句则没有使役动词。

一、使动句的形式和用法

使动句主要的形式是：使动者+使动动词+被使动者+动词……。使动者可以是人，也可以是物，表示由于此人或此物导致某种结果。例如：

a. 老师使大家重新振奋起来。
b. 他的举动让大家迷惑不解。
c. 张飞一声大吼叫曹兵们目瞪口呆。
d. 美景令游客们流连忘返。

使役句的动词后面常常是不及物谓语，如a—d的例句。但也可以是及物谓语。例如：

a. 长时间降雨使泥石流频繁发生。
b. 这次交通意外让他懂得了生命的宝贵。

上述使动句中都含有"使""让""叫""令"表示明显使役意义的动词，被称为使役动词。尽管"使""让""叫""令"都表示使役意味，但它们在具体使用中仍有微妙的差别。

（1）"使"字句的致使者侧重指事物，更突出"致使"的意义，即由一个事件引出或导致另一个事件。例如：

改革开放使中国的农村发生了翻天覆地的变化。

空气在山上特别清新，清新的空气使我觉得呼吸的是香。（李乐薇《我的空中楼阁》）

巧珠奶奶看到喜房里洋溢着一片红光和金光，使她看得眼花缭乱。（周而复《上海的早晨》）

（2）"让"在现代汉语中，"让"的使动者的行为命令性较弱。往往考虑被使动者的意志，使动者侧重指人。例如：

大家让他当代表参加领导工作管理学校。（周玉琨，1999）

校长对我大为赞赏，一下子便让我担任初三的数学课。

（3）"叫"表示一项意识或目的性较弱的事物导致了另一件事物的发生。例如：

好，我来说个笑话叫你们高兴高兴，我说完了，你们每人也要说一个。（杨沫《青春之歌》）

宋代女词人朱淑真的词凄怜哀怨，词风叫人肝肠寸断，首首惊艳千年。（钰轩品治，2019）

（4）"令"表示致使的对象更侧重于事物。突出由于某事件引出什么感觉。书面语色彩较浓。

老师说"五一"要补课，顿时令我们大失所望。

当箱子打开后，令观众大吃一惊，刚才那个美丽的女助手变成了一只大狗熊走了出来。

"叫，让，使，令"除了具有使役表达的意义，还有其他意义。例如：

他觉得要使这见解成立并胜过慕樱的观点，还必须从多方面对其进行锤炼……（刘心武《钟鼓楼》）——表示目的

对，让我们像这些花朵一样永远紧紧团结在一起。（张海迪《轮椅上的梦》）——表示愿望

孟蓓气得直瞪对面的辛小亮。谁让她天生一副笑模样儿呢，像生气，又像笑。（陈建功《丹凤眼》）——表示原因

你就老老实实叫她们打？（老舍《女店员》）——表示允许、听任

二、役格句的形式和用法

（1）汉语中除了有明显使役动词表示的使动句外，还有不带使役动词的也可以表达致使意义的句子。例如：

a. 突如其来的巨响吓了我一跳。

b. 金钱迷惑了他的双眼。

c. 美妙的音乐抚慰了她的心。

d. 晚霞染红了天际。

e. 他不小心打碎了花瓶。

这几个句子没有出现任何使役动词，但却隐含充分的致使意义。如将其改写成使动句意思是：

a. 突如其来的巨响使我吓了一跳。

b. 金钱使他的双眼迷惑了。

c. 美妙的音乐使她的心得到了抚慰。

d. 晚霞使天际变红了。

e. 他不小心使花瓶打碎了。

（2）役格句表达的使役义是非自主的，即它的致事主语没有主动地致使某种结果，或者说致事主语是独立的。但有时役格句表达的使役义是自主的，即它的致事主语跟施事有关。① 例如：

a. 我们健全了农村基层组织。（刘培玉，刘人宁，2015）

b. 国歌振奋了队员们。

从例句 a 和 b 可以看出，和其他役格句不同，它们的致事主语"我们"和"国歌"与施事"基层组织"和"队员们"是直接有关的。

（3）就役格句和使动句的关系而言，役格句总是有一个与之对应的使动句，而使动句则不一定有对应的役格句，比较下面役格句和使动句。

a. 工业革命发展了英国纺织业。

b. 工业革命使英国纺织业发展了。

---

① 何元建，王玲玲. 论汉语使役句 [J]. 汉语学习，2002（4）：1-9.

例句 a 是个役格句，把它变成使动句就可以相应地得到了例句 b。其他的如：

a. 市场监管部门停产了两家企业。

b. 市场监管部门使两家企业停产了。

a. 捷报振奋了大家。

b. 捷报使大家振奋。

但使动句却不一定有与之对应的役格句。例如：

a. 小红使大家笑了。

b. 小红笑了大家。

a. 天灾使人们失去了家园。

b. 天灾失去了人们家园。

a. 这块旧手帕使他想起了母亲。

b. 这块旧手帕想起了他母亲。

将后三个使动句 a 转换成役格句 b，很明显是不成立的。

三、形容词使动意义的用法

在现代汉语中，形容词的使动用法也比较常见。例如①：

a. 吃亏不要紧，只要主义真，亏了我一个，幸福十亿人。

b. 再穷也不能穷教育。

c. 坚决贯彻执行党的富民政策。

例句 a、b、c 三句中的"幸福""穷""富"都是形容词，但在句中起到了谓语动词的作用，表示"使十亿人幸福""使教育穷""使民富"的意思。形容词的使动句式主要有四种（A 代表形容词，O 代表宾语）②：

（1）A+O，例如：

巩固国防、繁荣市场、活跃经济、稳定物价、纯洁党性、严肃法纪、充实内容、端正态度

---

① 雷其神. 现代汉语中的使动用法［J］. 语文知识，1997（10）：17.

② 刘光婷. 现代汉语形容词使动句考察［J］. 汉字文化，2010（6）：53-57.

（2）A+动态助词+O，例如：
富了村庄、羞红了脸、歪着头、厚着脸皮
（3）A+动态助词+修饰语+O，例如：
圆了自己的心愿、乱了敌人的阵脚、松了一口气、阴沉着一张脸
（4）A+补语+修饰语+O，例如：
饱不了肚子、活跃一下气氛、弯下腰、皱起了眉头

第三节　日语使役表达的主要形式及特点

日语使役句是为了表达由原因事件而导致结果事件的复合现象。表示使役句的主语（使役者）对第三者（被使役者）作用进而产生了某种事态，即导致第三者做出某种行为或导致某种状态。使役句首先表示原因事件，然后指出由于时间先后和依存关系而产生的结果事件。日语使役句主要由动词的使役态，即以使役助动词「せる/させる/しめる」的形式构成。日语使役表达的句型是「Aが/は Bに/を Vせる/させる/しめる（文章体）」。以下对日语使役句的语法意义、功能和语法结构进行简要介绍。

一、日语使役句的语法意义分类
（1）表示使令，使役者致使被使役者做某事。与被使役者的意志无关，是日语使役句最基本的表现形式。例如：
先生は学生に本を読ませたり、字を書かせたりする。
（老师要学生读书写字。）
母親は子供にピアノを弾かせた。
（母亲要孩子弹钢琴。）
（2）允许、放任动作者按照自己的意愿做某事。例如：
（娘が行きたいと何度も言ったので）娘をイギリスに留学させた。
（许可）
（女儿总说想去）让女儿到英国留学去了。）

言うことを聞かないんだから、勝手にやらせておけばいい。(放任)
(说了也不听，随他的便了。)

(3) 表示引发、诱发或因果关系的使役表达。

①对使役者来说并不是有意识的，而是由于自己不小心造成了不好的结果。使役文后多接「てしまう」。例如：

彼は息子さんを戦争で死なせたから、悲しい毎日を送った。
(他因为儿子死于战争每天悲伤不已。)

彼はうっかりケーキを腐らせてしまった。
(他不注意使蛋糕发霉了。)

②使役者的动作、行为引发被使役者思想、行为发生变化。例如：

李さんはいつも面白い話をしてみんなを笑わせます。
(小李总会说些趣事逗大家笑。)

子供は病気になって、親を心配させました。
(孩子病了，使父母很担心。)

(4) 用于叙述说话人自身的行为，是一种委婉地表述说话人意见的表达方式。例如：

私に言わせてもらえば、彼は勝手すぎるよ。
(如果让我说啊，他实在是太任性。)

私に言わせれば、彼はただのうそつきだ。
(让我说他就是在撒谎。)

(5) 同样是用于叙述说话人自身的行为，但与委婉地表述自身的意见不同，这里是一种强调说话人在征得对方同意的情况下做某事的表达方式。例如：

それはぜひ私に担当させてください。興味があるからです。
(请一定让我来干吧。对此很有兴趣。)

もう遅いので、そろそろ失礼をさせていただきます。
(很晚了，请允许我告辞了。)

日语中，常见到这类以使役助动词结合「～てもらう」「～ていただく」「てください」的方式来表示的句子。这样的句子在表达上更委婉，

也更易于让对方接受，因此是较常用的表达方式。

（6）用于无生命物的使役。

日语使役句通常都是以"人"来做句子的主格，但是也有相当一部分由无生命物做主格的句子存在。

①外界的事物引起人的情感和思想状态的变化。例如：

このことは彼を驚かせた。

（这件事吓着他了。）

彼の死亡が家族を悲しませた。

（他的去世使家人非常悲痛。）

②一种事物受到其他事物的作用发生变化，导致某种结果的产生。例如：

インターネットの普及は情報のグローバル化を飛躍的に発展させた。

（互联网的普及使信息全球化取得了飞跃式的发展。）

改革開放は中国の都市と農村を変貌させた。

（改革开放使中国城市和乡村改变了面貌。）

（7）日语中某些自动词没有对应的他动词，为了表达的需要，常常把自动词变成使役态，作为他动词来用。例如：

傘を差すのは面倒くさいので、雨に濡れたまま車椅子を走らせる。

（打伞真麻烦，就让轮椅在雨中行驶了。）

風は熟れた果物の匂いを漂わせながら通りから通りへ吹いている。

（风把水果的香味吹散到每条街道。）

二、日语使役表达的结构特征

日语使役表达中，表示被使役者后接「に」还是「を」，要根据谓语动词的自他性分别使用。一般句式如下：

被使役者+に～ 他动词+せる（させる）

被使役者+を～ 自动词+せる（させる）

例如：

若い人に荷物を持たせる。（他动词）

先生は生徒に動物を育てさせる。（他动词）

わたしをいなかへ行かせました。（自动词）

あの人は自分は来ないで、ほかの人を来させた。（自动词）

日语使役句中的被使役者后接「に」还是「を」，具体区分有 5 种情形：

（1）Aが自动词 →B が A を 自动词未然型+せる（させる）

彼は出張先に飛んだ。→会社は彼を出張先に飛ばせた。

妹は買い物に行った。→母は妹を買い物に行かせた。

（2）Aが自动词 →BがAに自动词未然型+せる（させる）

彼は出張先に飛んだ。→会社は彼に出張先に飛ばせた。

妹は買い物に行った。→母は妹に買い物に行かせた。

比较情形（1）和（2）发现，自动词前既可以接「を」也可以接「に」。使用「を」表示强制，当「を」变成「に」时，则表示使役者在尊重被使役者的意志上，发出某个动作的命令和指示。

（3）AがEを自动词 →BがAにEを自动词未然型+せる（させる）

子供が道の右側を歩く。→母が私は子供に道の右側を歩かせる。

李さんは公園を散歩する。→お医者さんは田中さんに毎日庭を散歩させる。

情形（3）中的自动词是有移动性的动词。这里的「を」不表示目的，而是表示主体跨越、经由或离开某条道路、某个庭院等表示经过的场所，「子供」和「田中さん」作为被使役者后面一般接「に」。

（4）AがEを他动词 →BがAにEを他动词未然型+せる（させる）

子供が薬を飲む。→ 母親は子供に薬を飲ませた。

学生は本を読む。→ 先生は学生に本を読ませた。

情形（4）中被使役者「子供」和「彼」后面只能接「に」。这是因为宾语「ご飯」和「医学」是用「を」来标记的。如果同时用「を」来标记被使役者，则在同一句中会存在两个「を」。日语把这种用「を」重复标记的情形，称为「双重を格制约」。因此，为了避免这种制约的发生，他动词的使役句中，被使役者只能用「に」来标记。

（5）Aが心情动词，被使役者为非生物 →BがAを心情的动词未然型+せる（させる）

皆は彼の手品で驚いた。→ 彼は巧みな手品で皆を驚かせた。

佐藤さんが合格の知らせに喜んでいる。→ 合格の知らせが佐藤さんを喜ばせている。

情形（5）中涉及心情动词时，被使役者后只能接「を」。这是因为被使役者的心情变化，是由使役者（非生物）单方面诱发产生的。即使被使役者不是非生物，只要被使役者的状况改变明显是由使役者诱发导致的，被使役者后只能接「を」。例如：

太郎はまた悪いことをして、花子を泣かせた。

「花子」的哭并不是她故意的行为，而是因为「太郎」单方面引起的。所以被使役者后接「を」，接「に」则不合适。

三、日语的被动使役句

日语的被动使役句表达的是不情愿、被迫或不由自主地做某事，其谓语由动词与使役助动词せる・させる及被动助动词られる构成。基本形式如下：

使役者が/は+被使役に/を+动词未然形+せ/させ+られる

在实际应用中，因为せ・させ与られる发生音变，所以，日语五段动词的う段假名变成あ段假名+される，一段动词要去掉る+させられる，カ变动词变成こ+させられる、サ变动词词干+させられる。例句如下：

子供のころ、わたしはピアノを習わされた。

のみにくい漢方薬を飲まされた。

いやいやながら、勉強させられた。

被动使役表达是日语一种非常独特的语法功能，将使役态与被动态两者相结合，汉语中有被动态和使役态，却没有被动与使役相结合的形式。在翻译日语被动使役句的时候，汉语需要使用被逼迫的字眼来完成。例如：

私は姉さんに買い物を行かせられた。

太郎は社長にに会社を辞めさせられました。

这两句可以翻译成:"我被姐姐逼着去买东西"和"太郎被社长逼迫辞掉了工作"。通常在汉语中我们会用"迫使,被迫,逼迫,不得不这样做"等表示被动意义的词汇来翻译这种被使役用法。①

四、日语使役和被动的意义接点②

日语的使役和被动语法功能虽各不相同,但也有相似的用法。那么,使役和被动的相似用法产生的原因是什么?傅兵(2016)认为,首先,这与使役和被动本身的句法结构有关。使役句型为"N1がN2を(に)动词+せる/させる",被动句型为"N1がN2に(~に~を/から)动词+れる/られる"。可以看出,两者的主体结构相似,作为主语的N1与事件都是间接关系。例如:

私は弟に腕時計を壊された。

私は弟に腕時計を壊させた。

从这两个例句可以看出,事件结果是「腕時計が壊れた」,造成事件结果的直接责任人是「弟」,和事件结果有间接关系的是「私」。不过,间接关系的「私」在被动中表示是受害人,而在使役中表示是指使人。

其次,使役与被动的意义相似与使役意义类型的多样性以及使役与被动的语义特征有关。因为日语使役还可以表达一些非典型的含义,比如责任、受到影响和产生意想不到的结果等。还有日语使役主体的意志性并不是使役成立的必要条件,当使役的意义表达不包括因使役主体的意志性时,就会有表达责任、受害和产生意外结果的意义。例如:

両親を死なせて孤児になった。(责任、受害、意外结果)

另外,使役与被动都可以表示情不自禁、自发的意义。例如:

この写真を見るたびに、子供頃のことが思い出される。

---

① 姜筱骁.从翻译的角度分析日语使役被动态与汉语使役、被动形式[J].北方文学,2014(12):72,80.

② 傅冰.论日语使役和被动的意义接点[J].解放军外国语学院学报,2016,39(6):63-68.

この写真を見るたびに、子供頃のことを思い出せれる。

句法结构和语义特征的相似性是日语使役和被动意义相似的主要原因。除此之外，日本人的语用习惯也不可忽视。日本人在说话时往往会加入感情色彩，喜欢站在本能的、自发的"受事"的立场上来表达。造成日本人使用被动表达的场合较多，包含无奈或受害等意义；而使役表达也不是单纯地客观叙述某个事情的发生，而是从某一视点（事情的间接相关者）来叙述一件事情，使役中常常包含着某种特殊意义（责任、不期待或者放任等）。① 例如：

弟が悪い奴に打たれた。

弟を悪い奴に打たせた。

这两句话翻译成汉语都是"弟弟让坏人打了"。日语中被动单纯表达了弟弟受害的事实，使役则表达了说话人的责任，由于没有保护好弟弟而产生的自责。由此可见，汉语单纯的"让"字句很难区分被动和使役的意义，既可以说兼而有之，也可以说含糊不清。

第四节　汉日使役表达的对比分析

日语中的使役句是通过动词加上使役助动词「せる/させる」来实现的。汉语是通过带有"使、让、叫、令"的使令动词来实现的。为了对比汉日使役表达的异同，需要先对汉日使役句的表达形式进行对比。两种语言在以下情形下是基本对应的，但也有一部分使役表达不能够对应。

一、汉日的使役表达形式相互对应的情形

（1）一般来说，表示带有强制性使令的时候，汉日的表达形式是相对应的。在这种用法中，使役者对被使役者施加作用，使其按照使役者的指

---

① 傅冰. 论日语使役和被动的意义接点［J］. 解放军外国语学院学报, 2016, 39（6）: 63-68.

令行动。① 例如：

子供にドアを閉めさせる。

（让孩子把门关上。）

（2）表示引发、诱发的时候，汉日的表达形式也是相互对应的。在这种用法中，使役者的动作、行为或某些事物引起被使役者的思想、行动发生某种变化。② 例如：

その写真を見ると、わたしに過去のことを思い出させた。

（看到这张照片，使我想起了过去的事情。）

（3）表示许可、允许、放任的时候，汉日的表达形式也是相对应的。表示使役者对被使役者的行为及动作采取任其发展、听之任之、不加干涉的态度。这种用法中经常后接「てあげる」「ておく」「てもらう」「てくれる」等助动词。例如：

彼女は泣きたいのだから、泣かせておきなさい。

（她想哭就叫她哭吧。）

僕の時間を少しあげて、その中で君を眠らせてあげたいくらいのものだよ。

（真想把我的时间分出些来，让你在里边好好睡上一觉。）

（4）表示委婉请求时，汉日的表达形式也是相对应的。这种用法是被使役者请求使役者让自己做什么，就委婉地表达了说话人的意见。③ 例如：

それからお宅のこと全部調べさせていただきました。

（请允许我们对您进行彻底地调查。）

宴もたけなわではございますが、ここでちょっと予定を早めまして、新婦お色直しのため、途中退場させていただきます。

---

① 崔忠，李爱华. 使役表达的汉日对比——以《逝者如斯》及其译本为例 [J]. 淮海工学院学报（社会科学版），2008，6（2）：91-93.

② 崔忠，李爱华. 使役表达的汉日对比——以《逝者如斯》及其译本为例 [J]. 淮海工学院学报（社会科学版），2008，6（2）：91-93.

③ 凌蓉. 日语使役句在会话中的意义和功能 [J]. 日语教育与日本学，2015（2）：64-72.

（宴会真是盛大啊，不过根据事先安排，请允许新娘换装暂时中途退场。）

上面提到的起到"表达委婉作用"的使役句也可以归到表示"允许"意义的句子。其实，表示其他意义的使役句有时也可以起到使表达更加委婉的作用。表示"使令"意义的使役句中有不少以动词的使役态表示委婉的，如「待つ」的使役态「お待たせ」「お待たせしました」「お待たせいたしました」等。①

（5）表示被动使役的时候，是日语独特的一种语法形式。一般情况下，汉语用"迫使，被迫，逼迫，不得以"等表示被动意义的词汇与之对应。例如：

駅員のストライキで電車が止まったため、一時間も待たされた。

（由于车站工作人员罢工造成电车停了，我不得不等了一个小时。）

通过上面汉日使役句表达形式的比较可以看出，由于"使、叫、让"和「せる/させる」都有"使令、许可、容许，表示诱发和原因"的意义，在大部分情形下，既有适合"使、叫、让"也适合「せる/させる」使用的语境存在时，汉日使役表达是能够相互对应的。同时由于汉日语在思维方式和使用习惯上存在一定差异，所以"使、叫、让"和「せる/させる」也存在不能对应的情形。

二、汉日的使役表达形式不对应的情形

汉日的使役表达形式不对应的情形分成两部分。一部分是汉语中含有"使、叫、让"的句子不能用日语的使役表达对应的情况，另一部分是日语含有「せる/させる」的句子不能用汉语的使役表达对应的情况。

（一）汉语用使役表达形式，却不能用日语的使役表达对应

（1）汉语中用"让"来表示愿望、劝诱的时候，不用日语的使役表达

---

① 凌蓉. 日语使役句在会话中的意义和功能［J］. 日语教育与日本学，2015（2）：64-72.

与之对应，用「ましょう」显得更自然。例如"好，让我想想办法。"这句话如果用日语的使役表达对译成「では、私に方法を考えさせます。」，日语表达的是一种委婉的说话方式，并没有体现出说话人的愿望。所以，采用「よし、なんとか考えよう」会更贴切。其他的例子：

让我们打篮球去吧。

「一緒にバスケットボールをやろうじゃないか。」

现在让我们再回到旧事。

「もう一度話を昔に戻そう。」

过去的事就让它全都过去吧。

「過去は忘れよう。」

让我给大家讲个笑话，好吗？

「みんなに笑い話をしましょうか？」

接下来让诸位欣赏空中飞人！

「これから皆さんに空飛ぶ人を見てもらいましょう。」

（2）汉语中"叫""让"有时表示被动，这种情况不能用日语的使役表达与之对应。需要其他句式代替表现。例如：

叫（让）你不听话，吃亏的是你。

「言うことを聞かないと損するのはあなたですよ。」

很多战士叫（让）火烧伤了脸和手，但仍然咬牙坚持着。

「多くの兵士は顔と手にやけどをしたが、依然として歯を食いしばって頑張っている。」

（3）汉语的原因使役句，日语不用「せる/させる」来表示。

汉语有时会用"使，让"表示因果关系，这种被称为汉语的原因使役句。这种情况下的"使"可以用日语使役表达的「せる/させる」翻译。例如："战争使他失去了父母"这句话可以翻译成日语使役句「戦争は彼に両親を失わせた」。但是，日语中表示因果关系的句式很多，而且必须要考虑上下文和语言习惯。对于这个句子一般不使用「せる/させる」的使役表达。更加贴切和自然的日语翻译应该是「戦争のために彼は両親を失った」或者「戦争が彼の両親を奪った」。其他例句如下：

天天健身使他变得更强壮。
「毎日トレーニングをしているので、彼はすごく丈夫になった。」
经常撒谎使他没有了朋友。
「いつも嘘をついて、彼は友達がいなくなりました。」
女友当众拒绝牵手使他尴尬之极。
「彼女がみんなの前で手を繋いでくれないから、彼は非常に気まずくなった。」
说起来它也是个可怜的东西，但干扰睡眠却叫人生气。
「実に可哀そうなものですが、人の睡眠を邪魔しては腹が立った。」

从以上几个例句可以看出，当出现汉语的原因使役句时，日语会使用「～ために」「～ので」「～から」「～て」等形式表示因果关系，几乎不用「せる/させる」来表示。

(二) 日语用使役表达形式，却不能用汉语的使役表达对应

(1) 日语表示动作主体驱动自己身体的一部分时，常用使役表达形式，汉语却不用。

当驱动身体的一部分时，日语把它看作是动作的对象。例如，日语说「もうちょっと頭を働かせてごらん」，如果翻译成汉语则是"再动动脑子看看"，而不是"再把脑袋动一下"。在这种情况下，日语用使役表达不能翻译成汉语的使役句。例如：

時雄は顔を曇らせた。
(时雄脸色阴沉下来。)
彼女は口をとがらせて、泣き出しそうになった。
(她撅起嘴巴，快要哭出来了。)
子供たちは目を輝かせて話に聞き入っている。
(孩子们目光闪闪地听着故事。)
尚子はぴくりと体をふるわせて、アルミサッシをぎゅっと握りしめた。
(尚子颤抖着身体，紧紧握住了铝制窗框。)

179

以上这些例句中，日语中多使用非意识性自动词的使役态，翻译成汉语时多使用他动词。

（2）日语中很多动词有自、他两种形式，但也有一部分只有自动词，没有与之对应的他动词。为了将自动词转换成他动词来使用，采取自动词未然形后接「せる/させる」的形式。这种情况下的动词并没有使役意味，仅仅是作为他动词来使用。所以翻译成汉语时不需要使用使役表达。例如：

巫女が雨を降らせる。

（女巫招雨。）

永年の努力が、ついに大輪の花を咲かせた。

（多年的努力，终于开花结果了。）

市民のマナーを向上させ、美しい街を作ろう。

（提升市民礼仪，创建美丽城市。）

在这种情况下，一般使役者多为有生命之物，被使役者多为无生命之物。另外，有一部分汉语词干的サ变动词后接「させる」可变成他动词使用。这一部分サ变动词翻译成汉语时，不用动词使役态，用他动词来表示。反过来看，汉语中的一些词汇翻译成日语时，则必须要使用サ变动词后接「させる」的形式。例如汉语中"普及教育""发展经济"，翻译成日语就是「教育を普及させる」「経済を発展させる」。

（3）日语中的惯用语使用使役表达的情形，汉语无法与之对应。

在日语中，有很多使用使役表达的惯用语。翻译时必须充分考虑日语的意思和中文的习惯表达。例如：

予選で強敵と顔を合わせることがあった。

（预赛时碰上了劲敌。）

商品が盗まれないように目を光らせている。

（擦亮双眼防止商品被盗。）

飲み会で彼女と膝を突き合わせて懇談した。

（在酒会上和她促膝谈心。）

(4) 含有使役意义却没有使役形式的特别语句。

当然除了上述几种常用形式外，日语中还有「使役者（が/は）……被使役者（に/を）……ようにという/ようにする」「使役者（が/は）……被使役者（に/を）……使役性他动词」这样的表达形式。尽管没有出现动词的使役态，但句中谓语动词具有使动意义。由于汉语中没有直接相对应的表达形式，所以翻译时常用"使、叫、让"等动词。例如：

明日週末だから、彼女が家に遊びに来るように言っていました。

（因为明天是周末，她说让我到她家玩。）

いつも悪い成績を取って親を苦しめる。（沪江日语）

（总是考得不好，让父母伤心。）

第十章　汉日描述事态发展的对比

事物的发生、发展和变化，人的动作行为都处于时间或过程之中。如果以某一时刻为基准，观察事物的变化过程，可以划分为"过去""现在""将来"等时间概念。汉语称为"时""时态"，日语称为「テンス」（tense）。如果深入事物或动作行为的内部观察，动作变化有起始、持续、终结等各种状态。汉语称其为"体""动态"。日语称其为「アスペクト」（aspect）或「体」「相」「動態」。

日语的时态和动态的标志性比较强，相关体系比较庞杂。汉语虽然也有时态和动态的标志，但相对较弱。由于没有词形的变化，有时候汉语只有通过上下文的意思，来判断时态和动态。为了说明上的方便，本书将描述事态发展的时态和动态统一称为"体"。

第一节　汉语描述事态发展的主要形式

一、汉语起始体的表达

汉语表达动作起始通常使用"开始+V"与"V/A+起来"两种表达方式，两者都表示起始义，有时候两者可以任意替换，有时候则只能使

用一种。① 具体用法如下：

（1）"开始+动词"的句型在汉语起始体表达中最为普遍。例如：

他九岁开始学习围棋。

「彼は九歳から碁を習い始めた。」

日本从公元2世纪开始使用汉字。

「日本では紀元2世紀から漢字が使われたようになった。」

这次失败使他开始怀疑自己的能力。

「この失敗で彼は自分の能力を疑い始めた。」

有时将"开始"简化成"开"，后面附单音节动词，构成双音节复合词，也可以表达起始体。比如"开吃""开工""开搞""开讲""开幕""开赛""开战"等。例句如下：

下礼拜就要开学了。

「来週から学校が始まる。」

电影马上开演了，请大家安静。

「映画はもうすぐ始まりますよ。静かにしてください。」

酒都倒好，兄弟们，开喝吧！

「お酒は全部入れてきた。皆飲みましょう。」

1958年9月2日，新中国第一家电视台开播了。

「1958年9月2日に、新中国初のテレビ局がスタートした。」

也有把"开"后置于动词，表示起始义的情况。例如：

两个女人摆好架势骂开了。

「二人の女が身構えてののしり始めた。」

总经理被调查的事公司里都议论开了。

「社長が調査されたうわさは会社で広まってきた。」

（2）"动词/形容词+起来"的句型是汉语表示起始体的另一种形式。"起来"是趋向补语。表示动作的开始，或者是进入一个新的状态，前面

---

① 陈明舒. 表示起始义的"开始V"与"V起来"研究［J］. 湖南大学学报（社会科学版），2010，24（5）：98-101.

的动词如果是瞬间动词，"起来"表示突发性。如果是表示变化的，"起来"表示自然开始，并将持续下去的意思。例如：

孩子突然哭起来，吓了我一大跳。

「子供が急に泣き出して、びっくりさせました。」

本以为坏了的钟突然发出声响，指针跟着动起来了。

「壊れていると思っていた時計は突然音を立てて、針が不意に動き始めた。」

他对那个可怜的小女孩同情起来了。

「彼はそのかわいそうな女の子に同情してきた。」

主席走到人群中，人们立刻沸腾起来。

「主席が人込みの中に入ると、人々はたちまち沸き立った。」

听到人们的赞美，她的脸红起来了。

「人々の賛美を聞いて、彼女は顔を赤らめた。」

他要犯起浑来，谁也拦不住。

「彼がばかになったら、誰も止められない。」

有时将"起来"简化成"起"，附在单动词后，也可以表达起始体。例如：

祥林嫂又说起她儿子的事来了。

「祥林さんがまだ息子のことを言い始めた。」

我又想起了故乡的小村庄。

「私はまた故郷の小さな村を思い出した。」

那么，汉语起始体表达使用"开始+V"还是"V+起来"，具体情况如何呢？一般来说，"开始+V"的适应范围远远大于"V+起来"，而"V+起来"则受到较多限制。这是因为"开始"是表示时间起点意义的实词，它可以为其后动词所表示的动作行为明确地划定一个起点。而"起来"是依附于动词"V"的，只有用"V+起来"才能表示动作行为的起点并以此起点延续下去。①

---

① 陈明舒：表示起始义的"开始V"与"V起来"研究［J］.湖南大学学报（社会科学版），2010（5）：98-101.

二、汉语持续体的表达

汉语中，时间副词"在""正""正在"后接动词，表示动作的进行或状态的持续。

一般来讲，"在"表示动作正在进行；"正"和"正在"则表示动作在进行中或状态在持续中。"在"着重指状态；"正"着重指时间；"正在"表示状态的基础上兼指时间。例如：

他在看小说。

「彼は小説を読んでいる。」

他正从楼上下来。

「彼はちょうど階段から降りるところだ。」

他们正在讨论公司的人事安排。

「彼らは会社での人員の配置について議論している。」

"在""正""正在"常常可以互相替换，不影响语句的表达。同时，三者之间也存在一定的语义差异。由于"在"表示一段时间，"正"和"正在"表示某个时点，三者存在一定差异，因此一些情况下"在"不可以被"正"和"正在"替换。

第一，当句中出现表示延续或重复的时间副词如"一直、还、仍、常常、时时、不断、每天，总（是）"时，"在"不能被"正"或"正在"替换。① 例如：

中国一直在进步。

「中国はずっと進歩している。」

这孩子都三岁了还在吃奶。

「この子はもう3才になったのにまだ乳を飲んでいる。」

第二，当"在"出现在排比句、对比句、比喻句时，一般不能被

---

① 王怡然. 韩国学生汉语时间副词"在""正""正在"习得研究［D］. 南京：南京师范大学，2018：15-16.

"正"或"正在"替换。① 例如：

一种很纯洁的感觉在弥漫，一种看不见的火焰在燃烧。

「一つのとてもピュアな感覚が漂っており、一つの見えない炎が燃えている。」

旗帜在等待风，而晾晒在竹竿上的衣裙却在享受阳光。

「旗は風を待っているが、竹ざおに干したスカートは日差しを楽しんでいる。」

第三，当"在"前面有"是"搭配，组成"是在……"结构时，不能被"正""正在"替换。② 例如：

她是在利用孩子向丈夫示威。

「彼女は子供を利用して夫を威迫している。」

你是在沉睡还是在奋斗。

「君は眠っていますか？それとも頑張っていますか？」

三、汉语存续体的表达

"存续体"表示的是动作行为实现后其状态在延续或存在。汉语中还有"留存体""延续体"等说法。主要有"V+着"和"V+下去"两种句式。

（1）"动词+着"表示动作本身在持续或动作造成的某种状态在持续。

①表示动作本身在持续。例如：

那人架起一只脚来，悠悠地晃荡着。

「あの人は足を組んで、悠々と足を揺らしている。」

在你们身上寄托着中国与人类的希望。

「諸君の肩には中国と人類の希望が託されている。」

大山的深处，流传着一个古老而又神奇的传说。

---

① 王怡然. 韩国学生汉语时间副词"在""正""正在"习得研究［D］. 南京：南京师范大学，2018：15-16.
② 王怡然. 韩国学生汉语时间副词"在""正""正在"习得研究［D］. 南京：南京师范大学，2018：15-16.

「山の奥には、一つの古くて不思議な伝説が伝わている。」
②表示对事物进行动作后所造成的状态留存并持续下去。
书架上放着许多书。
「本棚にたくさんの本が置いてある。」
贺年卡片上用汉字写着"谨贺新年"几个字。
「年賀状に漢字で「謹賀新年」と書いてあります。」
电灯开着，收音机响着，屋里却没有人。
「電灯がつき、ラジオから音がしているが部屋に誰もいない。」
（2）汉语中，动词后面接"下去"，可以构成持续体句式。趋向补语"下去"表示动作、行为继续进行。
材料不够，还要继续搜集下去。
「資料は足りないので、まだ続けて集めなくてはならない。」
大学应该把这种好的学风坚持下去。
「大学はかならず素晴らしい学風を堅持してゆかなければなりません。」
传统陶瓷制作技术要一代一代传下去。
「伝統的な製陶技術は代々受け継げれていくべきです。」
虽说"V+着"和"V+下去"都具有动态的存续义，然而，两者却并不是无条件地可以换着说，这表现在，在句法上两者的换用要受到一定的限制，来看这样几个例子。①
那只猎犬叫西里乌斯，他每次打猎都带着。
「その猟犬はシリウスという。彼は猟のたびに連れていく。」
科学家正在不断地探索着。
「科学者は絶えず探索している。」

四、汉语完成体的表达

汉语完成体通过动词后接助词"了"构成。由于助词"了"不仅是表

---

① 史哲，杨倩. 试论"V着"与"V下去"[J]. 科教导刊，2012（5）：101，106.

示完成的动态助词，同时也是句末表示语气的语气助词。所以学术界把动态助词"了"叫作"了1"，把语气助词"了"叫作"了2"。这里主要讨论"了1"的用法。"了1"在句子中表示的是"完成"的意义，这个"完成"的指向是句中的动作完成。根据"了1"在句中处于动词后面的位置，有人将其分为两种形式，一种是句子结构形式含有一个动词的；另一种是句子结构形式含有两个动词的。①

(一) 表示动作、作用已经发生或实现

(1) "了"放在动词之后，动词通常带有宾语。

他已经买了房子。

老师表扬了小李。

他违反了党的纪律。

小明做完了功课。

(2) 一个句子出现两个"了"，一个"了"放在句中动词之后，另一个处于句末。句末"了"的前面常有名词、数量词或其他成分放在宾语前作为定语或补语。即"V+了+……+O+了"的结构，例如：

他俩已经下了一盘棋了。

田中先生学了汉语两年了。

我吃了一碗饭了。

这种句型结构中第一个"了"表示动作、作用已经发生或实现。第二个"了"是表示结句的语气词。

(二) 表示预期或假设完成的动作

陈述句中的"了"后面的宾语如果没有定语限定，这时的"了"就起到了假设将来发生了某个动作，可能产生的结果的作用。即"了"放在第一个动作之后，表示该动作完成后就完成第二个动作。例如：

---

① 刘珍秀. 浅析"了1""了2"的意义及用法 [J]. 中国民族博览，2020（8）：92-93.

我下了课，再找你谈话。
见到了你舅舅请代我向他问好。
我找到了工作才能娶你。

（三）表示状态、状况变化的结果

"了"放在形容词或动词之后，表示某一状态、状况变化的结果，在否定句里也可以使用。①

衣服洗干净了。
天已经黑了。
饭菜都凉了。
头发全白了。
他不上学了。
婴儿不哭了。

汉语完成体的表达主要是通过助词"了1"完成的，有时候对于动作完成的表达并不一定使用助词"了1"。例如：

a. 世乒赛上中国连续几届荣获冠军。
b. 他一进门就扔下书包，还没换鞋就去开冰箱找冷饮。

例句 a 的"荣获"是反复、经常性的动作，例句 b 的"进""扔""换""开""找"是一连串连续的动作，因此在这两种情形下，即使动作已经完成了，一般也不使用完成体的标志"了"。

第二节　日语描述事态发展的主要形式

一、日语起始体的表达

日语复合动词「~はじめる」「~だす」「~かける」都能表示动作的

---

① 胡明扬. 汉语和英语的完成态 [J]. 语言教学与研究, 1995 (1)：25-38.

起始，接在动词连用形后面，但三者用法有很大区别，使用场合不同。还有补助动词「~てくる」有时也能表示动作的开始，语法意义比较独特。

（一）「~はじめる」的用法

「~はじめる」接在动作动词之后，单纯表示动作的开始，既能与自动词结合，也能与他动词结合，「~はじめる」可与「~てください」「~しなさい」「~つもりだ」等表示意志的句型连用。① 例如：

李さんは先週の金曜日から、レポートを書き始めた。
（小李从上星期五开始写论文。）
彼は壁に体をもたせ掛けてタバコをすい始めた。
（他身子靠在墙上，开始吸起烟来。）
作文をすぐ書き始めてください。
（请大家马上开始写作文。）
花子は一週間前にセーターを編み始めた。
（花子从一周前就开始织毛衣了。）

（二）「~だす」的用法

「~だす」接在动词连用形之后，表示动作的开始，主要与自动词结合，表示事情的发生。一般用于自然而然、突发性极强的动作，而不是人为的、意志性的动作，故后项不能有「~てください」「~しなさい」「~つもりだ」表示意志的句型。经常接在表示自然现象、感情、心理等动词之后，如「泣く、笑う、照れる、慌てる」，以「今にも~だしそうだ/~ださんばかりだ」的形式表示现象的发生或开始，也可接在表示声音的动词之后，如「鳴る、とどろく、響く」，表示事情突然发生。② 例如：

急に雨が降り出した。
（突然下起雨来了。）

---

① 尹如爱. 复合动词~だす ~はじめる ~かける [J]. 科技信息，2009（20）：127.
② 尹如爱. 复合动词~だす ~はじめる ~かける [J]. 科技信息，2009（20）：127.

190

課長はしゃべりだすと切りがない。
（科长一说起来就没个完。）
この本は面白くて読み出すと止まらない。
（这本书很有意思，读起来就放不下了。）
気になりだすともう居ても立ってもいられなくなった。
（一往心里去，就站也不是坐也不是的了。）

（三）「～かける」的用法

「～かける」可接在自动词、他动词的连用形后，后续动词可以是意志动词，也可以是非意志动词。

（1）「～かける」接在表示持续意义的动词后（多为他动词），相当于「～している途中」「～しはじめる」表示动作进行了一点或者刚刚开始，但在中途停止的意思。① 例如：

書きかけの手紙がなくなった。
（写了一半的信不见了。）
急いでいたので、ごはんをたべかけたまま出てきてしまった。
（因为着急，饭吃了一半就出来了。）
何かを言いかけて、やめる。
（欲言又止。）

（2）「～かける」接在表示瞬间意义的动词后（多为自动词），一般为非意志动词，相当于「～しそうになる」，表示动作还未发生，即将开始前的状态表示。② 例如：

私が海で危うく溺れかけたところ、助けてくれたのが今の夫なんです。
（当我几乎在海里就要淹死的时候，救我一命的是我现在的丈夫。）
私は子供のころ、病気で死にかけたことがあるそうだ。

---

① 尹如爱. 复合动词~だす ~はじめる ~かける［J］. 科技信息，2009（20）：127.
② 姫野昌子.「複合動詞『～かかる』と『～かける』」［J］. 日本語学校論集，1978（6）.

191

（据说我小的时候差一点因病而夭折）

その猫は飢えでほとんど死にかけていたが、世話をしていたら、奇跡的に命を取り戻した。

（那只猫本来饿得几乎快要死了，可我养了几天，它竟奇迹般地又活了下来。）

（四）「～てくる」的用法

补助动词「～てくる」一般接在自动词连用形后面。原本表示空间上由远及近地移动，引申为逐渐接近说话人视点的意义，表示逐渐开始的动作和发生的事情。例如：

宿題を書いているうちに眠くなってきた。

（写着写着作业就困起来了。）

電車がだんだん込んできます。

（电车渐渐拥挤起来。）

春になると桜のつぼみも膨らんできました。

（春天一到，樱花的花苞就鼓起来了。）

二、日语持续体的表达

"动作的进行"指动作在现时点之前已发生，并会就此进行下去。日语表示持续体一般是动词连用形后接「ている」「ているところだ」「つつある/つづける」「ていく」来完成，这四种用法各有特点，不能任意替代。

（一）「～ている」的用法

「ている」接在"继续动词"连用形后，表示进行时态。例如：

公園で男の子がサッカーをやっていて、女の子がぶらんこに乗っています。

（公园里，男孩子在踢球，女孩子在荡秋千。）

農作物がすくすく伸びている。

（庄稼在茁壮成长。）

風がうなり、馬がいななき、黄河がどなっている。

（风在吼，马在叫，黄河在咆哮。）

（二）「～ているところだ」的用法

「～ているところだ」是「～ている」+「ところだ」构成的，接在动词连用形后，更加强调动作处于进行状态中。例如：

私は彼の返事を待っているところだ。

（我正等着他回话呢。）

今会議をやっているところなので、ご用件があるなら2時間後にお越しください。

（现在正在开会，有事请两个小时以后来。）

「ハエがどうやって口に入ったの?」

（苍蝇怎么进到嘴里的?）

「あくびをしているところです。」

（打哈欠的时候。）

（三）「～つつある/～つづける」的用法

「～つつある/～つづける」接在动词连用形后，这两个后缀都有继续某种状态的意义，但也有些区别。「～つつある」表示某种状态正在朝着某个方向持续发展。「～つづける」的意思是现在做的事情继续下去。例如：

環境問題への関心が高まり、自転車で通勤する人が増えつつある。

（人们对环境问题的关心日益高涨，越来越多的人骑自行车上班。）

時代とともに、町の様子も変わりつつある。

（随着时代的发展，城市的面貌正发生着改变。）

これ以上ダムの水が減り続けると飲料水の不足が心配になる。

（如果水库的水继续减少的话，饮用水匮乏将令人不安。）

需要指出的是「～つつある」不能与「行く」「泣く」「話す」等表

193

示具体动作的词一起使用。这是因为「～つつある」表示的是一种趋势的延续和发展，所以持续的时间和状态相对较长。例如：

暑くて蚊も多いので、子供が泣きつつある。（×）

子供はいつまでも泣きつづけるの？（○）

（这孩子要哭到什么时候？）

（四）「～ていく」

「～ていく」在空间上原本表示由近及远地移动。「～ていく」接在动词连用形后，表示以当时说话的时间点作为基准，某种状态或行为从现在持续到将来的意思。例如：

あまり食べていないから、彼女はどんどん痩せていく。

（因为不怎么吃东西，所以她越来越瘦了。）

だんだん寒くなってきましたね。これから、もっと冷えていくでしょう。

（天气冷下来了。今后，会更冷吧。）

どんな困難があっても暮らしていくという覚悟があります。

（不管有什么困难也要生活下去，我有思想准备。）

三、日语存续体的表达

日语存续体表示动作所造成的某种状态或结果一直存在并保持下去。一般通过动词连用形接「～ている」和「～てある」完成。另外，「～ておく」也有表示动作存续的用法。

（一）「～ている」的用法

自动词连用形+「ている」。表示自身动作、状态或其结果一直持续到现在，还可表示这种状态，或者习惯性、反复性的动作。例如：

彼の気持ちはもう変わっている。

（他已经变心了。）

公園にはたくさん花が咲いている。

（公园里开着很多花。）

窓が開いているから、誰が家にいるでしょう。

（窗子开着，家里应该有人吧。）

宝くじが当たった夢を見たから、太郎は一日中ずっと笑っている。

（梦见中了大奖，太郎一整天都乐得合不拢嘴。）

动词连用形+「ている」既可以表示进行时，也可以表示存续体。到底是表示什么，一方面看动词的性质，另一方面要结合上下文。例如：

今、木ごりで木を倒している。

（现在，正在用锯子砍树。）

目の前に木が倒れている。

（一棵树倒在我面前。）

「倒す」是他动词，"放倒，弄倒"的意思。「木を倒している」表示砍树的动作正在进行。「倒れる」是自动词，"倒塌，倒下"的意思。「木が倒れている」不是表示树正在倒下的意思，而是"树倒了"的状态一直存在。

（二）「～てある」的用法

他动词连用形+「てある」时，原来的动作所作用的对象要由「を」变成「が」或「は」来表示。表示某个动作或作用结果的持续，或者表示已经做好准备。例如：

本に名前が書いてある。

（书上写有名字。）

入り口に花が飾ってある。

（门口摆着花。）

先生の許可がもらってあるので、研究室を使ってください。

（老师已经同意了，这间研究室请用吧。）

論文を書くための資料がたくさん集めてある。

（收集了许多写论文的资料。）

「～ている」和「～てある」在表示存续体时，除了所接动词词性不

195

同外,「～てある」更能让人感受到施动者的存在。而「～ている」只是单纯地表达一种状态,不涉及这种状态产生的原因。例如:

ビールが冷えている。

(啤酒冰镇着呢。)

ヒールが冷やしてある。

(啤酒事先冰上了。)

「冷えている」单纯表示处于"冷的状态",「冷やしてある」则说明了故意把啤酒冰镇是"冷的状态"的原因。

(三)「～ておく」的用法

「～ておく」是事先准备的意思,更强调动作。可以表示意志的语气,包括请求,命令,愿望,劝诱,祈使等。例如:

朝食をテーブルのうえに置いておきます。

(我把早餐放在桌子上。)

そろそろ暗くなるから、電気をつけておきましょう。

(天快黑了,把灯点上吧。)

「～ておく」也有表示让某种状态继续保持的意思。例如:

寝室をきれいに掃除しておきました。

(卧室已经打扫干净了。)

忘れないように、手帳にメモをしておいた。

(怕忘了,已经记在笔记本上了。)

在表示状态持续时,「～ておく」与「～てある」意思比较相近,但区别也很明显。「～てある」更侧重于行为结束后造成的状态,强调的是状态。而「～ておく」的重点是行为本身,更强调"事先"有意识的动作。例如:

窓が開けてある。

(窗户开着。/强调窗户开着的状态)

ネコが部屋に入れるよう、窓を開けておいた。

(为了猫能进屋,因此把窗户打开了。/强调开窗这个动作)

四、日语完成体的表达

日语完成体表示某一动作、变化已经完成或实现的一种状态。一般用助动词「た」、补助动词「～てしまう」，以及动词连用形接「～終わる」「～切る」「～上げる」和「～上がる」构成复合动词来表示。

（一）「た」的用法

（1）助动词「た」的语法意义很多，表示过去时、完了、回想、发现、提出疑问、轻微命令等。但在表示过去的、已成事实的、完成的用法时比较简单。接在动词连用形后，表示动作是过去发生的，或动作的完成状态。例如：

昨夜大雪が降ったね。

（昨夜下了大雪。）

さっき課長から電話をもらいました。

（科长刚才打来电话。）

海外に留学した兄は日本に戻ってきました。

（在海外留学的哥哥回日本了）

（2）助动词「た」还可以表示非过去时态下的完了。例如：

日本に着いたら電話してください。

（到了日本后请给我打电话。）

あさっての会議に出た人は資料を準備してください。

（参加后天会议的人请准备资料。）

こんな仕事がなければ明日はハイキングに行ったのに。

（如果没有这些工作，我明天就去郊游了。）

「日本に着いたら電話してください。」中的「たら」为「た」的假定形，假定并不是过去的完了，而是未来的完了。而另外两个句子从「あさっての会議に出た」「明日はハイキングに行った」中的「あさって」「明日」就可以很明显地看出是未来完了的含义。此外接在他动词或意志动词后，表示事物一般的、不变的道理、法则、规律、经验等。

197

（二）「~てしまう」的用法

「~てしまう」接在动词连用形后，表示完成或消极的情绪。

（1）表示动作的完成，也经常用「~てしまった」。例如：

出かける前に残りの書類を読んでしまう。
（在出门前，要把剩余的文件看完。）
ママが作ったケーキを全部食べてしまった。
（我把妈妈做的蛋糕全都吃完了。）
この宿題をしてしまったら、ゲームで遊ぼう。
（把这项作业做完之后，来打电玩吧！）
12時から会議がありますので、もうご飯食べてしまった。
（因为12点有会，我已经吃过饭了。）

（2）表示某种感慨（结果通常是消极）。根据语境不同，表示可惜，后悔等感慨，有时也带有"发生了无法弥补的事情"的语气。这里的动词一般都是无意识动词/非意志动词。

昨日买ったカメラが壊れてしまった。
（昨天买的相机坏了。）
新しいカメラをうっかり水を中に落としてしまった。
（不小心把新买的照相机给掉到水里了。）

（三）「~終わる」的用法

接动词连用形，构成复合动词，表示做完该动作为止。例如：

本を読み終わる。（读完书。）
昼食を食べ終わる。（吃完午饭。）

（四）「~切る」的用法

接动词连用形，构成复合动词，表示"完了"，意为"把…做到最后""把…做完"。例如：

お金を使いきってしまった。

（把钱都用光了。）

山道を登りきったところに小屋があった。

（爬到山路尽头，那里有一间小房子。）

当「~終わる」「~切る」与其他动词结合成为复合动词时，在中文中常常被译为"完了""完""完成"。如：

a. 小説を読み終わる。

b. 小説を読み切る。

a、b 在中文中都翻译为"读完小说"。一般认为「~終わる」表示动作以及作用的完成，构成终结体。①「~切る」表示的是在一定期间范围内完成全部的量，并且完成的结果多为褒义，带有成功完成的语感。② 如：

ただ一晩で小説を読み切った。

（只一个晚上就把小说读完了。）

（五）「~上げる」和「~上がる」的用法

接动词连用形，构成复合动词。「~を〈他動詞〉+上げる」「~が〈自動詞〉+上がる」的基本意义表示向上方移动，引申为表示某项事务的完成。如：「~ができあがる」「~が刷り上がる」「~を書き上げる」「~を育て上げる」等。下面是具体例句：

新しい家が出来上がった。

（新房建成了。）

パンが美味しそうに焼き上がった。

（香喷喷的面包烤好了。）

武道で鍛え上げた男の体は、まるで鋼のようだった。

（练过武术的男人的身体简直就像钢铁一样强壮。）

何カ月もかかって作り上げた作品を前にして、わたしは喜びがこみ

---

① 黄爱华. 试析「~終わる」和「~切る」构成的体 [J]. 广州大学学报（社会科学版），2013, 12（8）：93-97.

② 许丽娜. 基于语料库的日语"完了"义复合动词用法分析——以"~切る""~終わる""~尽くす"为例 [J]. 延安职业技术学院学报，2017（4）：84-86.

上げてきた。

（当花了几个月才完成的作品摆在面前时，我高兴得不得了。）

第三节　汉日起始体表达的对比

根据前面的介绍，日语起始体表达标志是「～はじめる」「～だす」「～かける」「～てくる」，汉语起始体表达使用"开始+V"还是"V+起来"。那么，两者之间存在怎样的对应关系是本节陈述的内容。

一、「～はじめる」与"开始+V"还是"V+起来"在语义上的对应关系

（1）如果汉日语句中都有明确的时间，当强调从该时间起，动作、行为、作用将会发生明显变化的时候，「～はじめる」与"开始+V"在表达起始体上完全对应。例如：

この工場のラインは、毎朝7時に稼働し始める。

（这家工厂的生产线每天7点开始运转。）

戦後、『詩学』などの刊行物に詩作品を発表しはじめる。（『日本戦後名詩百家集』）[1]

（战后，开始在《诗学》等刊物上发表诗作。）

彼は12歳に父のもとに鉄の打ち方を習い始めました。

（他十二岁就跟着父亲开始学打铁。）

（2）汉日语句中虽然没有明确的时间，但强调动作行为已经进入新的局面，「～はじめる」与"开始+V"在表达起始体上也是对应的。例如：

发案较多的地区有的也开始下降。（天津日报，1990-04-11）

（事件が多発の地域の中で、件数の下がり始める地域がある。）

在火星的大峡谷降下两个美国机器人探测器，开始探测火星。（陈晓

---

[1] 张百波. 中日両言語における始動表現の対归照研究 [D]. 延吉：延边大学, 2015.

丹，《美国载人航天的过去与未来》）

（火星のグランドキャニオンに2つの米国のロボット探査機が降ろされ、火星の探査をはじめた。）

"博士，您别忘了，前方在流血，战局已经开始恶化！"（曹建，曹军，《海斯博士外传》）

（「博士、忘れないでください。前線では血が流れています。戦局は悪化し始めました。」）

（3）当「～はじめる」接意志性瞬间动词或心理动词等表示主观意识的动词时，与"开始+V"在表达起始体上也是对应的。① 例如：

五年级的孩子开始思考河流污染和鱼的生存问题。

（五年生の子供は川の汚染と魚の生存について考え始めた。）

我想了解从下载应用软件到开始上课的流程。（アプリのダウンロードからレッスンを受け始めるまでの流れが知りたいです。Qooco Talk Japan，2021-08-11）

（4）在表达起始体上，当「～はじめる」表示"突发性"的有意识动作，或者自然而然地进入一种状态，一般与"V+起来"是对应的。例如：

愛犬が散歩で急に黒いジャンバーを着ている男に吠え始めた。

（爱犬在散步时突然向穿着黑色夹克的男子吠叫起来。）

花子は赤の振袖姿になり、烏帽子をつけ中啓（扇の一種）を手に舞い始める。（『京鹿子娘道成寺』）②

［花子穿着红色的振袖，戴着乌帽子开始拿着中启（扇子的一种）跳起舞来。］

眼鏡をかけたおばさんがそろばんちゃんに話し始めた。「わたしは人工衛星研究所の人間です」。

（戴眼镜的阿姨跟小算盘攀谈起来了，"我是人造卫星研究所的。"（叶永烈，《电子大算盘》））

---

① 张百波．中日両言語における始動表現の対帰照研究［D］．延吉：延边大学，2015．
② 歌舞伎中最出名的剧目之一。

二、「~だす」与"开始+V"还是"V+起来"在语义上的对应关系

与「~はじめる」相比,「~だす」强调一种突发性、无征兆、无意识、无法控制的动作或状态。

夜中に突然電話が鳴り出してびっくりした。(白,2012)
(半夜电话突然响起来,吓了一跳。/表示突发性、无法控制)
今まさに雨が降り出しそうだ。(白,2012)
(现在好像要下起雨来了。/表示突发性、无征兆)
このドラマは一度見出すと面白くて止まらない。(白,2012)
(这个剧太好看了。一看起来就停不下来。/表示无法控制)
家族の写真を見るたびに、思わず涙が溢れだした。
(一看到家人的照片就禁不住流起泪来。/表示无法控制)
她忽然大声地笑了起来。(陈建功,《丹凤眼》)
(彼女はたちまち大声で笑い出した。/表示突发性、无征兆)
忽然,真由美大叫了一声:"那是什么?"(李明,《杜丘之死》)
(突然、真由美は大声で「あれは何?」と言い出した。/表示突发性、无征兆)

从以上例句可以看出,当日语「~だす」表示开始时,绝大多数情况下强调"突发",少部分情况下表示"不能控制、禁不住",基本上和汉语"V+起来"相对应。但"V+起来"却不一定和「~だす」完全对应,有时与「~はじめる」表示"有意识"动作的起始义相对应。

三、「~かける」与"开始+V"还是"V+起来"在语义上的对应 关系

「~かける」接在他动词后,表示动作进行了一点或者刚刚开始,但在中途停止的意思。因此在表达起始义时,「~かける」主要是以事情已经开始但还没有完成作为前提的,即"事情做了一半,快做完……了"。例如:

友達に大事な相談の手紙を書きかけた時、玄関のベルが鳴った。

（沪江日语网）

（有重要的事情要和朋友商量，信刚开始写，就听见门铃响了。）

もう日も沈みかけている。道を急ごう。（沪江日语网）

（天色开始变暗了。快点赶路吧。）

友達が遊びに来ると、息子は昼御飯も食べかけのまま飛び出していった。（沪江日语网）

（朋友来的时候，儿子饭还刚开始吃就飞奔出去了。）

「～かける」如果接在自动词后，则表示动作还没开始，"差一点就……"。所以同样是动词后接「～かける」，但只有接他动词时「～かける」才具有起始义。例如：

私が海で危うく溺れかけたところを、助けてくれたのが今の夫なんです。（沪江日语网）

（我以前差点在海里溺水身亡，当时救了我的就是我现在的丈夫。）

一般来讲，日语「～かける」只有接在他动词后，表示"动作刚刚开始，但还没有完成"的情况下，与汉语"开始+V"基本可以对应。不过在具体翻译时，汉语会有所调整。比如，「手紙を書きかける」「御飯を食べかける」翻译成汉语，可以是"信刚开始写""饭刚开始吃"，但按照汉语习惯翻译成"信才写了一半""饭刚吃了一半"的形式更多。

四、「～てくる」与"开始+V"还是"V+起来"在语义上的对应关系

「～てくる」由于其本身带有由远及近的意义，所以表示开始进入一种新的状态时，是逐渐开始和发生的。

（1）「～てくる」含有渐进开始的意义，具有持续性，多接持续动词。例如：

寒いと思ったら、雪が降ってきた。

（刚觉得冷，竟下起雪来了。）

最近、中国へ旅行に行く日本人が増えてきましたね。

（最近，到中国旅行的日本人多起来了。）

男は年をとるにしたがって、洗練されてくる。
（男人随着年龄的增长，都将变得成熟起来。）
このごろ少し太ってきた。去年買ったズボンをはくことができない。
（最近胖了起来，去年买的裤子都穿不进了。）

从上面例句可以看出，持续动词后接「～てくる」对应的汉语翻译多使用"V+起来"的形式。

（2）「～てくる」接在可能性感觉动词后，表示开始能够体验到一种新的感觉。与"开始+V"语义基本对应。① 例如：

富士山が見えてきた。
（看得见富士山了。）→开始看得见了
隣の家から、ピアノの音が聞こえてきた。
（从隔壁的屋子里传来了钢琴的声音。）→开始听得到了
歩いていると、焼肉のにおいがしてきた。
（正走着路呢，烤肉的香味扑面而来。）→开始闻得到了

以上例句的中文翻译虽然没有使用"开始+V"的形式，但日语原句表达是一种主观感受变化的开始，所以实质是与"开始+V"对应的，不能和"V+起来"对应。如果换成"看得见起来""听得到起来""闻得到起来"显然语义不通。

（3）「～てくる」接在主观意识动词后，表示主体开始预感、意识、体会到的意思。一般与汉语"开始+V"语义基本对应。② 例如：

今回のトラブル避けられないと予感してきた。
（我开始预感到这回的麻烦我们躲不过了。）
研究者は処方に問題があるかどうか疑ってきた。
（技术人员开始怀疑配方是否出了问题。）
彼は無謀な行動がいかに愚かを感じてきた。
（他开始意识到鲁莽的行为是多么愚蠢。）

---

① 张百波．中日両言語における始動表現の対归照研究［D］．延吉：延边大学，2015.
② 张百波．中日両言語における始動表現の対归照研究［D］．延吉：延边大学，2015.

五、关于「~はじめる」「~だす」「~かける」「~てくる」"开始+V""V+起来"动词接续的对比

（1）与「~はじめる」「~だす」「~かける」「~てくる」接续的前项动词

动词一般可以分为两大类：一类是与动作过程有关的，多表示动作变化和作用的"动态动词"；另一类是与动作过程无关，多表示事物性质和状态的"静态动词"。动态动词又可分为"继续动词"和"瞬间动词"，"静态动词"又可分为"状态动词"和"形容词性动词"。[①]「~はじめる」「~だす」「~かける」「~てくる」与前项动词接续的情况如表10-1。

表10-1 日语起始体助动词前项动词接续情况[②]

	例词	~はじめる	~だす	~かける	~てくる
继续动词	書く、読む、見る、渡る、飛ぶ、泣く、食べる、勉強する	○	○	○（表示状态和开始）	○
瞬间动词	始まる、死ぬ、来る、汚れる、起きる、消える、触る	△	△	○（只表示状态）	√
状态动词	ある、いる、できる、見える、聞こえる、読める	×	×	×	√
形容词性动词	優れる、聳える、沿う、似る、肥える	×	×	×	×

注：○完全可以；△反复发生的情况下可以；√部分可以；×不可以。

---

① 顾明耀.标准日语语法［M］.第2版.北京：高等教育出版社，2004：55.
② 李玲.表起始阶段的「~はじめる」「~だす」「~かける」和"起来"的对比分析［D］.杭州：杭州师范大学，2018.

205

「~はじめる」「~だす」「~かける」「~てくる」是表示动作变化和作用开始阶段的补助动词，因此基本上接在表示动态过程的"继续动词"和"瞬间动词"后。不接"状态动词"和"形容词性动词"。

继续动词与「~はじめる」「~だす」「~かける」「~てくる」的接续前面已经有很多例句，不再赘述。这里着重看与瞬间动词接续的情况，日语瞬间动词有「死ぬ、（電気が）つく、消える、触る、届く、決まる、見つかる」等。例句如下：

①a. この洋服は触り始める。（×）

b. 十代の頃にカメラマンの祖父の影響でカメラを触り始める。（○）

②a. この魚は死に出した。（×）

b. 池の中で酸素が足りないので、魚が次々と死に出した。（○）

③a. あの人は消えてくる。（×）

b. この軟膏を塗ると傷跡がだんだん消えてきた。（○）

④a. 難病に手が届きかける方法（○）

b. 死にかけた冒険（○）

从以上例句中可以看出，①a、②a、③a 三句中的「触る」「死ぬ」「消える」都是针对个体一次性瞬间就完成的动作，不存在动态过程。所以，在三个词后接上「~はじめる」「~だす」「~てくる」用来表示开始是不适合的。但在①b、②b、③b 三句中「触る」「死ぬ」「消える」表示是这个动作反复发生，后接「~はじめる」「~だす」「~てくる」用来表示整个过程的开始，是正确的。

需要注意的是，例句④a、④b 瞬间动词后接「~かける」，并不表示开始的意思，而是表示出于某种状态，「手が届きかける」表示处于能够"着手"或"解决"的状态，「死にかけた」表示处于"濒死""极其危险"的状态。只有当「~かける」前项动词是继续动词时，才有表示开始的意思。

（2）与"开始+V""V+起来"接续的其他动词

汉语动词可分为：行为动词、心理动词、发展动词、存现动词、趋向

动词、判断动词、确认动词（或关系动词）、能愿动词、使令动词。①"开始+V""V+起来"与其他动词接续的情况如表10-2。

表10-2　汉语表示起始义动词与其他动词接续的情况

	例词	开始+V	V+起来
行为动词	跑、看、听、说、写、走、打、拿、批评、宣传、保卫、学习、研究	○	○
心理动词	爱、恨、怕、想、喜欢、讨厌、害怕、想念、觉得、希望	○	○
发展动词	发生、生长、死亡、结果、枯萎、演变、发展、出现、失去、消失	○	△
存现动词	在、没、有、垂、飘、挂	△	×
确认动词	姓、等于、算作、属于、称为、成为	△	×
判断动词	是	×	×
趋向动词（趋势补语）	上、下、进、出、回、过、起、开、来、上来、下来、进来、出来、回来、过来、起来、开来、去、上去、下去、进去、出去、回去、过去、开去	×	×
能愿动词（助动词）	会、能、敢、要、肯、可以、能够、应该、必须、值得、便于	×	×
使令动词	使、叫、让、请、要求	×	×

注：○完全可以；×不可以；△有条件可以；

从上表可以看出，"开始"可以与行为动词、心理动词、发展动词完全接续，可以和部分存现动词、确认动词接续。比如存现动词中的"出现"，可以说"据人类学家推测，大约700万年前地球上开始出现人类"。又如"在""他在农村"，但不能说"他开始在农村"。这里的"开始"是个时间名词，在这里作状语，而不是"开始+V"形式的"开始做什么"。

同样"开始"可以与确认动词中部分动词接续。比如存现动词中的

---

① 张雪薇. 汉语动词的意义分类及其主要语法特点［J］. 鸭绿江（下半月版），2016（7）：144.

"属于""成为",可以说"自新中国成立,土地开始属于人民""知识分子开始成为劳动人民的一分子"。但几乎没有"开始姓""开始等于"的用法。

"开始"基本上不能和判断动词、趋向动词(趋势补语)、能愿动词(助动词)、使令动词接续。

与"开始"相比,"起来"需要依附前项动词,所以,能够与其接续的动词相对较少。"起来"可以和行为动词、心理动词完全接续,可以和部分发展动词接续。

(3)「~はじめる」「~だす」「~かける」「~てくる」"开始+V""V+起来"接续总括对比

由于本书日语动词是按照动作和作用状态将其划分为四类,和汉语动词划分标准不同,所以需要将汉日语动词进行相互对应。那么,日语继续动词对应汉语的行为动词、心理动词以及部分含有持续意义的发展动词和存现动词;日语瞬间动词对应汉语部分含有瞬间意义的发展动词和存现动词以及确认动词;日语的状态动词基本上和汉语的趋向动词、能愿动词相对应;日语的形容性动词在汉语中找不到相应的动词与之对应。关于汉日语起始体的动词接续情况对比,大致的情况总结如表10-3。

表10-3 汉日语起始体表达的动词接续的情况对比

日语	はじめる	だす	かける	てくる	汉语	开始V	V起来
继续动词	○	○	○	○	行为动词、心理动词	○	○
					持续性的发展动词	○	○
瞬间动词	△	△	○	△	瞬间性的发展动词	○	△
状态动词	×	×	×	△	存现动词	○	○
					确认动词	△	×
					趋向动词、能愿动词	×	×
形容词性动词	×	×	×	×			

第四节　汉日持续体表达的对比

一、汉日持续体标志的语义对比

日语持续体的明显标志是「~ている」和「~ているところだ」，其他的还有趋向助动词「~ていく」「~てくる」，以及惯用型「~つつある」和接尾词「~つづける」。汉语持续体的标志是"在……""正……""正在……"。那么汉日语持续体表达的标志在语义上是如何对应的，相互之间又有哪些区别。先看几个日语句子：

a. パソコンが急速に普及して<u>いる</u>。
b. パソコンが急速に普及して<u>いるところだ</u>。
c. パソコンが急速に普及して<u>いく</u>。
d. パソコンが急速に普及して<u>きた</u>。
e. パソコンが急速に普及し<u>つつある</u>。
f. パソコンが急速に普及し<u>つづける</u>。

翻译成汉语，都是"个人电脑正在快速普及"。然而在日语中，各句的意思却有相当大的差别。a. 的意思是"不知道从何时开始，也不知道到何时结束，个人电脑就这样快速普及"；b. 的意思是"现在是个人电脑快速普及的正当时"；c. 的意思是"从现在到将来，个人电脑会一直快速普及"；d. 的意思是"从过去到现在，个人电脑一直在快速普及"；e. 的意思是"个人电脑会快速普及的发展势头会更好"；f. 的意思是"个人电脑会继续快速普及"。

接下来再看几个汉语持续体的句子：

a. 哥哥<u>在</u>看电视。
b. 哥哥<u>正</u>看电视。
c. 哥哥<u>正在</u>看电视。

从汉语例句可以看出，a. 的"在看电视"主要侧重描述动作主体的状

209

态，相当于日语「テレビを見ている」；b. 的"正看电视"主要侧重动作持续状态中的时间点，相当于日语「テレビを見ているところ」；c. 的"正在看电视"在描述动作主体的状态上，指出了动作发生的时间，相当于日语「ちょうどテレビを見ているところ」。另外，"在"有"一段时间内"的含义，所以例句 a. 还隐含了"哥哥一直在……"的意思。

从以上汉日持续体例句的对比，可以看出这几个典型表达标志语义上的特征区别。日语持续体表达的表现形式比汉语的要丰富，而且在表面的形式下还有隐含意义。汉日持续体标志语义的特征和区别，如表 10-4 所示：

表 10-4　汉日持续体标志语义特征和区别

日语	语义特征	汉语	语义特征
～ている	表示一段时间内动作持续状态	在……	表示一段时间内动作持续状态
～ているところだ	侧重动作持续状态中的某个时间点	正……	侧重动作持续状态中的时间点
		正在……	在描述动作持续状态基础上，指出某个时间点也是这样。相当于「ちょうど～ているところだ」
～ていく	表示从某个时间点开始到将来的动作持续状态	不能与汉语的"在……""正……""正在……"相对应	
～てくる	表示从过去到某个时间点为止的动作持续状态	同上	
～つつある	动作持续且趋势会越来越……	同上	
～つづける	一般性的动作持续状态	同上	

二、汉日持续体标志在句中与不同词搭配情况的对比

（一）汉日持续体标志与动词搭配情况的对比

（1）「～ている」「～ているところだ」「～ていく」「～てくる」「～つつある」「～つづける」与动词搭配的情况

①日语动词分为继续动词、瞬间动词、状态动词和形容词性动词。「～ている」和「～ているところだ」是典型的进行时态、持续体的表现，所以前项动词几乎都是继续动词。当表示反复进行时，前项动词也可以是瞬间动词。例如：

朝からずっと雨が降っている。（继续动词）

（早上开始雨一直下着。）

鳥が空を飛んでいる。（继续动词）

（鸟在空中飞翔。）

魚が川を泳いている。（继续动词）

（鱼儿在河里有着。）

朝からずっとパンを切っている。（瞬间动词，「切っている」表示反复切的动作）

（早上开始一直在切面包。）

②「～ていく」和「～てくる」在表达持续状态时，一般只能接继续动词。但当表示动作反复进行时，前面也可以接瞬间动词。例如：

これから日本語を勉強していく。（继续动词）

（从现在开始要把日语学下去。）

これまで中国の小説をたくさん読んできた。（继续动词）

（到现在看了很多中国小说了。）

空襲警報が鳴るとともに、灯りが次々と消えていく。（瞬间动词）

（随着空袭警报响起，灯光一个接着一个熄灭了。）

今まで、会社を何軒やめてきたの！（瞬间动词）

（到现在为止，你辞了多少份工作了！）

211

③「~つつある」和「~つづける」

惯用型「~つつある」的前项动词几乎都是瞬间动词，表示瞬间完成的动作具有不断加强和扩大的意味。接尾词「~つづける」本身具有持续性，所以前向动词只能是持续动词。例如：

人口が増えつつあり、食料安全問題が深刻化している。（瞬间动词）

（人口不断增加，粮食安全问题非常严重了。）

環境保護意識が高まり、自転車を利用する人々が増加しつつある。（瞬间动词）

（环境保护意识提升了，利用自行车出行的人不断增加。）

3時間も歩きつづけて足が痛くなってきた。（继续动词）

（连续走了3个小时，脚疼死了。）

長い時間テレビを見つづけると、目が痛くなりました。（继续动词）

（长时间连续看电视造成眼睛疼痛。）

(2)"在……""正……""正在……"与动词搭配的情况

①"在……"表示持续状态时，主要与行为动词、心理动词和发展动词搭配。例如：

与行为动词搭配：在喝水、在跑步、在跳绳、在乘车、在学习、在研究等。

与心理动词搭配时，有时需要添加其他成分。如：还在爱着她；一直在怨恨哥哥；依旧在向往大城市等。

与发展动词搭配：小麦在生长；社会在发展；荷叶在枯萎；鱼儿在死亡等。

"在……"很少与存现动词搭配。比如没有这样的说法"在没""在有""在垂"，只有少数存现动词可与"在……"搭配，表示存在的状态。比如："红旗在飘着""传统手艺在消失"等。

②"正……"表示持续状态时，基本上可以和行为动词、心理动词、使令动词搭配，可以和少数发展动词、存现动词、趋向动词搭配。例如：

与行为动词搭配：正吃饭、正看书、正打字、正说笑、正考试、正批评孩子等。

与心理动词搭配：正<u>想</u>好事；正<u>希望</u>这是真的；正<u>害怕</u>事情败露；正<u>打算</u>回到乡下等。

与使令动词搭配：正<u>叫</u>他去送封信；正<u>让</u>小孩去买瓶酱油；正<u>要求</u>警方彻查案件等。

"正……"偏重时点，所以不适合与表示发展过程的动词搭配，只有少数发展动词与之搭配，如："敌人正<u>逼近</u>村庄""移动支付正<u>取代</u>纸币支付"等。

"正……"也只能和少数存现动词搭配，如："红旗正迎风<u>飘扬</u>""正<u>出现</u>好转"等。

"正……"有时可与少数趋向动词搭配，如："他正从井底<u>上来</u>""他正<u>进去</u>房间准备打扫"等。

③"正在……"表示持续状态时，兼有"在……"和"正……"的特征，既表示时间又表示状态。主要和行为动词搭配，可以和少数心理动词、发展动词、存现动词搭配。例如：

与行为动词搭配：正在<u>跑</u>、正在<u>跳</u>；正在<u>仰望</u>天空；正在<u>回答</u>问题；正在<u>商讨</u>规划

与少数心理动词搭配：正在<u>思念</u>家乡

与发展动词搭配：病痛正在<u>缓解</u>

有关汉日持续表达的动词接续的具体对应，如表10-5所示。

表10-5 汉日持续体表达的动词接续的情况对比

日语	ている/ているところ（だ）*	ていく/てくる	つつある	つづける	汉语	在……	正……
继续动词	○	○	○	○	行为动词	○	○
					心理动词	○	○
					持续性发展动词	○	△
瞬间动词	△	△	○	△	瞬间性发展动词	△	△

续表

日语	ている/ているところ（だ）*	ていく/てくる	つつある	つづける	汉语	在……	正……
状态动词	×	×	×	△	存现动词	△	△
					趋向动词	×	△
					确认动词	×	×
形容词性动词	×	×	×	×	能愿动词	×	×

注：○完全可以；×不可以；△有条件的可以。

*「~ているところだ」不接瞬间动词。

（二）汉日持续体标志与时间词搭配情况的对比

1.「~ている」、"在……"与时间词的搭配

「~ている」基本上和"在……"对应，都表示在一个时段的持续状态。所以，都可以接表示时段的时间词"一直"。例如：

<u>この一週間</u>、彼は<u>ずっと</u>論文を書いている。

<u>这个礼拜</u>，他<u>一直</u>在写论文。

「~ている」和"在……"也常接表动作反复、状态持续的"每、还、仍（然）、总是、经常"等时间副词。例如：

<u>毎日</u>、日本語を勉強している。

我<u>每天</u>都在学日语。

彼女は<u>未だ</u>寝ている。

她<u>还</u>在睡觉。

君のことは<u>いつも</u>おもっているです。

我<u>总是</u>在想你。

但"在……"可以接已然副词，而「~ている」不能。如果「~ている」接已然副词，表示的不是持续状态，而是存续状态。下一节会介绍。例如：

"企业已经在安排员工转岗了。"和「企業は従業員の転職をもう手配している」比较可以知道，汉语是指"已经开始并正在安排转岗"，而日语则是指"转岗已安排完毕"的意思。再看一个例子，「もう家に着いている」是指"已经到家了"，而非"已经在回家的路上"。

2.「～ているところだ」、"正……""正在……"与时间词的搭配

「～ているところだ」强调一个持续过程中的某个时间点或阶段，时间点性较强。通常接表时间点的词。"正……"侧重时点，强调动作的进行，所以"正……"一般接表示时点的时间词。"正在"相当于时间副词"正+在"，它既可以表示动作的进行，也可表状态的持续。它可与表时点及表有时界的时间段连用。① 例如：

<u>今</u>、日本語の敬語を勉強しているところです。

<u>现在</u>，正学到日语的敬语。

<u>现在</u>，正在学习日语的敬语。

「～ているところだ」和"正……""正在……"不仅有时点性，还可表同时性，强调一个事件发生时，另一个事情恰好发生。②「～ているところだ」和"正……" "正在……"的同时性是区别于「～ている」和"在……"的重要特点。例如：

<u>ちょうど</u>お風呂に入っているところに電話がかかってきて、大変困ってしまいました。

<u>正</u>洗澡时（<u>正在</u>洗澡），有人打来了电话，弄得我不知所措。

3.「～ていく」、「～てくる」与时间词的搭配

「～ていく」是指从现在开始一直持续，所以一般接表未来的时间词，如「これから」「今から」；「～てくる」是指到现在为止一直持续，所以一般接表示"到现在为止"和"时段"的词，如「これまで」「今まで」「～年間」。例如：

世界の人口は<u>これから</u>増えていくだろう。

---

① 徐苗. 基于汉英对比的"正、在、正在"习得研究［D］. 扬州：扬州大学，2019.
② 徐苗. 基于汉英对比的"正、在、正在"习得研究［D］. 扬州：扬州大学，2019.

（世界人口还会增加。）

<u>今から</u>、私はピアノを続けていきます。

（我还要继续练钢琴。）

大学で<u>四年間</u>日本語を勉強してきたが、あまりしゃべれないからちょっと恥ずかしい。

（虽然在大学学了四年日语，但不太会说，有点不好意思。）

<u>前</u>よりずいぶん暑くなってきたね。もうすぐ夏ですね。

（比以前热多了，快到夏天了。）

4.「～つつある」、「～つづける」与时间词的搭配

「～つつある」主要指随着时间持续扩大的状态，所以多与「现在」「最近」或表伴随的时间词连用；「～つづける」可以表示任何时间下的持续状态，与时间词的搭配没有特别要求。例如：

新しいスマホゲームが<u>現在</u>作られつつある。

（新的手机游戏正在不断推出。）

<u>時代とともに</u>、町の様子も変わりつつある。

（随着时代的改变，城镇的面貌也在发生变化。）

<u>40年間</u>勤め続けてきた会社を去るのは本当つらいです。

（要离开工作了40年的公司了真不好受啊。）

<u>今後</u>も小説を書き続けていきたいです。

（今后我还要继续写小说。）

（三）汉日持续体标志之间相互替代的对比

从前面的语义特征、前项动词接续、时间词接续的分析可以看出，日语持续表达标志「～ている」「～ているところだ」「～ていく」「～てくる」「～つつある」「～つづける」相互之间基本上不能替代。

汉语"在""正""正在"三者的核心含义是"进行"[1]，所以在表示

---

[1] 张亚军. 时间副词"正""正在""在"及其虚化过程考察 [J]. 上海师范大学学报（哲学社会科学版），2002，31（1）：46-55.

进行含义的语句中，三个副词可以互相替换，不影响语句的表达。① 但这并不是说能够无条件替换。王怡然（2018）通过对含有"在""正""正在"的文本定量分析，总结了"在""正""正在"相互间不能替换的情况。这里只把占比较大的情况列示如下。②

第一，当句中出现表示延续或重复的时间副词如"一直、还、仍、常常、时时、不断、每天，总（是）"时，"在"不能被"正"或"正在"替换。例如：

这只猫三个月了<u>还在</u>吃奶。

时光流动着，头上的星光<u>仍在</u>闪烁。

第二，当句中出现"在"引导的介词短语时，只能用"正"，不能替换成"在"或"正在"。例如：

米特尼克也许<u>正</u>蹲伏<u>在</u>一台电脑旁，忙着输入指令，收取信息。

我在一条酒吧街上找到了罗非，他<u>正</u>坐<u>在</u>路边抽烟。

第三，当句中出现"动词+得+形容词"时，"正"不能换成"在"或"正在"。例如：

<u>正睡得香</u>，突然被妈妈拍醒，一阵懊恼却无处发泄。

<u>正看得入迷</u>，老师轻轻敲了敲桌子，吓得我把小说扔出老远。

第四，当出现"正在+名词+动词"结构时，既不能被"在"替换，也不能被"正"替换。例如：

有一天中午，我的向导正在帐篷里睡觉。

一次，他看到一条狗正在垃圾堆里撕咬着一本书。

总之，关于"在""正""正在"的替换情况，当语句主要侧重动作正在进行的含义时，三者之间可以互相替换。然而在大多数情况下，"在""正""正在"各自的语义特征和前后词的搭配，决定了三者并不能自由地相互替换。

---

① 王怡然. 韩国学生汉语时间副词"在""正""正在"习得研究［D］. 南京：南京师范大学，2018.
② 王怡然. 韩国学生汉语时间副词"在""正""正在"习得研究［D］. 南京：南京师范大学，2018.

第五节　汉日存续体表达的对比

日语存续体主要通过「～ている」和「～てある」表达，另外「～ておく」有时也能起到表示动作或作用的结果存留。汉语存续体主要通过"V+着"和"V+下去"进行表达。汉日语的存续体和持续体的形式上有些相似，语义上也有些关联。因此需要仔细地比较，才能比较准确地区别两者在语法功能上的不同。

一、存续体的「～ている」「～てある」和"V+着""V+下去"的前项动词对比

(一)「～ている」「～てある」前项动词的词性和语义

区分日语「～ている」表示的是存续体还是持续体，主要看其前项动词的词性。属于日语存续体的「～ている」的前项动词只能接瞬间自动词。这一点不同于表示持续体的「～ている」。例如：

a. 枝が折れている。
b. 王さんが枝を折っている。

句 a. 中「折れる」是个自动词，"折断"的意思。"折断"的结果在一瞬间便完成了，所以「折れる」是个瞬间自动词。「折れている」肯定不是表示持续，而是表示"折断"这个结果保持的一种状态。句 b. 中「折る」是个他动词，"弯折"的意思。"弯折"这个动作也是瞬间便完成了，所以「折る」是个瞬间他动词。「折っている」表示"弯折"的动作反复进行，所以表示动作的持续体，而不是状态的保留。

「～てある」前项动词接他动词，表示动作行为所造成的状态一直保留下来。与「～ている」表示的是存续体相比，「～てある」更强调存续状态是由外部作用造成的。例如：

a. 掲示板に知らせが<u>書いてある</u>。

（告示栏上写着通知。）

b. 本棚に本がきちんと並べてある。

（书架上整齐地摆放着书。）

「書く」「並ぶ」都是他动词，后接「～てある」表示动作行为结束后，其结果保留下来，而且表示存续主体的格助词不是「を」，而是「が」。① 不过存续主体的格助词也有使用「を」的情形，「～を～てある」表示已经预先做好前项。当然很少用这种形式，一般用「ておく」代替。例如：

a. この茶碗はもう洗ってある。（沪江网校）

（这个碗已经洗好了。）

b. 表に車を待たせてある。（沪江网校）

（已经让车在门口等着了。）

（二）"V+着"前项动词的词性和语义

正如本章第二节所述，汉语"V+着"既能表示动作的持续，也能表示状态的延续。但如何区分"V+着"是表示动态存在还是静态存在，学术界还存在争议。这是因为汉语动词没有区分自动词和他动词。

为了区分"V+着"是动态存在还是静态存在，可以按照其前项动词的不同进行分类。这里借用西方语法术语里的不及物动词（vi）和及物动词（vt）的概念，基本上与日语的自动词和他动词相对应。那么"着"字句可以分为，不及物动词类"着"字句、及物动词类"着"字句、及物·不及物两用动词类"着"字句和歧义型"着"字句。② 例如：

a. 山上住着两户人家。（vi）

b. 门前蹲着一只狗。（vi）

c. 街道两旁停着很多车。（vi）

---

① 吴金霞. 从自他动词的区别谈补助动词"ている、てある、ておく"的用法 [J]. 内蒙古民族大学学报（社会科学版），2001，27（4）：57-59.

② 郑汀，冯素梅. 静态存在句"V 着"语义再考——兼与日语「Vている/Vてある」比较 [J]. 日语学习与研究，2010（2）：29-35.

例句 a、b、c 的动词都是不及物动词。其中 a、b 的动词语义特征是，动词本身就表示在一段时间内保持静止，c 的动词语义特征是动词表示动作结束后没有出现新的动作，保持相对静止的状态。所以，a、b、c 是典型的静态存在句。

  a. 老师<u>夹着</u>三角板。(vt)

  b. 小红<u>穿着</u>毛衣。(vt)

  c. 妈妈<u>牵着</u>小明的手。(vt)

例句 a、b、c 的动词都是及物动词。其语义特征是表示动作在一段时间内持续进行，正是由于此动作的持续才保持了这种状态。所以，a、b、c 是典型的动态存在句。

  a. 门上<u>贴着</u>喜字儿。(vi & vt)

  b. 脖子上<u>挂着</u>钥匙。(vi & vt)

  c. 头上<u>扎着</u>羊角辫。(vi & vt)

例句 a、b、c 的动词既有不及物性也有及物性。其语义特征是表示动作在一段时间内持续进行，正是由于动作的持续性才保持了这种状态的存在。所以，a、b、c 是兼有动态和静态的存在句。

"V+着"在表示存续状态时，除了接动词，前面还可以接形容词。这是因为汉语中存在形容词动词化的现象。这时的形容词含"使成"的状态义。① 例如："弯着腰""板着脸""红着眼睛"可以换成使役句："把腰弯着""把脸板着""使眼睛红着"。还有表目的的句子，比如"我<u>忙着</u>回家看孙子""学生们<u>急着</u>改写论文"。"着"前接形容词表示存续义的情况不多。这种用法类似日语中形容词性动词的使用。

(三)"V+下去"前项动词的词性和语义

"V+下去"表示存续义时，前项如果由动词充当，表示动作的存续；如果由形容词充当，表示状态的存续。例如：

  a. 我们不打算在这个复杂的问题<u>上继续讨论下去</u>，因为这将越出本书

---

① 金忠实. "形容词+着"格式的句法语义特点 [J]. 汉语学习, 1998 (3): 20-21.

的范围。(朱德熙,《语法讲义》)

b. 爱因斯坦沿着马赫目光所视的方向<u>走下去</u>,创立了相对论。(邓伟志,《为错误争一席》)

c. 任何一种文明为了<u>生存下去</u>,必须建立一种强固的家庭制度。(汤为本,《家庭学的缘起和演进》)

"下去"本身是趋向动词,有很强的趋势感。当接在如例句a、b、c中具有延续性的动词后,就变成了趋向补语,强调动态存续。这种效果比"V+着"更明确。

a. 但是到了20世纪初年,不但人们盼望的光明没有来,而且还逐渐<u>暗淡下去</u>。(季羡林,《语言学家的新任务》)

b. 苦和累,并没有使这位倔强的姑娘<u>消沉下去</u>。(林志刚,《人生没有单行道》)

c. 这个宗派由于脱离信徒群众,过于注重烦琐的理论思辨,只在唐初兴过一阵,不久便<u>衰微下去</u>。(黄心川、戴康生,《世界三大宗教》)

例句a、b、c中"下去"接在形容词后,表示状态延续。由于"下去"有低落、向下的意义,所以多接有消极意义的形容词。

当表示存续义时,"V+下去"和"V+着"有时可以互换,但有个前提条件,"V+下去"的前项动词必须具有延续性,瞬间动词只能和"着"连用。

通过以上存续体的「～ている」「～てある」和"V+着""V+下去"的前项动词对比分析结果如表10-6。

表10-6 汉日语存续体表达的前项词接续的情况对比

日语	前项动词	汉语	前项动词/形容词
「～ている」	瞬间自动词	V+着	不及物动词
	延续性自动词	V+下去	延续性动词
	形容词性动词	A+着/下去	形容词
「～てある」	他动词	V+着	及物动词
	延续性他动词	V+下去	延续性动词

二、存续体的「～ている」「～てある」和"V+着""V+下去"的语义对比

（1）作为日语存续体表达的「～ている」「～てある」除了前项动词词性不同之外，隐含的语义也不同。「～ている」只是对眼前客观表象的描述，不带有任何强调或揣测的意味。「～てある」则不同，尽管对眼前所呈现的状态进行了描述，同时强调了人为意识造成的这种结果。「～てある」具有隐含语义的功能。例如：

a. 落ち葉が集まっている。

b. 落ち葉が集めてある。

例句 a 和 b 所表达的语义区别在于，a 句只是对眼前的一堆落叶进行了描述，没有说明为什么会有一堆落叶，b 句则暗示有人将落叶堆积在一起。又如：

a. 死体がぶらさがっている。

b. 死体がぶらさげてある。（蒋国英，2005）

例句 a 和 b 比较，可以更加明确地体会到，说话人对案件性质的判断。a 句的意思是"尸体吊着"，判断为自杀；b 句的意思是"把尸体吊着"，判断为他杀。

那么，作为日语存续体表达的「～ている」「～てある」具有的这种隐含语义，汉语的"V+着""V+下去"没有这样的用法。特别是「～てある」句式的对应汉语翻译，需要借助使役句来表达，如"使/把……着""使/把……下去"。

（2）作为汉语存续体表达的"V+着"前项动词不如「～ている」「～てある」规定得严格，既可以接不及物动词也可以接及物动词。然而，不及物动词或及物动词仅仅是针对动词后是否可以接宾语（对象目标）而言的分类。其实，汉语动词按属性还可以细分为九种类别（本章第三节中有叙述）。因此，"V+着"中的动词属性有时会造成"着"字存在句的歧义现象。[①]

[①] 朱德熙. 论句法结构 [J]. 中国语文，1962：(8-9)：54-61.

例如：

a. 屋里<u>摆着</u>酒席。

b. 山上<u>架着</u>炮。

c. 屋里<u>生着</u>火。（朱德熙，1962）

例句 a、b、c 可以理解成两种不同情况：

a. 屋里正在摆酒席。/屋里已经有摆好的酒席。

b. 山上正在架炮。/山上已经有架好的炮。

c. 屋里正在生火。/屋里已经有生好的火。

例句 a、b、c 的"V+着"为什么会产生歧义？主要是对动词的属性产生了两种不同的理解。汉语动词被细分为九类，很多动词兼有多个属性。这里的"摆、架、生"三个动词是行为动词，同时也是存现动词。当把"摆、架、生"看成行为动词时，"摆着、架着、生着"就表示动作持续进行；如果把"摆、架、生"看成存现动词，"摆着、架着、生着"就意味动作作用结果的延续。所以，汉语"V+着"这种歧义存在句在日语「～ている」「～てある」中是没有的。

（3）作为汉语存续体表达的"V+下去"可以和"V+着"互换，也可以和「～ている」「～てある」语义相对译。但并不是所有的情况都适用，只有当前项动词是具有延续性的才可以。比如下面的句子：

苦和累，并没有使这位倔强的姑娘<u>消沉下去</u>。（林志刚，《人生没有单行道》）

例句"消沉下去"不能用"消沉着"替换，和「落ち込んでいる」「落ち込めてある」语义也不能完全匹配。这是因为"V+下去"具有明显的趋向性，表示的是一种动态的渐变的持续过程。[①] "消沉下去"的隐含语义是"消沉的程度越来越重，最后自暴自弃"。"消沉着"「落ち込んでいる」「落ち込めてある」都表示的是一种静态的状态，而非渐变的动态过程。"V+下去"这个语义特征和「～ていく」有些相似。但「～ていく」表示动作的持续，也不是动态的过程。

[①] 史哲，杨倩. 试论"V着"与"V下去"[J]. 科教导刊，2012（5）：101, 106.

另外,"V+下去"有时还表示一种主观意志性,具有强烈感情色彩。[①]例如:

a. 年轻人再这样<u>放纵下去</u>,身体早晚会被拖垮。
b. 再这么<u>跌下去</u>,这只股票肯定玩完,早点出手吧。
c. 只要能<u>坚持下去</u>,奇迹就会发生。

例句 a、b、c 反映了说话人带着强烈的主观情绪对动作发出后产生的结果的预测。这个语义特征在"V+着"「～ている」「～てある」的句子中也是很少见的。

汉日存续体表达的主要形式是「～ている」「～てある」"V+着""V+下去",可有时还会使用完成体的标志来表示状态的持续。比如,"她羞红<u>了</u>脸""车抛锚<u>了</u>"「赤ちゃんが寝<u>た</u>」「金魚が死ん<u>だ</u>」等。

第六节 汉日完成体表达的对比

日语完成体表达标志主要是过去助动词「た」,其他表达形式有补助动词「～てしまう」以及用带有「～終わる」「～切る」「～上げる」「～上がる」的复合动词来表示。汉语完成体表达标志主要是"了1"。这里主要从词性、语义及其前后搭配的角度对「た」与"了1"进行对比分析。简要对比「～てしまう」与汉语"了"的对应关系。

一、日语「た」和汉语"了"的对比

(一) 日语「た」和汉语"了"的词性和时间性

日语「た」的基本语法功能是表示"过去",在此基础上进而表示完成和状态。一般认为汉语没有表示时态的语法功能,所以"了"不能表示过去时间动作的结束,只能表示动作的完成。从某种意义上说,「た」是

---

① 史哲,杨倩. 试论"V 着"与"V 下去"[J]. 科教导刊,2012 (5):101,106.

日语过去助动词，有相对时间性，"了"是汉语完成助词，没有时间限制。① 例如：

　　a. 夕方の7時ごろ、順子が駅からかけた電話が入ってきた。

　　b. 傍晚7点左右，接到（了）顺子从车站打来的电话。

　　a. 彼はすばやく上着をぬいて冷たい湖に飛び込んだ。

　　b. 他迅速脱去外衣，跳进（了）冰冷的湖水。

从两组例句可以看出，日语「た」很好地表示了过去动作的结束，同时也说明动作完成了；汉语"了"在不是特别强调动作完成的情况下，可以省略。比如"接到了电话"和"接到电话"，"跳进了湖水"和"跳进湖水"，无论有没有"了"都可以从句意上判断动作已经完成了。如果，汉语一定要表达过去时，一般会用时间副词明确表示过去发生的动作、行为或事情。「た」既表示时间又表示状态，"了"不表示时间仅表示状态，是二者比较明显的区别。

（二）日语「た」和汉语"了"的前后词的搭配

（1）当日语「た」作为完成体表达标志时，只能接在动词后，与前项动词搭配作谓语。同样汉语"了"基本上也是接在动词后作谓语。但"了"并不限于接动词，还可以接形容词。② 例如：

　　a. 这个月老是下雨，就晴了两天。

　　（今月雨がずっと降って、二日間しか晴れなかった。）

　　b. 文娱活动丰富了职工们的业余生活。

　　（娯楽活動は従業員の余暇生活を豊かにした。）

　　c. 介绍人的一席话让她羞红了脸。

　　（仲人の話で彼女は恥ずかしくて顔が赤くなった。）

例句a、b、c说明汉语"了"前接形容词同样可以起到表达完成状态

---

① 李茉莉. 试比较汉语表示完成的动态助词"了"与日语表示完成的助动词"た"[J]. 汉语学习，1990（3）：37-40.
② 胡明扬. 汉语和英语的完成态[J]. 语言教学与研究，1995（1）：25-38.

的作用。日语中有类似的用法，但「た」前面不能接形容词，只能接形容词性动词。或者采取「形容词连用形+なった」的形式。比如：「あら、最近<u>太った</u>？」「のどが<u>乾いた</u>」「太陽が<u>沈んだ</u>」「顔が<u>丸くなった</u>」等。

（2）汉语"了"与能愿助动词相搭配，比如"会……了""能……了""愿意……了"等。日语单独用「た」则无法表示，须用「~ようになった」的形式。① 例如：

a. 小明会用筷子了。

（明ちゃんは箸が使えるようになった。）

b. 托尼能写汉字了。

（トーニは漢字が書けるようになった。）

c. 太郎愿意去上学了。

（太郎が学校に行けるようになった。）

（3）日语「た」后面可以直接接名词，带「た」的部分作定语。汉语"了"后面可以直接接名词，带"了"的部分作谓语。"了"前面也可以直接接名词，表示已经发生或状态的持续。例如：

a. 中国で20年間<u>暮らした</u>田中さんはまるで中国人のようです。（作定语）

b. メガネを<u>かけた</u>人は田中先生です。（作定语）

c. 陪同日本客商参观<u>了</u>工厂。（作谓语）

d. 冬天<u>了</u>，可以滑雪了。（作状语）

如果带"了"的部分作定语修饰名词，必须加上结构助词"的"。比如"喝醉了的三人"和"喝醉了三人"的意思是完全不一样的。

（4）「た」和"了"在当表示一件事做完后又完成了另一件事，而且二者存在继起的关系时，汉语可以在每个动词后接"了"，而日语第一个动词使用「て」连用形或「てから」，第二个动词使用「た」形，表示动作相继完成。例如：

---

① 邹文. 汉语"了"与日语「た」的语法意义（一）[J]. 日语知识, 2002（3）: 20-21.

a. 他使劲摇了一下手里的骰子一把丢到了桌子上。
b. 彼は手を大きく振ってサイコロをテーブルの上に投げた。
a. 他吃了晚饭就去做功课了。
b. 彼は夕飯を食べてから宿題をした。

(三) 日语「た」和汉语"了"的其他用法对比

表示完成体只是「た」和"了"的许多用法之一，其实还有其他丰富的意思。比如「た」表示发现、强调、催促等意思，例如：

a. ずっと探している。ここにあった。
（找了好久，原来在这里啊。）
b. まあ、おどろいた。
（哎呀，吓死我了。）
c. 着いたぞ。降りた、降りた。
（到了。下车啦，下车啦。）

例句 a、b、c 都含有感叹的语气。「ここにあった」是"终于找到了"的意思，「おどろいた」强调受到惊吓的状态"吓死我了"，「降りた、降りた」是提醒和催促到了"下车了"的时候。可见都是表示动作完成后，其结果所处的状态。所以「た」的这些用法是从表示完成的意思派生出来的。

"了"也有对应「た」表示感叹的语气的用法，在汉语研究中，一般归类为"了2"的用法，比如"太好了"相当于「よかった」。除此之外，"了2"其他的用法却不能与「た」对应。例如：

a. 他不去日本了。（表示新的变化）
「彼はもう日本に行きません。」
b. 开饭了。上课了。就到了。（表示即将发生）
「ご飯だ。授業だ。もうすぐ着く。」
c. 资金一到位，公司就有救了。（表示结果的推断）
「資金調達ができたら、会社の経営がつづける。」
d. 太饿了。饿死了。饿极了。（表示感叹）

「はらが減った。飢えて死にそう。お腹ぺこぺこ。」

例句 a、b、c、d 中"了2"的用法基本上被归为语气助词,在表现各种语气的同时也表示了各种含义。"了2"还有一些特殊的用法,比如连接单音节叠动词,"晃了晃酒杯""摇了摇头""数了数人数""搓了搓手""敲了敲桌子"等。

二、日语「～てしまう」与汉语对译

「～てしまう」是由助词「て」和动词「しまう」构成的助动词。「しまう（仕舞う）」的基本义是「終わりにする。完了する。」,引申义为「片付ける」「仕事などをやめる」等。金田一（1976）、吉川（1971）、杉本（1991）从"体"的角度论证了「～てしまう」具备"完成体"和"存续体"的特征。藤井（1992）、大场（1999）认为「～てしまう」是主观感情的表现和评价,"体"的性质是附带的并不明显。[1] 由此可见,「～てしまう」的完成体有多种含义,所以汉语对译时也不能简单以"了"一译了之。先看几个例句:

a. ここにあったお菓子は、全部食べてしまいました。

b. 9時から会議があるので、この部屋の掃除はもう、してしまいました。

c. 電車に忘れ物をしてしまいました。

d. 大切な時計が壊れてしまいました。

例句 a、b 的动词「食べる」「掃除する」是意志性动词,接「～てしまう」表示动作完成了。那么,「食べてしまった」与「食べた」、「掃除してしまった」与「掃除した」的区别是什么?「～てしまった」表示"全部完成、全部解决"的意思。「た」只是表示动作完成,并没有从程度上对动作效果进行限定。所以,「食べてしまった」意思是"吃光了",「食べた」意思是"吃了";「掃除してしまった」意思是"清扫干净了",

---

[1] 一色舞子. 日本語の補助動詞てしまうの文法化―主観化、間主観化を中心に―[J]. 日本研究, 2011, 15: 201-221.

「掃除した」意思是"扫过了"。例句 c、d 的动词「忘れ物をする」「壊れる」是非意志性动词，接「～てしまう」表示"懊悔、遗憾、可惜、自责"等，由于说话人的不小心、不谨慎、不注意造成了消极结果。c、d 两句带有较强的感情色彩，"竟把东西忘在电车上了""一块珍贵的手表被我弄坏了"。

　　正如藤井、大场等认为的那样，「～てしまう」在情感表现方面超出了主要作为"体"的表现的「た」。所以在汉语对译时，不能生硬地套用"了"的用法。比如：

　　a. 東大入学試験に合格してしまった。
　　b. あまりにもおかしいものだから、つい笑ってしまった。
　　c. 試験のことを考えると、緊張してしまう。
　　d. 彼の独断専行は会社を倒産させてしまう恐れがある。
　　e. 試験問題が難しすぎるので、解けなくなってしまった。

　　将例句 a—e 的这组例句翻译成汉语时，需要考虑日语原句中的感情色彩。译文如下：

　　a. 竟然通过了东京大学的入学考试。（喜悦）
　　b. 实在是太滑稽了，我忍不住笑出声来。（有趣）
　　c. 一想起考试，就紧张得要死。（不安）
　　d. 他独断专行可能会导致公司破产。（忠告）
　　e. 考试题目太难了，所以没做出来。（推卸责任）

　　从汉语对译句 a—e 各句的内容可以看出，「～てしまう」可以表现多种感情色彩。尽管「～てしまった」汉语直译时可以和"了"对应，但在实际使用中「～てしまう」的情感表现更丰富了其作为完成体语法功能以上的意义。而且其情感表现也不限于一般语法表述的"接非意志性动词下的负面情绪"，还可以表现为"满足、兴奋、喜悦"等积极情绪。所以，「～てしまう」的汉语对译必须在充分理解原句语境的基础之上，再决定是用单纯表现完成体的"了"对应，还是采取更加恰当的意译。

三、日语「~終わる」「~切る」「~上げる」「~上がる」的汉语翻译对照

「~終わる」「~切る」「~上げる」「~上がる」与动词连用构成完成体。「~終わる」的用法比较明确，其字面意思就是结束，表示了动作结束，事件处于完成状态。「~切る」「~上げる」「~上がる」本身并没有完成的意思，与前接动词连用形构成复合动词后，原有语义逐渐虚化，最后引申带有结束和完成的意义。「~切る」原本含有"断"的意思，使用中语义逐渐变化——事物过程"被截断了，到此为止"，进一步引申为"终结""完成"。「~上げる」「~上がる」原本是向上移动的意思，随着上移到了极点，语义变成强调程度的"完全"，进一步扩大到"完成""完了"的意思。下面主要对照说明「~切る」、「~上げる」和「~上がる」的日语用法及其汉语翻译时需要注意的事项。

（1）「~切る」的汉语翻译必须充分考虑其引申义附加的内涵，不能简单以"了"对应了事。先看以下几个句子：

a. 彼はマラソンで42.195キロを走り切った。（杉村，2008）

b. うちの会社のバスは中国からの団体観光客に貸し切られた。

c. ほんの数分間で化学繊維の材料が燃え切った。

从例句a、b、c表示的不仅是动作的结束，而且表示整个动作或作用从质和量上看是完全进行的。① 所以在汉语翻译时，需要体现这种完全性。

a'. 他跑完了42.195公里的马拉松。

b'. 我们公司的大巴被中国观光团包租了。

c'. 仅几分钟，化纤材料就烧光了。

汉语对译a'、b'、c'都包含了"完、光、净、尽"等含义，那么翻译时在"了"前加上这几个副词，语义就完整了。

「~切る」的前项动词属性使得其表示的具体含义存在较大差别。当

---

① 杉村泰. 複合動詞「-切る」の意味について［J］. 言語文化研究叢書，2008（7）：63-79.

前项动词是继续动词时表示"完成",如果前项动词是瞬间动词时表示"极度"。① 即使接继续动词表示完成义的情况也不都是表示完成体。比如在「ケーキを食べ切った。」中仅仅是表示「食べる」这个动作的结束,而在「原稿を書き切った。」中不仅表示「書く」这个动作的结束,还表示在动作完成的基础上「原稿」处于完成的状态。

(2)「~上げる」和「~上がる」不仅表示动作结束也表示事物处于完成的状态,有时还暗示这种完成是经过努力得到的。所以与之对应的汉语翻译需要充分体现这一特征。例如:

a. 一年かけて、この超長巻の中国画を描き上げた。

b. この美しい体つきは長年鍛え上げたご褒美です。

c. 300 枚の招待状が刷り上がりました。

d. 酸化反応により自然に組み上がる分子の集合体が発見された。

从例句 a、b、c 中的状语「一年」「長年」和定语「300 枚」的修饰限定可以看出,「描き上げた」「鍛え上げた」「刷り上がった」的结果不是轻易得到的。d 中「組み上がる」的结果是通过「酸化反応」得到的。因此在翻译成汉语时要体现"成功了""完了""好了"的意思。例句可以译成下面的汉语。

a'. 这幅超长卷中国画花了一年时间才画成。

b'. 这么健美的身材是对常年锻炼成果的回报。

c'. 300 张请柬印好了。

d'. 一种通过氧化反应可以自然而然地组合成分子的集合体被发现了。

从本节关于汉日完成体的分析,可以得到这样一些结论。首先,日语完成体的表达标志多于汉语,而且每一种表达标志的隐含意义也有所区别。其次,汉语完成体的表达标志基本上是"了"。如果要比较准确地翻译日语完成体句子时,需要在"了"前后添加副词或助词,必要时可以采取意译的方式,而不必拘泥于"了"字句的翻译形式。

---

① 姬野昌子. 複合動詞の構造と意味用法 [M]. 神户:ひつじ書房,1999:35-57.

第十一章　汉日否定表达的对比

否定是对事物存在、成立的真实性的否认，是对事物肯定、支持的反对。汉日语言中否定的语法功能是日汉语言学界一个比较重要的研究领域。研究成果逐渐丰富，研究意义不断深入。

第一节　汉语否定表达形式

所谓否定表达是逻辑上的否定在语言的体现，是表示否定性逻辑判断的句子，属于思维判断，应该从语义语用上来辨别，只要含有否定意义的句子都属于否定表达，不管有没有否定词。否定意义包括拒绝、反对、劝阻、禁止、否定事物存在等含义。[①] 所以否定表达不仅包括含有明显否定标记的否定句，也包括没有明显否定标记却实际具有否定意义的句子。

一、汉语有标记否定句

汉语中常用否定标记是否定副词"不、没（有）、别"，还有否定词"无、非、未、莫"等。带有这些否定标记的句子或者短语构成了汉语否定表达。

---

① 张颖. 对外汉语教学中否定表达的研究 [D]. 成都：四川师范大学，2009：1.

（一）"不"字否定句

"不"是否定句中最常见的否定副词。放在动词、形容词前面，表示对动作行为和事物的性质状态的否定。也可以单独使用。例如：

而年轻时的我竟听不懂他的音乐，只觉得平淡。（王振复，1989）

我常常感到烦恼的"症结"就在于我有一张不成熟的脸。（叶青，1985）

儒家并不只是光讲仁义道德，不关心自然科学技术的。（方立天，1990）

一般来讲，"不"字否定句具有以下含义和表达意义。[①]

（1）表示说话人强烈主观否定色彩。例如：

小明不肯去上学。

你越逼我，我越不说。

我不想听你的任何解释。

（2）表示对行为动作的否定。例如：

警官不露声色的表情让他心里没底。

爸爸不戴眼镜的样子把宝宝吓哭了。

中国不按套路出牌，美国人彻底打错了算盘！（西陆网，2021）

（3）表示心理活动、判断、关系、存在和能愿等非行为动作的否定。例如：

他不喜欢被打搅。

她不是我的女朋友。

妈妈不在家。

我们不能妄下断言。

（4）表示对经常性、习惯性、反复性动作的否定。例如：

每次吃完饭，你从不收拾碗筷，太不像话了。

他总不舍得买贵一点的菜，他知道家里供他上大学已经很不容易了。

（5）表示对性质、状态、程度的否定。例如：

[①] 张可佳.否定副词"不"和"没"的用法及偏误分析［J］.农家参谋，2017（18）：181+249.

这件衣服款式不够新潮。

当经济危机来临时，资本主义社会变得极不稳定。

这张试卷对他来说不难。

（6）有时"不"字句不表示否定。例如：

满脸笑容的人不一定是好人。

这句话包含两个含义，满脸笑容的人，既可能是好人，也可能是坏人。所以这里"不"与"一定"连用表示选择。又如：

鼓掌不就是支持我嘛。

这句话"不"与"嘛"构成否定疑问句，表示肯定。

（二）"没"字否定句

"没"是对动作发生或完成的否定，因此只能接动作动词，不能接非动作动词。例如：

（1）表示客观地对动作发生的否定。例如：

他没参与斗殴，因为他当时在家睡觉。

吃过午饭，有人又钻进被子蒙头大睡，仿佛上辈子没睡过觉似的。（《我们究竟出了什么毛病——大学生郎郎的诉说》，《中国青年》1988年第1期）

（2）否定某行为已经发生。例如：

从小到大从来没打过架。

我刚才没偷吃蛋糕。

（3）表示对关系、存在等事实的否定。例如：

我有个妹妹，没有弟弟。

没有比较就没有伤害。

（4）"没"还可以接少量能愿动词。例如：

虽然尽了最大努力，但还是没能实现愿望。

姑娘因为害羞，没敢看小伙子一眼。

这都是误会，我真的没想害你。

（5）"没"还可以接名词、形容词等。表示对性质、状态发生变化的

否定。例如:

她已经过 30 了,还没结婚。

这些香蕉还没熟,可以再放一放。

(6) 表示对人、事、物的否定。例如:

没人相信你的鬼话。

没意义的书少给孩子看。

(三)"别"字否定句

作为副词"别"多用于表示否定的祈使句,基本上相当于"不要"的意思。

(1)"别"后面接动词、动词词组、动宾结构等。例如:

别动,老实点。小心剪了耳朵。

别闹了,我都烦死了。

你别忘了,你现在是在我的掌握之中。(高鲁冀,《魔镜》)

李玉平又威胁她:"你别以为躲开了就没事!"(陈大文,《我们就是原告》)

男招待真的有点不耐烦了:"得了,别跟我装傻了。"(黎苏,《决斗废车场》)

(2)"别"后面接兼语句。例如:

别让孩子乱花零用钱。(小啄,《别让孩子乱花零用钱》)

请别向天帝报坏话,只报告好事,好话多说,坏话少说,最好别说。(郑晓江,《道教纵横》)

(3)"别"后面接副词、形容词。例如:

和解吧,别老是吵架,三年没见了。(韦世林,《希望岛》)

别太高兴,你们的编辑就是狗屁不通……(王余杞,《不幸的消息》)

这时邓琼插进来说:"别瞎吹了,时间不早了。"(秦岭,《绿雾 AVAV》)

别烦恼,开心就好。

你就别谦虚了,论技术谁能比得上你。

（四）否定词"无、非、未、莫"的否定表达

"无、非、未、莫"来自古汉语，本身具有否定意义。多出现在一些常用词语和词组中，表示否定。例如：

无边无际、无限可能、无力回天、无独有偶、无知者无畏；非凡、非法、口是心非、人非草木；未知数、未成年、未分配、未解之谜；莫哭、莫得、莫可名状、莫名其妙、变化莫测等。

二、汉语无标志否定句

无标志否定句是指没有否定副词"不""没（有）"或"别"等标记的否定句。一般需要通过具体语境进行判断才知道。

（1）通过具有否定意义的动词表达否定。例如：

文人一般都有拒绝嗟来之食的傲骨。

他否认参与这场政变有关的所有行动。

侦查员怀疑这个有着一副慈眉善目的老人说的话。

突如其来的暴风雪阻止了登山队前进的脚步。

他因为赶上飞机而幸免于难，真可谓九死一生。

通过国际社会的斡旋，该国避免了一场生灵涂炭的内战。

从这几个句子可以看出，诸如"拒绝、否认、怀疑、阻止、幸免、避免"之类的动词本身具有否定意义。在这些动词后接肯定成分，整个句子则具有否定意义。"拒绝嗟来之食"即"不接受施舍"，"否认参与"即"不承认参与"，"怀疑老人的话"即"不相信老人的话"等。除了本身具有否定意思的词语外，在无标记否定句中还会用"够呛、离谱、骗人、胡编、胡说八道"等词语表示不相信的否定。[1]

（2）通过含有否定意义的副词表达否定。例如：

啥也没捞着还白搭了来回的路费。

---

[1] 盛银花. 答话中的无标记否定 [J]. 武汉科技大学学报（社会科学版），2007，9（4）：416-420.

这样一装一拆，就把十几万元白白地扔进海里了。

在他的瞎指挥下，我们瞎忙活了一上午。

为了排除异己，凭空捏造出对手的若干罪状。

反华势力总企图搞乱中国，结果却是空欢喜一场。

我几次想靠近它，抓住它，都白白消耗一通体力，徒流一身大汗。（奚青，《天涯孤旅》）

上面几个句子中的"白、白白、瞎、空、徒"等副词含有"没有结果""没有意义""没有根据"等否定意义。"白"还可以表示"不劳而获"的意思，如"白吃""白拿""白得"等。

（3）使用疑问、质疑或反问表达否定。例如：

什么东西？就知道搜刮民脂民膏。

他这哪里是在干活呀！

我怎么可能相信一个毛孩子的话。

你难道还想重蹈覆辙吗？

你觉得这样做合适吗？

在完全明确结果和情况的语言环境下，使用疑问或反问的语气，实际上是一种否定表达，一种"不言而喻""理所当然"的否定。

（4）使用强烈情绪语气表达否定。

另外，汉语中无标记否定与有标记否定比较有一大特点，那就是既表达了否定又表达了其他的附加意义，有委婉、讥讽、强势、制止等意味。例如：

我不去。（有标记）

我有去的必要吗？（无标记，委婉）

你不能担任这项工作。（有标记）

白瞎了你这样的人才干这种工作。（无标记，讥讽）

你看不懂，别乱翻书。（有标记）

第二节　日语否定表达形式

日语的否定表达形式很多，但最基本也是最重要的表达形式是通过否定助动词（补助形容词）「ない」完成的，还有「ぬ（ん）」「まい」等主要用于书面语的否定表达。此外，受汉语的影响，日语中有否定接头词「不、無、非、未」置于汉语词汇以及部分和语词汇之前，构成复合词语表示否定意义。同时，日语中也存在无标记的否定表达。

一、日语有标记否定句

（一）「ない」的表现形式和用法

「ない」接在动词、形容词、副词和助动词的后面，表示否定。根据语法功能的不同「ない」也要做出相应活用变形。如表 11-1 所示。

表 11-1　「ない」的活用变形

基本形	未然形	连用形	连体形	终止形	假定形	推量形
ない	なかろ	なく なかっ	ない	ない	なけれ	なかろ

作为否定助动词「ない」的变形属于形容词型活用。同时还有具体的时态形式：过去时是「なかった」，现在和将来的时态是「ない」，现在进行时和完成时是「ていない」。需要注意的是，由于存在动词「ある」没有未然形，所以其否定形式是「ない」。

1. 与动词搭配的否定表达

助动词「ない」接在动词后面，表示对动作、作用、状态、属性的否定[①]。例如：

[①] 顾明耀. 标准日语语法 [M]. 第 2 版. 北京：高等教育出版社，2004：199.

238

私は何も知らない。

(我什么也不知道。)

今日は誰も来ない。

(今天谁都没来。)

寮には誰もいなかろか。

(宿舍里没有人吧。)

明日行けなくて残念だ。

(很遗憾，我明天去不了。)

昨日友達に来られて宿題ができなかった。

(昨天朋友来了，所以没完成作业。)

田中さんはタバコをすわないそうです。

(听说田中不吸烟的。)

早く来られなければ間に合わない。

(不早点来就来不及了。)

2. 与形容词和形容动词搭配的否定表达

补助形容词「ない」接在形容词和形容动词后面，表示对性质、属性的否定。例如：

この果物は外見がよくないが、味が悪くない。

(这个水果外观不好看，但味道还不错。)

今の仕事は給料が高くないが、やりがいのある仕事だ。

(现在的工作虽然工资不高，但是很有价值。)

私は一年だけ英語を勉強したので、上手ではない。

(我只学了一年英语，所以不怎么好。)

この町、昔静かではなかった。

(这个城市过去不安静。)

3. 与助动词搭配的否定表达

补助形容词「ない」还可以接在愿望助动词「たい」、断定助动词

「だ」、样态助动词「そうだ」、比喻助动词「ようだ」之后。① 例如：

この薬は苦すぎで本当に飲みたくない。

（这个药太苦，我真不想喝。）

この服はぱっとしないが、安いものではない。

（这件衣服看着不起眼，但不便宜。）

朝からずっと曇っていたが、まだ雨が降りそうではなかった。

（从早上开始一直阴天，可还是没有要下雨的样子。）

気温がまた37度に上がって、とても秋のようではない。

（气温又升到37度了，根本不像秋天。）

4. 与名词搭配的否定表达

与名词搭配时，与断定助动词「だ」连用的形式相似，在名词后面加上「ではない」，过去时态为「ではなかった」。例如：

田中さんは教師ではなく、会社員です。

（田中先生不是教师，是公司职员。）

似たようなものですが、ひまわりではなく、キクイモです。

（虽然有点像，但不是向日葵，而是菊芋。）

（二）「ぬ（ん）」的表现形式和用法

「ぬ（ん）」是一种文语残留，等同于现代日语的「ない」，主要用于书面语。根据语法功能的不同「ぬ」也有相应的活用变形。如表11-2所示。

表11-2 「ぬ」的活用变形

基本形	未然形	连用形	连体形	终止形	假定形	推量形
ぬ		ず	ぬ（ん）	ぬ（ん）	ね	

否定助动词「ぬ」属于特殊型活用变形，而且变形不完全。其接续方法，基本和「ない」形式相同。需要注意的是，存在动词「ある」后接

---

① 顾明耀. 标准日语语法［M］. 第2版. 北京：高等教育出版社，2004：125.

「ぬ」时，按照文语「あり」的未然形变成「あらぬ」，カ变动词的「する」后接「ぬ」时，要变成「せぬ」。另外，形容词也可以后接「ぬ」，变形为"词干+からぬ"。例如：

彼女は何も言わずに家を出て行った。
（她什么也没说就离开了家。）

連絡もせずに、訪ねてしまった。
（事先没联系就去拜访了。）

僕は留学したいが、おやは僕を行かせぬ。
（我想去留学，但是父母不让去。）

あの人はわが社には、なければならぬ人である。
（那个人可是我们公司不可或缺的人才。）

彼女のことは君に分からんはずがないだろう。
（你不会不知道她吧。）

分からぬことを先生に聞きたい。
（我想问老师不懂的问题。）

何もやらねば、何も得らぬ。
（不劳无获。）

あの子は背が高からぬ。
（那孩子的个子不高。）

大からぬ家は彼女に暖かくしつらえられている。
（小家被她布置得很温馨）。

（三）「まい」的表现形式和用法

否定推测助动词「まい」，表示否定意志和否定推量。一般接在动词后，有活用变形。如表11-3所示。

表11-3 「まい」的活用变形

基本形	未然形	连用形	连体形	终止形	假定形	推量形
まい			まい	まい		

「まい」表示否定推量时，相当于汉语的"不会……吧""大概不……"；表示否定意志时，相当于汉语的"不打算……"。「まい」接在五段活用动词及助动词「ます」的终止形之后，如「言うまい」「思いますまい」；接在五段活用以外的动词及助动词「せる・させる・れる・られる」的未然形之后，如「落ちまい」「知らせまい」。具体用法如以下例句。

　　1. 表示否定的推量
　　まだ雨は降るまい。
　　（还不会下雨吧。）
　　遺族の悲しみは消えまい。
　　（遗属的悲痛不会消失。）
　　映画がそろそろ終わるので、彼はもう来まい。
　　（电影快结束了，他不会来了。）
　　2. 表示否定的意志
　　決して怠け者にはなるまい。
　　（绝不会成为懒汉。）
　　あんなまずい店、二度と行くまい。
　　（那么难吃的店，我再也不去了。）
　　子どもを道路で遊ばせまい。
　　（不要让孩子在马路上玩。）

　　（四）否定接头词「不、無、非、未」的用法

　　日语否定接头词「不、無、非、未」来源于古汉语，置于汉语词汇和一些和式词语之前表示否定，但相互间意义上有细微差别，不能乱用。
　　「不」是最纯粹的否定。如「不透明」指与"透明"完全相反的状态，是对"透明"单纯的否定。
　　「無」用于表示"之前未有"的情形。如「無感動」意指"至今为止从没有感动，今后也不会感动"。
　　「非」用于"本来应该有的东西没有了，变成不好的状态或不合适的

状态"。如「非常識」意思是"常识本来是应该有的，但现在没有了。结果招致负面评价"。

「未」用于"现在还没有实现，今后可能会发生"的情形。如「未公開」意思是"虽然还没有公开，但将来有一天会公开的"。①

「不、無、非、未」作为接头词产生了许多复合词，如以下例词：

含有「不」接头词的词语有：不要、不在、不戦、不安、不運、不幸、不法、不備、不公平、不使用、不思議、不燃物、不動産、不衛生、不出来、不手際、不勉強、不登校等等。

含有「無」接头词的词语有：無名、無職、無効、無限、無視、無知、無痛、無礼、無事、無関心、無意識、無表情、無気力、無関係、無修正等等。

含有「未」接头词的词语有：未熟、未知数、未成年、未完成、未公開、未解決、未確認、未経験等。

含有「非」接头词的词语有：非公式、非論理、非常識、非人情、非作法、非金属、非売品等。

二、日语无标记否定句

日语中也存在无标记否定表达。尤其是在日语会话中，由于普遍使用委婉性表达使得无标记否定回答频度较高。根据所使用的语言表达模式，日语无标记的否定表达大致分为理由说明、惊讶表现、话题回避与转换、道歉表现、建议表达、反事实假设表现、讽刺表现、疑问表现 8 种类型。② 例如：

（1）甲：この仕事、できそうですか？

乙：もうちょっとです。ほかの雑用を頼まれて。（仕事が終わっていない。）

（2）丙：見て、あれは何？ UFO？

---

① 住吉那巳枝：「不・無・非・未-打ち消しの接頭語の違い」［Online］https://tyu-gakunyushi-kokugo-shoronbun.com/，2020.12.27.
② 孙慧鑫. 现代日语中无标记的否定表达的研究［D］. 长春：东北师范大学，2019.

丁：本当に？（UFOは簡単に見えないでしょう。）

（3）妻：ね、今月分のボーナスはもらった？

夫：何を言うの？お小遣いをくれよ。（お小遣いをくれないと、ボーナスはださない。）

（4）店員：お客さん、ここは禁煙となっております。

客：ああ。ごめんね。（禁煙ということは知らなかった。）

（5）課長：この仕事は小林君に任せてよろしいですか？

部長：彼にもう少し経験をさせたら。（小林はこの仕事がまだできない。）

（6）店員：この服はお客さんによくお似合いですよ。

客：そうかな。ちょっと考えさせてください。（そうは思わない。）

（7）課長：皆、今日の一日はどうでしたか？

係長：おかげさまで、一日だけの休みが充実でした。（休みの時間がなくなった。）

（8）一つの聞きたいことですが、あなたが言っていることは自ら確かめたんですか？（確かめていないでしょう。）

第三节　汉日否定表达的对比

一、汉日否定搭配顺序的对比

汉日语分属不同的语系，句子成分的排列顺序不同。汉语是典型的孤立语，对词语排列顺序要求比较严格，规定谓语动词一定要在宾语之前。日语属于黏着语依靠助词和助动词将词语串在一起，对词语排列顺序要求没有汉语严格。但日语有个明显的特点就是谓语动词一定要放在句尾，而且助动词又要接在动词之后。这样一来造成汉日语序存在较大区别。

（一）汉日否定词与动词搭配顺序的异同

汉语否定词"不""没有""别"与动词搭配时放在动词之前进行否定。而日语否定词「ない」「ぬ（ん）」「まい」要放在动词之后进行否定。例如：

表 11-4　汉日否定词与动词搭配顺序的对比

序号	汉语	日语
（1）	a. 我不吃肥肉。	b. 私は脂身を食べない。
（2）	a. 他没有去旅游。	b. 彼は旅行に行かなかった。
（3）	a. 知者不言，言者不知。	b. 知る者は言わず、言う者は知らず。
（4）	a. 别打架，好好说。	b. 喧嘩しないで、ちゃんと言いなさい。
（5）	a. 她决定不再见他。	b. もう二度と彼に会うまいと彼女は決心した。
（6）	a. 他不想考大学了。	b. 彼は大学を受験したくない。
（7）	a. 他不老实回答我的问题。	b. 彼は正直に質問を答えてくれない。
（8）	a. 听不清楚你说了什么。	b. あなたの話がよく聞こえない。

从表11-4可见，汉日否定词与动词搭配除了顺序不同外，日语否定词还有时态变化和活用变形，比如例句（2）b和（3）b的「行かなかった」「言わず」「知らず」。

例句（6）a中的汉语"否定词+能愿动词+动词"的结构与（6）b的日语正好相反，变成了"动词+能愿助动词+否定词"，"不想考"变成了「受験したくない」。

例句（7）a中"不老实回答"是"否定词+状动短语"的结构，相对应（7）b的日语则是"状语+…+动词+否定词"的结构。

例句（8）a中"听不清楚"是"动词+否定词+补语"的结构，相对应（8）b的日语则是"动词+补语+否定词"的结构。

（二）汉日否定词与形容词搭配顺序的异同

汉语否定词"不""没有"与形容词搭配时，放在形容词之前进行否

定。如果句中还出现了状语成分（通常是修饰形容词的），那么要放在否定词和形容词之间。而日语否定词「ない」「ぬ（ん）」要放在形容词之后进行否定。如果句中还出现了修饰形容词的状语，那么要放在形容词的前面。例如：

a. 这种生活方式不健康。

「このような生活スタイルは健康ではない」

b. 树上挂着没熟的苹果。

「木には熟していないりんごが掛かっている。」

c. 他的行为非常不检点。

「彼の行為はひどくだらしない。」

d. この算数問題は簡単ではない。

（这道算术题不简单。）

e. 小さい頃、通った学校は近くなかった。

（小时候通学的学校离家不近。）

例句 b 的"没熟"指的是一种没有完成的变化，而且在日语中找不到与"熟"对应的形容词或形容动词。由此可见，汉日否定表达有时在词性上并不能完全对应。

（三）汉日否定词与副词搭配顺序的异同

汉语否定词可以与大部分副词搭配，而日语只有一小部分的陈述副词和极少数的情态副词可以与否定词搭配。

（1）由于汉语否定词本身就是副词，所以，是否定副词修饰或限定其他副词，或是其他副词修饰或限定否定副词，就要看不同语义表达的需要了。例如：

a. 这些全不是我们的产品。

b. 这些不全是我们的产品。

a. 他很不讲究礼节。

b. 他不很讲究礼节。

a. 他上学总是不迟到。

b. 他不总是上学迟到。

a. 我一个都没拿。

b. 我没都拿，就拿了一个。

上面的例句中，否定词"不""没"既可以放在其他副词前，也可以放在其他副词后，但表达的否定程度不同。a 组例句中否定词放在其他副词后面，表示全部否定；b 组例句中否定词放在其他副词前面，表示不完全否定或部分否定。表 11-5 归纳了否定词"不"与其他副词的搭配顺序。

表 11-5　否定词"不"与其他副词搭配情况

	前面	前后皆可	后面	不搭配
范围		都、全、单、光、尽、净、仅、仅仅、就、只、一起、一同、一道、一齐、一概、一味、统统	总共、一共、唯独	共
语气		可、一定、就、也许、	倒、必定、必然、却、幸亏、难道、何尝、偏偏、索性、简直、反正、多亏、大约、好在、敢情	
时间	正在	老（是）、总（是）、立刻、马上、正	刚、恰好、将、早就、已经、起初、原先、偶尔、永远、一向、从来、随时、忽然	
程度		很、太、都、更、更加、非常、相当	极、最、格外、十分、极其、比较、稍微、略微、多么	
情势		特地、互相	仿佛、渐渐、百般、擅自、几乎、逐渐、逐步、依然、仍然、当然、毅然、果然、差点儿	猛然

汉语否定词"没"和"别"只能与极少副词搭配。"没"一般放在其他副词后面，"别"一般放在其他副词前面。

(2) 与汉语相比，日语否定词在句子中有固定位置，语序为陈述副词在前，然后是动词，最后是否定词。例如：

私のふるさとではめったに雨が降らない。

（我的家乡很少下雨。）

この問題はいくら考えてもさっぱり分からない。

（这个问题怎么想也不明白。）

新しい会社の給料は、前の会社とたいして変わらない。

（新公司的工资与以前的公司比没有多少变化。）

日语否定词与部分陈述副词和极少数情态副词搭配时，其句子否定程度强弱取决于所搭配副词否定性的强弱。

强否定搭配有：「二度と～ない、一概（一切）に～ない、決して～ない、全然～ない、ちっとも～ない、さっぱり～ない、どうしても…ない、とうてい…ない」

一般否定搭配有：「なかなか～ない、めったに～ない、あまり～ない、さほど～ない、そんなに～ない」

弱否定搭配有：「別に～ない、必ずしも～ない、まだ～ない、たいして～ない」

另外，「はっきり～ない、すっきり～ない」是"情态副词+ない"，主要是说明一种"非肯定"的情形，但否定程度却非常暧昧。

（四）汉日否定词与名词搭配顺序的异同

汉语中否定词"不""别"几乎不与名词搭配，只有"没"可以与名词搭配。比如"没钱、没人、没地位、没头脑"等。但"不""别"在极少数特殊情况下与名词搭配。比如："不男人""不民主""别婆婆妈妈"。这种否定副词"不""别"后接名词的现象，实际上是一种名词和形容词兼类现象，即放在"不""别"后面的名词具备了形容词的性质。[①] 一般而言，汉语否定词都是放在名词前面的，还没有发现否定词置于名词之后

---

① 汤鹤. 现代汉语中的否定副词修饰名词现象［J］. 学园，2015（6）：69-70.

的短语结构。日语否定补助形容词「ない」是可以与名词搭配的。实际上「ない」并不是直接接在名词后的，准确地说是接在「名词だ」后面。表示对名词的性质、属性做出的否定判断。即"名词+だ的否定形式"。如「教師ではない」「日本人ではない」等。

二、汉日否定用法的对比

（一）汉日对动词否定的时态对应关系

1. "不"与「ない」和「なかった」的对应
"不"否定行为动作时，多用现在和将来时态，基本上与「ない」对应。例如：

方案一旦启动，就不能停下来。
「プロジェクトが起動すると止められない。」
孩子哭闹着不肯吃饭。
「子供は泣きながらご飯を食べたくない。」
明年出门不用带驾照了。
「来年は運転免許証を持たなくてもいいです。」

但"不"一般不用于对过去动作的否定，而常用"没（有）"。然而在表示心理、认知、判断等非动作动词时，"不"也可以否定过去。此时却是与「なかった」对应的。例如：

以前她从不关心政治。
「彼女は政治に興味を持っていなかった。」
年轻时他根本不理解父母的话。
「若い時、彼は親の話を全く理解しなかった。」

2. "没（有）"与「ない」和「なかった」的对应
"没（有）"一般用于对过去动作的否定，不用于否定将来，与「なかった」相对应。当然也可以否定现在的动作或者表示未改变的状态，与「ない」相对应。例如：

他昨天没来上班。

「昨日、彼は会社に来なかった。」

去年在国外，没吃到家乡的粽子和月饼。

「去年、海外にいったので、故郷の粽や月餅は食べられなかった。」

真没想到会是你。

「あなたとは思わなかったです。」

今天是元旦，商店还没有开门。

「今日は元旦なので、店はまだオプションしていない。」

3. "没（有）"与「なかった」的不对应

如前所述"没（有）"多用于表示对过去行为动作的否定，所以多与「なかった」相对应。可有时尽管是对过去行为动作的否定，日语用「なかった」来表达，但汉语却不是"没（有）"。例如：

彼は中国語が全然話せなかった。

（他以前完全不会说汉语。）

結婚する前に、私は料理も家事もまったくできなかった。

（结婚之前，做饭呀家务什么的我都不会干。）

子供は一人で寝たくなかった。

（孩子以前就是不肯一个人睡。）

例句中的动词都是能愿动词，如果日语对能愿动词的否定是过去式，对应的汉语就不能使用"没（有）"，而要用"不"。因为"没（有）"极少与能愿动词搭配。

通过上面"不"和"没（有）"与「ない」和「なかった」的对应关系例句可以发现，汉语在对行为动作进行否定时，根据不同时态需要选择不同的否定标记，还要根据被否定动词的词性选择不同的否定标记。而日语则相对简单，尽管书面语表达会使用「ぬ（ん）」替代「ない」，但在对现在、将来和过去的否定上，只有时态的不同。

（二）汉日对形容词否定的用法对比

汉语形容词从语义上可分为性质形容词和状态形容词。"不"通常可以否定事物的性质、性状，所以几乎所有的性质形容词都可以接受"不"

的修饰，比如"不高、不大、不难、不聪明、不漂亮、不干净、不敏锐、不简单"等。而绝大多数的状态形容词不接受"不"的修饰，如不说"不雪白、不金黄、不通红、不冰凉、不初级、不乱哄哄"等。同样，"没（有）"只修饰性质形容词，不修饰状态形容词。但由于"没（有）"否定的是事物性质、性状的变化，所以"没（有）"能够修饰的性质形容词的数量就更少了。比如我们不说，"没高、没大、没难、没聪明、没漂亮、没干净、没敏锐、没简单"等。下面的句子是"没（有）"修饰性质形容词的典型例句。

　　天还没亮呢。（天处于"夜"的状态）
　　「夜はまだ明けていない。」
　　苹果还没熟。（苹果是"生"的状态）
　　「リンゴはまだ熟していない。」
　　粥还没凉。（粥处于"烫"的状态）
　　「おかゆはまだ冷めていない。」

　　日语形容词（形容动词）从语义和用法上可以分为属性形容词（形容动词）和感觉形容词（形容动词）。与汉语相比，否定形容词「ない」可以与所有的形容词（形容动词）搭配使用，只有时态上的不同，选择「ない」或是「なかった」。

　　以上主要针对汉日否定表达中动词和形容词用法的异同进行对比论述。关于汉日否定表达中副词和名词用法的对比，在前面汉日否定词与副词、名词搭配顺序的异同中已有阐述，这里不再赘述。

三、汉日肯否表达不对称现象

　　汉日语言中都存在肯定和否定两种相对应的表达形式。从语用学角度来看，到底采取哪种形式取决于语言使用环境、情绪表达和语言习惯。汉日肯否形式不对称性包括两个角度：一个角度是汉日语言互译时，一方是肯定表达形式必须转换成另一方的否定表达形式，或者反之。另一个角度是本国语言内部只有肯定表达没有否定表达，或者以肯定形式表达否定意义；反之亦然的语言现象。

（一）汉日肯否形式互译时的不对称

1. 汉语是肯定形式译成日语是否定形式的情形

中国人偏好从正面、积极的角度考虑问题，因此汉语多数情况下采用肯定表达形式。比如，费了一番周折找到了自己想要的东西，汉语通常用"终于找到了"或者"我就知道在这儿"等积极的、如愿以偿的肯定形式。同样的情况，日语却会采用「あった。なかったと思ったよ。」这种负面的、悲观的否定形式。可以说是日本人忧患意识的反映吧。以下是汉语的肯定形式译成日语的否定形式的具体情形。

（1）在表示请求、建议和委婉地命令时，汉语多用肯定表达而日语采取否定表达。例如：

a. 明天是周末，您也一起去野餐吧。

b. 明日は週末なので、一緒にピクニックに行きませんか。

a. 把那本书递给我好吗？

b. そこの本は渡してもらえませんか？

a. 请您在那边排好队。

b. あそこに並んでいただけませんか。

例句的 a 组汉语都是肯定句，日语可以翻译成「一緒に行きましょう」「渡してもらえます」「並んでください」，但语气都显得比较生硬。特别是当汉语中使用了"您"的称呼，"好吗"商量的语气，日语换成「~ませんか」会更符合和体现这种尊重的语气。[①]

（2）在表达自己的观点和看法时，汉语多用肯定形式而日语采取否定表达。例如：

a. 这也不失为一种好的方法。（360问答，2017）

b. これはよい方法ではないでしょうか。

a. 与答案不符，是计算过程中出了错吧。（沪江日语，2017）

[①] 李丽，孔婷．翻译转换理论视角下的汉日肯否定形式翻译研究［J］．品牌，2014，(9)：64-65．

b. 答えが合いませんね。途中で計算を間違えたのではありませんか。
　　a. 你最近胖了吧？
　　b. 最近、あなたは太ってない？
　　中国人发表自己的意见或表达对他人的看法时，喜欢直截了当、坦诚相见。除非非常特殊的场合，比如对方性格非常敏感，很少采取拐弯抹角的方式。因此，汉语中表达自己的观点和看法时多用肯定句。与此相对照，日本人在人际交往中特别在意相互保持一定的距离感，留有余地是给予对方尊重和保护自己的最佳方式。所以，日本人发表自己的意见或表达对他人的看法时，多采用迂回婉转的否定疑问句的表达方式。
　　2. 汉语是否定形式译成日语是肯定形式的情形
　　汉语中有种"正话反说"加否定的形式，主要是为了避免话语平淡，丰富表现方式。比如形容一个人很有能力，令人钦佩。正面说法有"了不起""厉害"，反话加否定词"不"的说法是"真不简单"。翻译成日语一般为「本当に大したもんだね」或者「素晴らしい方だね」等肯定形式。其他还有，例如：
　　a. 要做的功课真不少。
　　b. 宿題は本当に多いですね。
　　a. 他个子真不矮呀。
　　b. 彼は背が本当に高いですね。
　　a. 他摔得不轻啊。
　　b. 彼はひどく転んだ。
　　汉语中"好不+形容词"的否定结构短语，真正含义是"非常+形容词"，比如"好不欢喜，好不热闹，好不伤心"，翻译成日语为「非常に嬉しく」「とても賑やかに」「かなり悲しく」。另外还有一些带否定词的成语，如"不胜感激，不多不少，亲密无间，没大没小，没老没少"等对应的日语也是肯定形式，「とても感謝しております」「ちょうどいい」「非常に親しい」「まるで間抜けだ」。因此，不能简单地认为否定词就一定表达否定意思。语言表现形式的灵活性和多样性决定了汉日肯否互译时的不

253

对称性，汉日肯否对译时必须注意各自的语言习惯。

从以上汉日肯否互译的实例中可以看出，在翻译时虽然可以按照字面意思直译，但基于翻译效果和语言习惯的考虑而采取了相反的翻译策略，由此而产生的肯否不对称应该叫作"肯否相对不对称"。如果互译时完全不能够按字面意思翻译，必须采取与之相反的翻译策略而产生的肯否不对称应该叫作"肯否绝对不对称"。

(二) 汉日语言内部肯否表达的不对称

1. 汉日无标记否定句的肯否表达不对称

正如前面所述，汉日语言中都存在无标记否定句的现象。这些句子中虽然没有出现明显的否定词，但句中的动词具有实质性的否定含义，所以句子整体是否定表达而形式是肯定的，是一种肯否表达不对称的现象。例如：

a. 听说领导不来了，大家觉得白忙活了一场。

「上の人が来なくなったと聞いて、みんなは空回りしたと感じた。」

b. 那条山脉如同天然屏障，阻挡了北方的寒冷。（造句网，2019）

「その山脈は天然の障壁のように北の寒波を遮っている。」

c. 这样的好日子，过去哪里敢想？（造句网，2019）

「そんないい生活は前に考えられなかった。」

d. お前さんの腕はやっぱり下手だな。

（你的技术不行啊。）

e. 私は彼女をさそうのをやめた。（贯通日语，2016）

（我决定不邀请她了。）

f. 彼はにぎやかなのが嫌いです。

（他不喜欢热闹。）

2. 汉语中只有肯定表达的情形

汉语中有些动词不能被否定词修饰，即没有相对应的否定形式，只能用于肯定表达。这类动词不能受程度副词的修饰或者双音节动词本身首个

语素就是表示程度的。① 例如：

a. 两季度销售额总计一百万元。（钱方欣，2017）

b. 两季度销售额不（没）总计一百万元。（×）

a. 我对书法略知一二。

b. 我对书法不（没）略知一二。（×）

a. 他的普通话稍带口音。

b. 他的普通话不（没）稍带口音。（×）

还有一些带有数量的动词也不能被否定词修饰，因为数量已经表示了实现的次数，所以只能用于肯定表达。例如：

a. 他们毕业20年后，又在母校重逢了。（造句网，2019）

b. 他们毕业20年后，又在母校不（没）重逢了。（×）

a. 医生成功为他再接了手指。

b. 医生为他不（没）再接了手指。（×）

3. 日语中只有肯定表达的情形

单纯说日语动词只有肯定形式没有否定形式是不存在的。但在某些情况下，一些动词只能用肯定表达。比如动词「発表する」有否定式「発表しない」，单纯从词的肯否形式角度看不存在不对称的问题。但当搭配「再び」「何度も」的时候，「発表する」就只能有肯定形式却不能用否定形式。因为「再び」「何度も」规定了动作已经发生，不会出现「発表しない」的状况。例如：

a. 政府は再び増税の案を発表した。

b. 政府は再び増税の案を発表していない。（×）

a. 彼は何度も書いた論文を確認している。

b. 彼は何度も書いた論文を確認しない。（×）

除了表示频度的程度副词外，动词在搭配诸如「ずいぶん」「非常に」「いっそう」等其他程度副词时，一般也使用肯定表达。

---

① 钱方欣. 对外汉语教学视角下的汉日否定表达对比研究［D］. 南京：南京大学，2017：30-31.

a. ずいぶん食べましたね。

b. ずいぶん食べなかった。(×)

a. パーティーは非常にいい感じで盛り上がっている。

b. パーティーは非常にいい感じで盛り上がれない。(×)

a. この公園は雪が降るといっそう美しくなった。

b. この公園は雪が降るといっそう美しくならなかった。(×)

4. 汉日语强制命令句的肯否表达不对称

强制命令句是指具有强制性指示、警告、禁止等意义的命令句。包括各种命令、口令、律令、告示、规定等。汉日语言中有许多强制命令句，由于其具有强制性和执行性，不允许反对意见。所以，意思表达上要么采用肯定形式，要么采用否定形式，不允许随意更改，从而造成肯否表达的不对称。比如军队操练时的口令，汉语是"前进!"，日语是「進め!」。绝对不会说"不前进"和「進めない」。如果要表达停止的话，则用"立定!"和「止まれ!」。汉语"冲啊!"对应日语「とつげき!」等。这是军队规定好的语言，简短有力，便于传达，都是肯定表达，绝对不存在否定表达。

与此相对，在一些规定中会使用否定表达方式，同样不允许转换成肯定表达。例如：

a. 不准将手机带入考场。

b. 試験場には携帯電話を持ち込まないこと。

a. 严格执行防止感染扩大的措施。自己不感染！不传染他人！

b. 感染拡大防止対策励行。感染しない！感染させない！

a. 请不要在车厢内高声谈话。

b. 車内では大きな声で話さないようにお注意ください。

例句中无论是汉语还是日语，使用否定表达就是为了将不当行为进行否定起到命令禁止的作用。如果转换成肯定表达就会降低这些命令的强制性和权威。

第十二章 汉日语言对比研究的新动向

汉日语言对比研究是我国日语研究的重要组成和热点领域。从改革开放以来，汉日语言研究的成果为国内日语教育、国际汉语教育、中日经济文化交流等方面起到了积极的促进作用。随着日语教育手段和方法的不断改进，汉日语言对比研究也随之深化。特别是在高科技、学科交叉的发展背景下，汉日语言对比研究呈现出细分化带来的多样化的研究态势。

一、改革开放以来汉日语言对比研究概述

（一）起步时期的探索

20世纪80年代初我国开始了正规日语教育。大学里陆续开设了日语专业，以中央电视台《学日语》专题教育节目为代表，各地广播电台也播出了各种日语学习讲座。针对中国人学日语出现的问题，日语教育界提出了汉日语言差异现象的问题，汉日语言对比作为研究课题逐渐崭露头角。为了解决日语教学上的问题，教师们开始了汉日语言对比的研究。比如朱川的《日汉语音对比实验研究》[《语言教学与研究》，1981，2（4）]、赵福全的《日汉同形词的错情剖析》[《教学研究》，1980（4）]、徐明的《写法不同的日汉语现用汉字对照表》[《日语学习与研究》，1985（1）]、郑懿德，高桥由纪子的《汉日名量词琐谈》[《语言教学与研究》，1983（1）]基本上是围绕教学展开的。整个20世纪80年代是汉日语言对比的起步阶段，前期主要从汉日语音、字形、单类词汇的角度对一些显而易见

的相异现象进行了比较。后期对比研究范围有所扩大,以同形词对比为主,扩展到代名词、数量词、熟语和外来语等汉日词汇和短语的对比研究。如赵福堂的《关于中日同形词的比较研究》[《日语学习与研究》,1983(4)]、《李进守的中日两国同形词的对比研究——以"门""上手""今日""得意"四个词为例》[《日语学习与研究》,1983(1)]、张麟声的《日中両国の助数詞》(《日语教学研究论文集》,商务印书馆,1987)、崔崟的《中日两国语言中的量词》[《日语学习与研究》,1989(6)]、王宏的《日汉语指示词的对应关系》[《日语学习与研究》,1985(5)]、张泉的《中日两国共同使用的成语》[《日语学习与研究》1984(5)]、李进守的《浅谈中日两国词语中的外来语》[《日语学习与研究》,1986(4)]等。20世纪80年代的研究虽然也涉及了汉日语法的对比,但数量少且深度不够。总体来看,80年代的研究主要是展示了一些汉日语言异同的现象,总结了一些日语学习和日语教学中的有益经验。尽管80年代的汉日语言对比研究处于起步阶段,难能可贵的是有两本专著得以出版,一本是何培忠、冯建新所著《中日同形词浅说》(商务印书馆,1986年),另一本是秦礼君所著《汉日句法比较》(河南大学出版社,1989年),在汉日语言对比的理论上有一定建树。

(二)快速成长期的丰富和深化

进入20世纪90年代,我国日语教育和研究呈现出蓬勃发展的势头。汉日语言对比研究成果逐渐丰富,研究的深度和广度有较大提升。不仅传统对比研究的数量在不断上升,研究质量和挖掘深度也在不断提升。在20世纪80年代主要揭示汉日语言表面异同现象的基础上,进入90年代学者们开始向产生现象的原因方面深入研究,如潘钧的《中日同形词词义差异原因浅析》[《日语学习与研究》,1995(3)],对同形词词义的差异从词的构成、句法规则、历史形成、语用学等方面进行了考察和分析。又如张起旺、王顺洪的《汉日同形词给日本人学习汉语造成的误区》(《汉外语言对比与偏误分析论文集》,北京大学出版社,1999年)从二语习得对同形词使用出现的差异进行了偏误分析;鲁宝元的《汉日同形异义词的对比考

察与对外汉语教学》(《汉日语言研究文集(二)》,北京出版社,1999年)从词义范围、语体搭配和语法功能上探讨了同形异义词,对外汉语教学提出了有益的建议。随着计算机技术的提高,计算机技术也参与到汉日语言的研究中。如王懋江、吴振益的《科技汉日词汇的计算机计量及中日英文字的比较》[《中文信息学报》,1995(2)]就是利用计算机技术对汉日科技词汇的字义、字音和长短进行了对比研究,揭示了汉日字词的各自特点和优点。

除了同形词以外,这个阶段的研究全面向语音语调、各类词汇、短语、语法、应用等方面铺开。比如续三义连续在《汉日语言研究文集》(北京出版社)发表了4篇有关汉日语音对比的论文:《汉日两语元音的对比研究》(1996)、《中日辅音对比研究》(1996)、《鼻辅音和元音——n、ng教学的误区》(1998)和《汉日声调对比研究》(1999)。各类汉日词汇对比的论文有崔崟的《中日两语量词用法分析》[《日语学习与研究》,1991(1)]、余维的《日汉人称指示的对比分析——对比语用学的尝试》[《当代修辞学》,1995(6)]、郑钟文、于建庄的《日汉成语比较》[《日语学习与研究》,1990(1)]、修德建的《关于中日两国语言吸收外来词的对比研究——以现代汉语和现代日语为主》[《解放军外语学院学报》,1995(1)]、祝彩云的《日汉拟态词比较研究》[《浙江学刊》,1995(6)]、秦礼君的《日汉语助词的初步比较》[《日语知识》,1990,7(8)]、赵博源的《汉日语副词形态比较》[《日语知识》,1992(11)]等。汉日语法对比的论文有薛豹的《中日両国語の被動表現の比較——中国語の意味上の受動文をめぐって》(《日本学论丛》,人民教育出版社,1993年)、顾盘明的《汉语动补结构与日语的对应关系》[《东北亚外语研究》,1994,3(4)]、赵博源的《汉日动词的否定形式及其比较》[《东北亚外语研究》,1995,6(7)]、姚继中的《日汉动宾结构比较研究》[《日语学习与研究》,1996(3)]等。

汉日语言对比的专著有张麟声的《汉日语言对比研究》(北京大学出版社,1993年)、赵博源的《汉日比较语法》(江苏教育出版社,1999年)和山田留里子的《汉日定语比较研究》(北京大学出版社,1999年)。从

语法角度进一步对汉日语言对比进行更加深入的探讨。

(三) 成熟期的饱和与突破

进入21世纪后,我国大学日语教育达到了一个比较成熟的阶段。不仅是本科生的培养,硕士和博士的培养也是突飞猛进,从人数到质量都达到到了空前的程度。成熟期的汉日语言对比研究成果呈现出井喷的状态,仅数量上就是20世纪八九十年代的6~7倍。表12-1列举了国内部分有关汉日语言对比的研究成果,包括期刊论文和硕博学位论文,约占总成果数量的5%。

表12-1　汉日语言对比研究部分成果（2000—2021年）

作者	题名	期刊论文/学位论文	年份
顾顺莲	对外汉语学科建设中的汉日语法对比研究	上海交通大学学报（哲学社会科学版）	2000
崔新广	汉日面部语义场的对比研究	华中师范大学（学位）	2000
施建军	汉语的主题及汉语句子的基本格局——从汉日对比的角度	解放军外国语学院学报	2001
张岩红	从中日语言文化对比的角度探索日语教学方法	山西大学学报（哲学社会科学版）	2001
王黎今	汉日歧义式对比分析	盐城师范学院学报（人文社会科学版）	2002
宋春菊	从词义的角度试论汉日同形词的异同	湖南社会科学	2003
林璋	论作为状态完成的结果维持问题——汉日两种语言体的对比研究	日语学习与研究	2004
王维贞	汉日夫妻间称呼的对比研究	外国语言文学	2004
何美玲	汉日外来语不同特点形成的背景对比	福建论坛(人文社会科学版)	2005
铃木裕文	汉日位移义表达方式对比研究	南开大学（学位）	2005
王黎今	被动表述主位角色的汉日对比	日语学习与研究	2006

续表

作者	题名	期刊论文/学位论文	年份
郑杰	处置范畴汉日语序对应关系之类型学研究	中央民族大学（学位）	2007
卞小玢	以动物表意的汉日谚语比较研究	对外经济贸易大学（学位）	2008
施晖	语言行为的汉日对比研究——以"路上"的あいさつ为中心	苏州大学学报（哲学社会科学版）	2008
陈晨，许文平	汉日同形词对比与语际迁移偏误生成	海外华文教育	2009
梅晓莲	汉日被动句谓语动词的对比研究	湖南医科大学学报（社会科学版）	2009
韩璐璐	汉日定语对比研究与翻译——以定语语序、语义指向和数量词定语为中心	华东师范大学（学位）	2010
李金莲	基于平行语料库的中日被动句对比研究	山东大学（学位）	2010
王维	《雪国》及其中译本比较句对比研究	北京师范大学（学位）	2010
王斌	基于HSK词汇大纲甲级词的汉日同形词对比分析——以两字词为中心	山东大学（学位）	2011
王静	汉日基本味觉形容词的隐喻现象对比研究——以汉日甜味词为例	日语学习与研究	2011
杨丝宇	被动表达的汉日对比研究	黑龙江大学（学位）	2011
陈颖杰	汉日成语中"花"隐喻的对比研究	现代语文（下旬·语言研究）	2012
李蕊	汉日同形词对比研究	学术探索	2012
欧慧娟，卜朝晖	汉日量词的对比分析及其翻译方法的考察	日语教育与日本学研究	2012
徐灿	汉日同形词褒贬色彩的比较	中国科教创新导刊	2012
陈佳	汉日味觉形容词通感式隐喻现象的对比研究	科技信息	2013

续表

作者	题名	期刊论文/学位论文	年份
刘晓华,黄一峰	认知语言学视角下的日语条件句教材分析	日语学习与研究	2013
盛文忠	从《红楼梦》伊藤漱平（1969）日译本看中日认知模式差异	红楼梦学刊	2013
孙冰	对日汉日同形词的教学研究	黑龙江大学（学位）	2013
王晓楠	汉日情感隐喻对比研究	西北师范大学（学位）	2013
杨柳青	基于汉语作为第二语言教学的汉日同形词对比研究	沈阳师范大学（学位）	2013
于康	三价动词"保留宾语被动句"中的保留宾语的条件——从汉日对比的视角出发	日语学习与研究	2013
赵圣花,江波	汉日"鬼"词语的隐喻表达对比研究	辽宁师范大学学报（社会科学版）	2013
朱芬	汉日篇章零形回指对比及其在翻译中的应用	日语学习与研究	2013
陈冬姝	汉日被动句及其文化成因的对比分析	韶关学院学报	2014
李丽,孔婷	翻译转换理论视角下的汉日肯否定形式翻译研究	品牌	2014
施晖,栾竹民	"性向词汇"的汉日对比研究——以"个性强的人"为中心	东北亚外语研究	2014
于康,田中良,高山弘子	《TNR汉日日汉翻译语料库》和《TNR标签软件》的研发与翻译教学	日语学习与研究	2014
赵子奇	对外汉语教学中汉日同形词的教学策略	天津师范大学（学位）	2014
李敏,王忻	"新经验主义"视阈下汉日隐喻源域对比研究	杭州师范大学学报（社会科学版）	2016

续表

作者	题名	期刊论文/学位论文	年份
刘明鑫	称呼语的汉日对比研究	黑龙江大学（学位）	2016
孙珍珍	汉日同形词的比较及其对日汉语词汇教学	西北师范大学（学位）	2016
王添阳	汉、日口译中的被动翻译不对应现象研究	哈尔滨理工大学（学位）	2016
徐靖	认知视域下的汉日场所惯用语对比研究	外语教学	2016
陈访泽，杨柳	汉日授受动词认知模式及语义结构对比分析	汉日语言对比研究论丛	2017
刘中燕	关于汉日被动句的视点与感情色彩的对比研究	大陆桥视野	2017
严立清	汉日同形词的偏误分析及教学对策研究	扬州大学（学位）	2017
张霜	汉日动物熟语表达对比及翻译研究	对外经济贸易大学（学位）	2017
张心怡	汉日同形词对比研究	现代语文（语言研究）	2017
智雅君	日本学生汉日同形词习得偏误分析	华中科技大学（学位）	2017
钟勇	基于大规模语料库的汉日触压觉形容词认知义对比研究——以"硬"和「かたい」为例	日语学习与研究	2017
张文，谢磊	汉日同形词框架下的称谓语探究	开封教育学院学报	2018
段静宜	认知隐喻学视野中"草"的惯用表现的汉日对比	文化学刊	2019
李爱华，崔忠	汉日人体词汇隐喻对比研究	江苏海洋大学学报（人文社会科学版）	2020
涂颖颖	浅析汉日互译中数量词的错位翻译	中国民族博览	2020

续表

作者	题名	期刊论文/学位论文	年份
许雪华	基于语料库的汉日同形词词性对比研究	外语学刊	2020
成玉峰，张苹	中日同形词词义衍变的翻译对比研究——以"工夫"/「工夫」为例	东北亚外语研究	2021
靳春才	认知语言学视角的中日流行语探析——以"2019年中日十大流行语"为例	现代交际	2021
潘歆玥	汉日疑问词"吗"与「か」的语义范畴对比	现代交际	2021
王蕾	汉语副词中汉日同形词对比及其偏误分析与教学对策	山西大学（学位）	2021
周虹竹	汉日虚拟位移表达认知对比研究——以延伸型虚拟位移表达为中心	大众文艺	2021

  进入21世纪以来，汉日语言对比的传统研究对象，如同形词、各类词汇、短语等仍是被热衷研究的对象，研究成果和产量非常丰富，甚至呈现出饱和的状态。为了取得新的突破，一些研究采取了细分化操作和精细化研究。比如同形词被划分为色彩类、植物类、动物类、人体类、同源类、感情类、称谓类等细分类，从微观角度对同形词进行了更为细致的考察。在汉日语法对比研究上，不仅是常见的语法功能和句子结构的对比，还扩展到修辞、表达、语气、语篇等方面。在汉日语言应用对比上，除了传统的日语教学和对外汉语教学上的应用外，还发展到二语习得、数据库的建设和利用、翻译方法和策略、工具书（词典）的编纂等方面。有关汉日语言对比的理论支撑或构建方面，主要以认知语言学和文化语言学为主，极少数涉及了结构语言学、类型语言学、历史语言学的范畴。2000—2021年的汉日语言对比专著的出版量是前20年的9~10倍。除了一些语言学专家的著书，以各大学培养的博士生为主的后起之秀也开始著书立说。研究范围涉及整个汉日语言对比的研究领域，但比较全面系统化的研究却非

常少。

另外值得一提的是，2009年8月在北京成立了"汉日对比语言学研究（协作）会"，标志着我国汉日语言对比的专业化水平达到了新高度，汉日语言对比成为对比语言学的一个重要分支。到目前为止，会刊《汉日语言对比研究论丛》已出版11辑，汇集了学术权威、大学教师和学术新秀的最新研究成果，反响非常热烈。

二、汉日语言对比研究成果分析

根据前面对我国汉日语言研究三个阶段的回顾大致可以知道到现在为止的研究概貌。下面就以收集到的各种汉日语言对比文献为样本①，从数量分析角度对汉日语言对比研究成果进行较为细致的考察和分析。

（一）研究成果总体状况分析

首先从各个年代的研究成果数量入手考察汉日语言对比研究的受关注程度和研究热度。通过对收集到的期刊论文、学位论文和专著的筛选，最终确定了630项成果文献作为分析样本。具体成果样本数如表12-2所示。

表12-2 汉日语言对比成果状况

年代	期刊论文	学位论文	专著	小计	占比
1980—1989年	36	—	2	38	6%
1990—1999年	51	—	3	54	8.6%
2000—2009年	89	33	9	131	20.8%
2010—2021年	270	101	36	407	64.6%
合计	446	134	50	630	100%

期刊论文有446项，学位论文有134项，专著有50项，三者间的比例为8.9：2.7：1。可以认为每一部专著出版发表是在8.9篇高质量的学术

---

① 本研究的期刊论文和学位论文样本几乎来自"中国知网"和"万方数据"两大网站的数据，只有极少数通过图书馆获得。

论文和2.7部学位论文的基础上产生的。从各年代的研究成果数量看，20世纪80年代有38项，90年代有54项；21世纪00年代有131项，10年代407项。对应的各年代研究成果占比为：6%、8.6%、20.8%、64.6%。可见进入21世纪，汉日语言对比研究成果增长迅速，尤其是2010年开始呈现直线上升的趋势。下面从各类成果文献的增长率来观察汉日语言对比研究的发展态势。如图12-1所示。

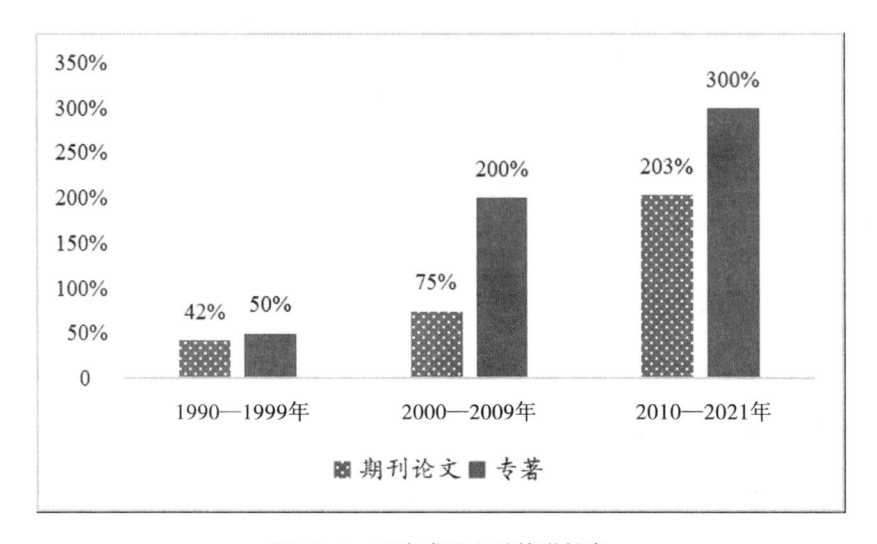

图12-1 研究成果文献的增长率

由于20世纪80年代和90年代日语研究生培养非常之少，几乎没有什么学位论文。所以，学位论文数据存在年代上的不完备，这里没有将学位论文的增长率计算在内。期刊论文的增长率分别是42%、75%、203%，专著的增长率分别是50%、200%、300%。可以说每十年对前十年的研究成果呈现几何级增长的态势。

以上从成果数量分析把握了1980—2021年汉日语言对比研究的总体情况。简而言之，汉日语言对比研究真正是从2000年以后才有了长足的发展，尤其是2010年以后这12年的研究成果数量比过去30年的总和还要多得多。

(二) 研究对象详细分析

1. 研究对象的大类别

那么，汉日语言对比研究的 40 年到底进行了哪些具体对象的研究才是成果分析的重点。首先，从研究对象的大类来看可以分为语音语调、字、词、短语（词组）、句子、语篇、语法、实际应用、理论探讨等项目。这里将全部 630 个成果文献样本分门别类整理后，用表 12-3 表示如下。当然每个成果文献并不只涉及一个研究对象，绝大多数至少两个以上。

表 12-3　汉日语言对比涉及的研究对象

对象	音调	字	词	短语	句子	语法*	应用	理论**
数量	17	7	356	57	39	214	134	95
占比	3%	1%	38%	6%	4%	23%	14%	10%

注：*这里将语法功能和表达、句法、修辞、语篇等纳入语法项目范围内；

**这里的理论包括研究中使用的语言学理论和分析方法。

从表 12-3 可知，研究对象中涉及项目最多的是"词"，有 356 个样本；其次是"语法"，有 214 个样本；然后是"应用"和"理论"，样本数分别是 134 和 95。虽然涉及"短语"的样本不多，但如果把"词""短语"加在一起可达 413 个，这两个项目相对其他项目，材料收集比较容易，分析主要集中于"形"和"义"的异同，自然成为研究对象中最受欢迎的项目。"音调"和"字"的对比研究涉及音调和字的演变过程，有时需要借助历史语言学的理论和语言考古学的证据，所以涉及这两项研究的数量要少了很多。

2. 研究对象的细分类

(1) "词"和"短语"中的研究对象

"词"是汉日语言对比研究中的"宠儿"。它不仅是汉日语言对比研究的传统项目，也是许多涉猎汉日语言对比研究新手的入门项目。图 12-2 显示了成果文献样本中归属于"词"的细分类项目。

在 34 项细分类项目中（由于图的宽幅所限，这里只展示了 20 项），

热度最高的是同形词（包括同形同义词、同形类义词、同形异义词），有88项。热度比较高的是名词48个、动词39个、数量词36个。其他按热度递减顺序依次是副词22个、代词21个、外来词17个、形容词16个、色彩词11个、助词9个、指示词7个、同素逆序词5个、反义词/复合词4个、性向词汇/一般词汇/连接词3个、异形同义词/动物词汇/流行词2个。还有图12-2中未显示的人体词汇、景观词汇、烹饪词、法律词汇、经管词汇、汉字词、对称词、性别词语、接头词、借词、礼貌词、IT新词、字母词、感情词，各1个。

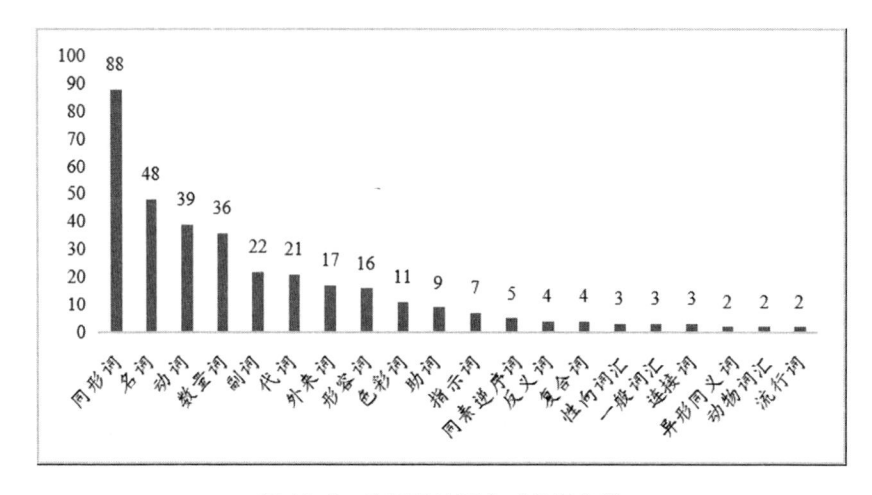

图 12-2 关于词的研究对象细分类

关于"词"类的研究仍然以常规的同形词和品词为主要研究对象，同时对"词"从不同角度的细分化研究也不断增加。比如，色彩词、性向词汇、动物词汇、人体词汇、景观词汇、烹饪词、法律词汇、经管词汇、对称词、性别词语、礼貌词、IT新词、字母词、感情词的研究加起来有27个。

短语是大于词而又没有完整句子结构的语法单位，是一系列词组及其复合体。在全部成果文献样本中与"短语"相关的有57个。表12-4显示了短语研究的细分类（只有1个的未列入表内）。

表 12-4　关于短语的研究对象细分类

称谓语	成语	动物熟语	谚语	一般短语	熟语	问候语	身体惯用语	惯用语	植物短语	骂詈语
12	9	6	5	4	2	2	2	2	2	2

表 12-4 中未显示的短语细分类还有流行语、平行语、空间短语、禁忌语、称赞语、安慰语、场所惯用语、委婉语、身份语，各 1 个。

短语类中的研究对象主要是称谓语、成语、动物熟语、谚语、一般短语、熟语等。其实成语、动物熟语、谚语、惯用语都属于熟语一类。所以短语类的最大研究对象是熟语，包括成语、谚语、格言、惯用语等。

（2）"语法"中的研究对象

"语法"中的研究对象细分类共有 62 项（由于图的宽幅所限，这里只展示了 31 项），如图 12-3 所示。

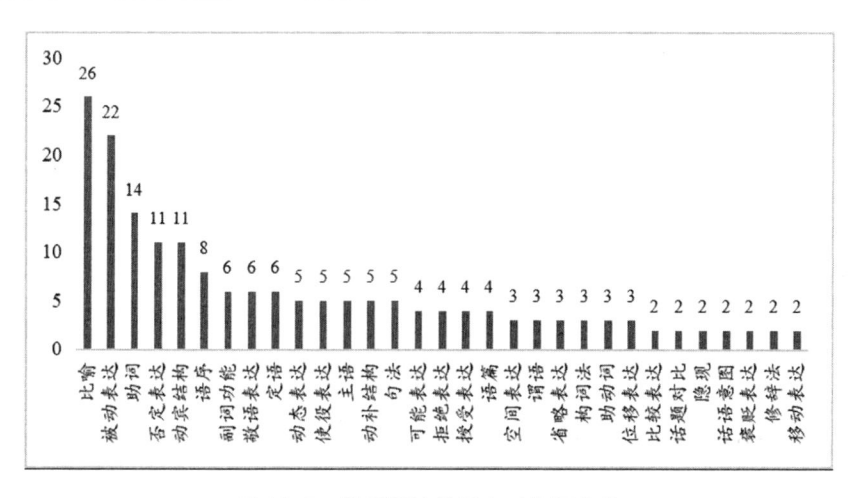

图 12-3　关于语法的研究对象细分类

语法中最受研究者关注的是比喻（包括隐喻、转喻）26 个和被动表达 22 个。其次是助词 14 个、否定表达/动宾结构 11 个、语序 8 个。其他的有：副词功能/敬语表达/定语各 6 个；动态表达/使役表达/主语/动补结构/句法各 5 个；可能表达/拒绝表达/授受表达/语篇各 4 个；空间表达/谓语/省略表达/构词法/助动词/位移表达各 3 个；比较表达/话题对比/隐现/

话语意图/褒贬表达/修辞法/移动表达各2个。

另外,语言单位/疑问表达/语法化/附和表现/语义扩展/分句衔接/回指省略/肯否形式/时体关系/成分搭配/意愿表达/主题提示/委婉表达/禁忌表达/列举结构/请求表达/同位结构/歧义现象/条件表现/情态表现/引语形式/确认表现/礼貌表达/判断语气/幽默表达/道歉表达/指称化/结构表达/异议表达/感谢表达/限定表达,各有1个。

从语法研究对象的细分类可以看出,几乎涵盖了所有语法功能、语义表达和句子结构。有关修辞法的研究对象主要是比喻,其中以隐喻居多。而诸如排比、对偶、夸张、音韵等几乎没有涉及。

(3)"应用"中的研究对象

"应用"中的研究对象细分类共有14项。如图12-4所示。

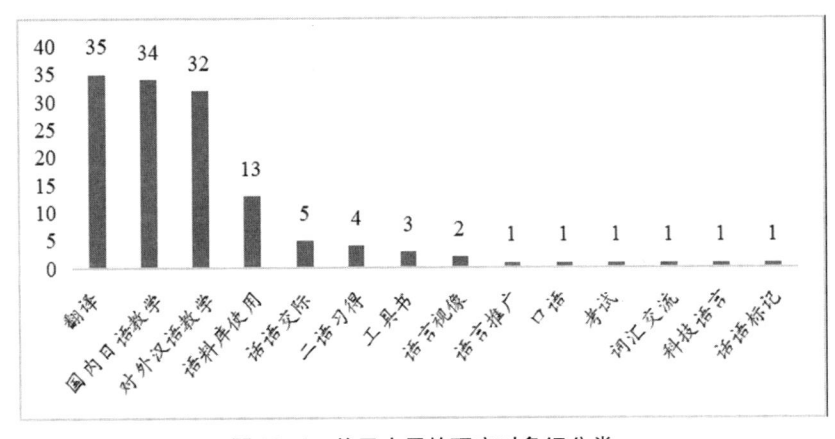

图12-4 关于应用的研究对象细分类

在实际应用中研究对象是翻译35个、国内日语教学34个、对外汉语教学32个。其次是语料库使用13个。其他依次是话语交际5个、二语习得4个、工具书3个、语言视像2个、语言推广/口语/考试/词汇交流/科技语言/话语标记各1个。总体来看,应用研究中基本上集中于汉日语言教育方面的实际应用,然后是翻译。其他方面的应用研究非常少。

(4)"理论"中的研究对象

"理论"中的研究对象细分类共有21项。如图12-5所示。

在汉日语言对比研究中运用语言学理论或手段进行分析的主要对象有

认知分析 24 个、跨文化 20 个、综述分析 11 个、偏误分析和语言行为各 9 个。其他的有：母语迁移 4 个、语义场/语境理论/词汇学各 2 个、文本对照/结构理论/语用理论/衔接理论/跨学科/语用意识/语言世界观/非语言行为/优选论/不对称/长距离照应/模态逻辑，各 1 个。虽然理论对象数量不少，但从论文具体内容来看有不少是借理论之名而无理论之实的分析。

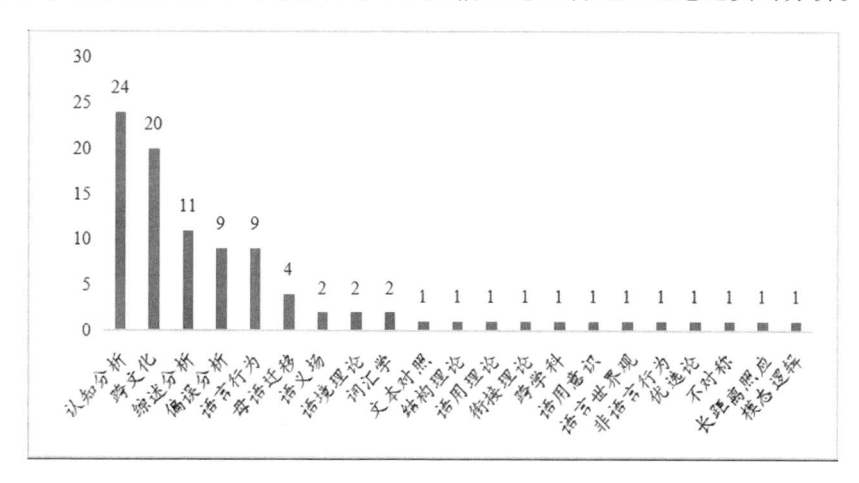

图 12-5　关于理论的研究对象细分类

（5）"句子"中的研究对象

"句子"中的研究对象细分类共有 17 项。如图 12-6 所示。

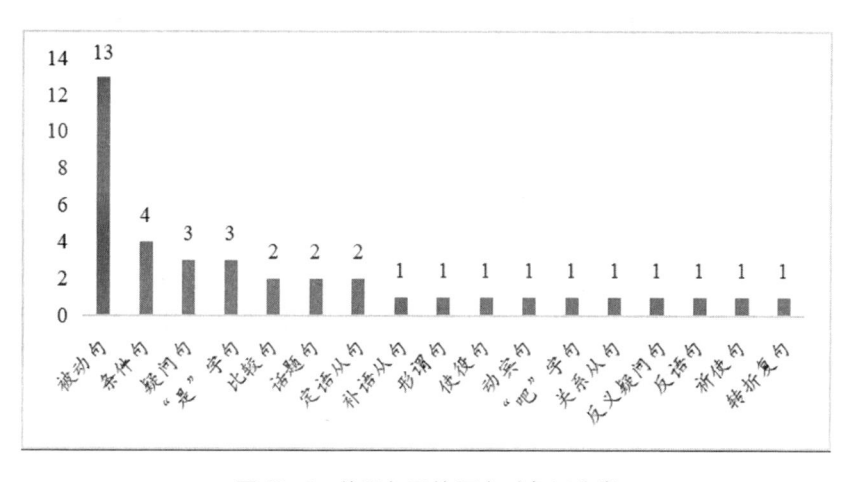

图 12-6　关于句子的研究对象细分类

从图 12-6 可知，被动句是汉日句子对比研究的重点对象，有 13 个。其次是条件句有 4 个，疑问句和"是"字句各有 3 个，比较句、话题句、定语从句各有 2 个。其他的研究对象还有补语从句、形谓句、使役句、动宾句、"吧"字句、关系从句、反义疑问句、反语句、祈使句、转折复句，各有 1 个。

（6）"音调"和"字"中的研究对象

关于语音语调的研究对象的细分类有 9 项，具体情况如表 12-5 所示。

表 12-5 关于音调的研究对象细分类

语音	辅音	音位	元音	语调	音节	超音段	谐音	吴音
7	2	2	1	1	1	1	1	1

涉及汉日语音对比的研究有 7 个。单纯研究辅音和音位对比的各有 2 个。其他的有元音、语调、音节、超音段、谐音、吴音，各 1 个。

关于语音语调的研究对象的细分类有 3 项，具体情况如表 12-6 所示。

表 12-6 关于字的研究对象细分类

汉字	假名	同形异义字
5	1	1

涉及汉日文字对比的研究有 5 个。另外，有关假名和同形异义字的研究各 1 个。

三、对汉日语言对比研究的展望

汉日语言对比研究属于对比语言学和应用语言学的范畴，是为了解决汉日语教学或汉日语对应翻译中的问题而产生的。随着语言学理论和实践的发展，技术、经济、文化日新月异的变化，汉日语言对比研究也将呈现出多样化、多维度的发展态势。

（一）复杂性研究范式的兴起

从前面成果文献样本的分析可以看出，汉日语言对比的重心主要是对

汉日两种语言符号的对比研究。基本上以符号语言学为理论指导,研究囿于语言符号本身的信息和意义,忽视和语言符号关联的外部信息的研究。然而语言是人类社会信息系统的媒介,涉及众多领域。所以以纯语言为材料的研究方式存在诸多的不足。需要结合社会的、历史的、文化的、心理的、科技的等多方位理论,才能寻根溯源,更好地解释汉日语言异同现象的真正缘由。因此,将汉日语语言对比置于不同的语言理论框架之内的研究,将扩大汉日语言比较研究的范围,有利于该项研究的进一步深入与全面展开。[①]

进入 21 世纪以来,国内语言学界开始有意识地运用国外一些语言学理论。比如近年来认知理论与语言学交融产生的认知语言学,在汉日语言对比中发挥了较好的分析作用。主要体现在认知语言学在对现代汉日语言的共时性研究中的突出表现,但对汉日两国语言在发展轨迹和差异产生的历史原因上存在理论和分析手段上的不足。现在新兴起的历史认知语言学是将现时语料和历史语料在复杂性理论的语言观下,进行的更加深入和精细分析的复杂性研究范式。如果将历史认知语言理论和分析手段应用于汉日语言对比将会带来意想不到的收获。随着人工智能、大规模计算等高新科技手段的介入,多学科、多理论交叉融合创新的复杂性研究范式肯定会成为汉日语言对比研究的新动向。

(二) 多维度研究范式的展开

汉日语言对比研究可以分为宏观、中观和微观三个维度。现在的研究主要集中于中观维度,如音韵、文字、词汇、语法等语言要素大类方面的研究。其中词汇中"同形词"的对比研究基本上处于饱和状态。为了突破中观维度研究过度的状况,研究开始向微观维度转向。比如将词汇按照不同考察视点进一步细分化,从微观层面对汉日语言的共性和差异性进行精确化分析,弥补了中观维度研究的疏漏之处。不过,有些微观研究仅仅通

[①] 秦礼君. 谈汉日语言比较研究的几个阶段 [J]. 东北亚外语研究, 2014 (3): 58-63.

过一两个词的对比后便得出结论，不免有些以偏概全，显得不十分可靠。

汉日语言对比的宏观研究是当前整个研究中相对欠缺的领域。语言是由字、音、词按照语法构成句子，再延展至段落、语篇。语言体系内部具有相当强的逻辑性、关联性和结构性。汉日语言对比宏观研究就是要将字、音、词、短语、句、语篇、语法全部囊括在内进行对比分析，还必须体现上述语言要素的内在逻辑性、关联性和结构性，是一种汉日语言对比的系统化研究。其难度和工作量之大，可想而知。从目前的成果文献来看，不要说期刊论文和学位论文，即使是专著也只有两三本具备宏观研究的形式。本书也试图将所有的语言要素从系统化的角度进行对比分析，但一是没有找到适合的理论指导，另外即便有理论如何将理论转化为实际运用，都是亟待解决的课题。所以，本书同样存在宏观系统化研究不足的问题。近年来系统功能语言学的兴起，可以说为汉日语言对比宏观研究开启了一道理论指导的门缝。如何把理论引入研究的实践将成为汉日语言对比研究人员的实务。

（三）方法论和应用的深入和创新

汉日语言对比研究属于对比语言学和应用语言学的范畴。将汉语和日语置于对比研究的范式下，是为了更好地解决汉日语言在实际应用中的问题。从前面对研究成果文献样本分析中可以看出，汉日语言对比研究重视言语形式、轻视语言环境，重视语言哲理分析、轻视语言数理分析的现象比较普遍。主要还是传统方法论仍占据主导地位，导致研究成果数量很大，范围很广，但形式和结论重复雷同，缺乏新意和应用价值。所以，在传统方法论的基础上开创和借鉴新方法、新理论才能出新成果，解决实践中的新问题。比如，毋育新（2019）在中日两国礼貌策略分析中引进 DP 理论（从"单句、单个表述行为层面"扩展到"话语层面"）及其数理分析①，从而深化和丰富了从语用功能角度对汉日语言异同的阐释。

---

① 毋育新. 语用学新理论视域下的汉日对比研究方法论［J］. 日语学习与研究，2019（5）：13-22.

随着各类学科和科技的发展，汉日语言对比研究的方法论也会经历发展、深入到创新的历程。潘文国（2019）认为我国对比语言学方法论的创新在于"转换方向"。从最初的以教学为目的的语言结构研究，到以翻译为目的的语言交际研究，再到人类语言差异的根本探索的语言认知研究。①因此，对方法论不断的探索和突破是支撑汉日语言对比研究发展的必由之路，也是汉日语言对比研究目的之所在。

---

① 潘文国. 英汉语对比研究的基本方法与创新 [J]. 外语教学，2019，40（1）：1-6.

参考文献

著作：

[1] 许慎. 说文解字（第一卷）[M]. 北京：中华书局，2012.

[2] 鲁宝元. 日汉语言对比研究与对日汉语教学 [M]. 北京：华语教学出版社，2005.

[3] 何宝年. 中日同形词研究 [M]. 南京：东南大学出版社，2012.

[4] 邢福义. 现代汉语 [M]. 北京：高等教育出版社，1991.

[5] 刘月华，潘文娱，故韡. 实用现代汉语语法 [M]. 增订本. 北京：商务印书馆，2001.

[6] 寺村秀夫. 日本語のシンタクスと意味Ⅰ [M]. 东京：くろしお出版，1982.

[7] 王力. 中国现代语法 [M]. 北京：商务印书馆，2011.

[8] 马建忠. 马氏文通 [M]. 北京：商务印书馆，1983.

[9] 吕叔湘. 中国文法要略 [M]. 北京：商务印书馆，2014.

[10] 顾明耀. 标准日语语法 [M]. 第2版. 北京：高等教育出版社，2004.

[11] 姫野昌子. 複合動詞の構造と意味用法 [M]. 神戸：ひつじ書房，1999.

[12] 朱德熙. 语法讲义 [M]. 北京：商务印书馆，2003.

[13] 秦礼君. 汉日句法比较 [M]. 开封：河南大学出版社，1989.

[14] 张岩红. 汉日对比语言学 [M]. 北京：高等教育出版社, 2014.

[15] 李金莲. 日汉被动句对比研究 [M]. 济南：山东大学出版社, 2012.

[16] 鹤久, 森山隆. 万葉集 [M]. 東京：桜楓社, 1977.

期刊论文：

[17] 樊俊利. 从战国时期六国金文角度看汉字的隶变 [J]. 语文研究, 2013 (3)：8-11.

[18] 陆晓光. 汉字传入日本与日本文字之起源与形成 [J]. 华东师范大学学报（哲学社会科学版）, 2002 (4)：88-98.

[19] 侯锐. 关于日语声调的调域 [J]. 外语研究, 2011 (3)：40-44.

[20] 郭创. 论日语"国字"的文化内涵及创新思维 [J]. 开封教育学院学报, 2016 (1)：241-243.

[21] 施建军, 洪洁. 汉日同形词意义用法的对比方法研究 [J]. 外语教学与研究, 2013 (7)：531-543.

[22] 蔡喬育. 日籍華裔學生漢字書寫及語詞彙應用偏誤分析及在對日華語教材法上的建議 [J]. 中原華語文學報, 2014 (13)：53-78.

[23] 孙娜. 日语中的"异形词"现状分析 [J]. 华侨大学学报（哲学社会科学版）, 2013 (1)：133-139.

[24] 王丽娟. 两组同素逆序词的词义演变研究 [J]. 现代语文, 2015 (3)：144-145.

[25] 曹廷玉. 近代汉语同素逆序同义词探析 [J]. 暨南学报（哲学社会科学版）, 2000 (5)：57-64.

[26] 马新军. 汉语同素逆序构词现象分析 [J]. 新校园（上旬刊）, 2016 (3)：188-189.

[27] 姚锡远. "熟语"的种属地位及其定义域 [J]. 汉字文化, 1998 (2)：38-42, 15.

[28] 刘梅, 赵明. 中国熟语的日语对译研究 [J]. 长春教育学院学

报，2013，29（16）：47-48.

[29] 杉村博文. 汉语的被动概念［M］//邢福义. 汉语被动表述问题研究新拓展. 武汉：华中师范大学出版社，2006：284-285.

[30] 王力. 汉语被动式的发展［J］. 语言学论丛，1956（1）：1-16.

[31] 南潮. 现代汉语被动句生成中的受事宾语提升研究［J］. 双语教育研究，2017（3）：48-57.

[32] 梅佳. 日语被动句中表示施动主体的助词用法分析［J］. 考试周刊，2008（43）：129-130.

[33] 刘晓霞. 日语被动句的语用分析［J］. 淮海工学院学报（社会科学版），2005（1）：74-76.

[34] 王晓军. 被动句的语篇功能和认知理据［J］. 广东外语外贸大学学报，2006，17（1）：61-64.

[35] 周莹萍. 近二十年来被字句研究述评［J］. 赤峰学院学报（科学教育版），2011（5）：41-43.

[36] 温穗君. 中英日被动句对比研究［J］. 江西科技师范学院学报，2008（3）：73-76.

[37] 高丽. 再论汉日被动句的比较［J］. 日语学习与研究，2008，(2)：37-39.

[38] 范晓. 论致使结构［C］//中国语文杂志社. 语法研究和探索（十）. 北京：商务印书馆，2000.

[39] 吕芳，申霞. 从理雅各英译《论语》看使役概念的翻译策略［J］. 山西大同大学学报（社会科学版），2012，26（3）：64-67.

[40] 凌蓉. 日语使役句在会话中的意义和功能［J］. 日语教育与日本学，2015（2）：64-72.

[41] 傅冰. 论日语使役和被动的意义接点［J］. 解放军外国语学院学报，2016，39（6）：63-68.

[42] 何元建，王玲玲. 论汉语使役句［J］. 汉语学习，2002（4）：1-9.

[43] 雷其神. 现代汉语中的使动用法［J］. 语文知识，1997（10）：

17.

[44] 刘光婷. 现代汉语形容词使动句考察[J]. 汉字文化, 2010 (6): 53-57.

[45] 崔忠, 李爱华. 使役表达的汉日对比——以《逝者如斯》及其译本为例[J]. 淮海工学院学报（社会科学版）, 2008, 6 (2): 91-93.

[46] 尹如爱. 复合动词~だす ~はじめる ~かける[J]. 科技信息, 2009 (20): 127.

[47] 黄爱华. 试析「~終わる」和「~切る」构成的体[J]. 广州大学学报（社会科学版）, 2013, 12 (08): 93-97.

[48] 许丽娜. 基于语料库的日语"完了"义复合动词用法分析——以"~切る""~終わる""~尽くす"为例[J]. 延安职业技术学院学报, 2017 (4): 84-86.

[49] 陈明舒. 表示起始义的"开始V"与"V起来"研究[J]. 湖南大学学报（社会科学版）, 2010, 24 (5): 98-101.

[50] 史哲, 杨倩. 试论"V着"与"V下去"[J]. 科教导刊（中旬刊）, 2012 (4): 101-106.

[51] 刘珍秀. 浅析"了1""了2"的意义及用法[J]. 中国民族博览, 2020 (4): 92-93.

[52] 胡明扬. 汉语和英语的完成体[J]. 语言教学与研究, 1995 (1): 25-38.

[53] 张雪薇. 汉语动词的意义分类及其主要语法特点[J]. 鸭绿江, 2016 (7): 144.

[54] 张亚军. 时间副词"正""正在""在"及其虚化过程考察[J]. 上海师范大学学报（哲学社会科学版）, 2002 (1): 46-55.

[55] 吴金霞. 从自他动词的区别谈补助动词"ている、てある、ておく"的用法[J]. 内蒙古民族大学学报（社会科学版）, 2001 (4): 57-59.

[56] 郑汀, 冯素梅. 静态存在句"V着"语义再考——兼与日语「Vている/Vてある」比较[J]. 日语学习与研究, 2010 (2): 29-34.

[57] 金忠实. "形容词+着"格式的句法语义特点 [J]. 汉语学习, 1998（03）：20-21.

[58] 朱德熙. 论句法结构 [J]. 中国语文, 1962（8, 9）：359-360.

[59] 李茉莉. 试比较汉语表示完成的动态助词"了"与日语表示完成的助动词"た" [J]. 汉语学习, 1990（03）：37-40.

[60] 邹文. 汉语"了"与日语「た」的语法意义（一）[J]. 日语知识, 2005（3）：20-21.

[61] 张可佳. 否定副词"不"和"没"的用法及偏误分析 [J]. 农家参谋, 2017（18）：181, 249.

[62] 盛银花. 答话中的无标记否定 [J]. 武汉科技大学学报（社会科学版）, 2007（4）：416-420.

[63] 李丽, 孔婷. 翻译转换理论视角下的汉日肯否定形式翻译研究 [J]. 品牌：理论月刊, 2014（9下）：64-65.

[64] 秦礼君. 谈汉日语言比较研究的几个阶段 [J]. 东北亚外语研究, 2014（3）：58-63.

[65] 毋育新. 语用学新理论视域下的汉日对比研究方法论 [J]. 日语学习与研究, 2019（5）：13-22.

[66] 潘文国. 英汉语对比研究的基本方法与创新 [J]. 外语教学, 2019, 40（1）：1-6.

学位论文：

[67] 山口麻树. 中日两国通用汉字比较研究 [D]. 苏州：苏州大学, 2013.

[68] 刘晓丽. 基于中日常用汉字对比的对汉日字教学研究 [D]. 成都：四川大学, 2009.

[69] 邹文. 日语汉字词与汉语相关词汇的对比分析——同形词、异形同义词及同素逆序词 [D]. 武汉：华中师范大学, 2003.

[70] 廉红红. 日语汉字词对日本留学生汉语学习的负迁移研究 [D]. 湘潭：湘潭大学, 2013.

[71] 徐灿. 中汉日字词比较 [D]. 重庆：西南大学，2006.

[72] 贾玉萍. 现代汉语同素逆序词构词造词研究 [D]. 济南：山东师范大学，2007.

[73] 娄雪儿. 汉日同素逆序词的对比研究及相关词的教学建议 [D]. 上海：上海外国语大学，2013.

[74] 黄靖. 汉日成语谚语对比研究 [D]. 武汉：华中科技大学，2006.

[75] 林艳新. 现代汉语无标志被动句研究 [D]. 上海：上海师范大学，2013.

[76] 张铁红. 汉日被动句对应关系研究 [D]. 长春：吉林大学，2011.

[77] 王恰然. 韩国学生汉语时间副词"在""正""正在"习得研究 [D]. 南京：南京师范大学，2018.

[78] 张百波. 中日両言語における始動表現の対归照研究 [D]. 延吉：延边大学，2015.

[79] 李玲. 表起始阶段的「～はじめる」「～だす」「～かける」和 "～起来"的对比分析 [D]. 杭州：杭州师范大学，2018.

[80] 徐苗. 基于汉英对比的"正、在、正在"习得研究 [D]. 扬州：扬州大学，2019.

[81] 钱方欣. 对外汉语教学视角下的汉日否定表达对比研究 [D]. 南京：南京大学，2017.

[82] 张颖. 对外汉语教学中否定表达的研究 [D]. 成都：四川师范大学. 2009.

[83] 孙慧鑫. 现代日语中无标记的否定表达的研究 [D]. 长春：东北师范大学，2019.

日语论文：

[84] 朱京偉.『明治のことば辞典』と現代中国語における日本語からの借用語-借用語研究の問題点をめぐって [J]. 明海日本語，1995

(1)：51-58.

［85］加藤集平，等．母語干涉が外国語発声の韻律的自然性に与える影響に関する知覚的検討［J］．信学技報，2011（2）：19-24.

［86］俞鳴蒙．日中四字熟語・成語に関する調査研究［J］．摂南大学人文科学，2018（1）：117-136.

［87］夏剛．言語の異同に見る日中の「文化縁」と「文化溝」［J］．立命館国際研究（1），2017：30-1.

［88］孟熙．受動詞の意味的特徴に関する一考察—受身動詞との比較を中心に—［J］．言語学論叢オンライン版，2012（5）：17-32.

［89］姫野昌子．「複合動詞『~かかる』と『~かける』」［J］．日本語学校論集，1978（6）.

［90］一色舞子．日本語の補助動詞てしまうの文法化—主観化、間主観化を中心に—［J］．日本研究15巻，2011：201-221.

［91］杉村泰．複合動詞「~切る」の意味について［J］．言語文化研究叢書，2008（3）：63-79.

英语论文：

［92］SILVER STEIN M. Hierarchy of features and ergativity［M］//R. M. W. DIXON R M W. Grammatical Categories in Australian Languages. Canberra：Australian Institute of Aboriginal Studies，1976：112-171

［93］Shibatani, Masayoshi and Sung Yeo Chung . Japanese and Korean Causatives Revisited［DB/OL］, Kobe Papers in Linguistics, 2001（3）：112-135.

［94］Shibatani, Masayoshi and Prashant Pardeshi. The Causative Continuum［DB/OL］, Kobe Papers in Linguistics, 2001（3）：136-177.

网络资料：

［95］中国应对西方"话语霸权"的历史回顾［EB/OL］．中国网，2003-8-18.

[96] 从翻译的角度分析日语使役被动态与汉语使役、被动形式 [EB/OL]. 2019-7-18.

[97] 精樱日语-日语助动词「た」，都表示什么？ [EB/OL]. 2016-1-30.

[98] 日语语法「てしまう」[EB/OL]. 2017-09-29.

[99] 「怒っちゃって」这个是「怒ったって」的口语形式么？ [EB/OL]. 2021-6-28.

[100] 歌舞伎 on the web [EB/OL]. 2016-6-29.

[101] 住吉那巴枝. 不・無・非・未-打ち消しの接頭語の違い [EB/OL]. 2020-12-27.

[102] 汤鹤. 现代汉语中的否定副词修饰名词现象 [EB/OL]. 2021-08-01.

后 记

本书《汉日语言对比研究概论》的写作缘于给学生上课找不到合适的教材。于是自己动手编了个汉日语言对比教案或者讲义之类的东西，配合自制的PPT用于讲课。因为给学生讲课，必须要把各种资料中关于汉日语言对比的理论成果进行一定的系统化处理。这样才不至于让学生感觉这门课缺乏理论性和系统性。几年下来讲义的手稿不断增厚，对汉日语言的异同也有了更深的认识。望着厚厚的讲义和汉日语言对比的研究记录，突然萌生把这些变成一本专著的想法。可是自从写完博士论文后，就再也没有写过超过两万字的论文，颇有点心有余而力不足的感觉。不过我身边有个好榜样，一位长年如一日孜孜不倦著书立说的王成辉博士，榜样的力量激励我一定要把这本书写出来。还要感谢我的父母——罗亦震和高黛娟，两位一直在大学里工作到退休的"园丁"，他们很能理解一个教师的心思和追求，并给予了我极大的支持。另外湖南科技大学外国语学院也给予了我很大的支持。于是我开始了铢积锱累般的著书行动。其间有好几次都想过放弃，一是觉得自己水平和学识有限，怕写出来的东西会贻笑大方，二是随着对汉日语言的学习和研究的深入，深切体会到这个领域的范围之广、探索之深，绝非当初著书时想象得那样容易。于是写写停停花了近三年终于完成了初稿。

本书之所以叫作概论，是因为汉日语言对比研究内容实在是太广了，区区二十几万字肯定讲不完、说不透。权且以概论的形式力争将汉日语言对比的主要研究成果体系化，也为他人和自己今后的研究做个铺垫。由于

作者学识和水平所限，书中可能有不准确和错误之处，恳请各位专家和读者批评指正。

罗集广
2021 年 10 月